IBK기업은행

필기시험 모의고사

- 제 1 회 -

성명		생년월일	
시험시간	120분	문항수	75문항

〈응시 전 주의사항〉

○ 문제지 해당란과 OMR답안지에 성명과 생년월일을 정확하게 기재하십시오.

○ 기재착오, 누락 등으로 인한 불이익은 응시자 본인의 책임이니 OMR 답안지 작성에 유의하십시오.

○ 필기시험의 만점은 100점으로 합니다.

(주)서원각

제1회 IBK기업은행 필기시험

>>> 직업기초능력평가

1 다음의 글을 읽고 이해한 내용으로 옳지 않은 것은?

영국은 한때 '해가 지지 않는 나라'로 절대 권력을 자랑했다. 대영제국(大英帝國, The British Empire)이란 명칭도 이때 나왔다. 17세기 이후 영국 본국과 자치령, 식민지 등을 통칭하던 대영제국은 1931년 웨스트민스터 헌장에 따른 법제화로 영연방이 출범할 때까지 300년 동안 지속됐다.

영국의 수도, 런던에는 인류 4대 문명의 자취를 간직한 세계 최대 규모의 박물관이 있는데, 바로 대영제국 시대(1759년)에 개관한 영국 최초의 국립박물관이다. 개관 당시 시대적 배경과 맞물려 정착된 대영 박물관이라는 명칭은 오늘날까지도 그대로 통용되고 있다.

신대륙 건설 의지는 헨리 7세 국왕(재위 1485 ~ 1509)때였겠으나, 식민지가 신대륙에 최초로 건설된 것은 엘리자베스 1세 여왕(재위 1558 ~ 1603)때였다. 45년간 통치를 하면서 당시 작은 섬나라가 대영제국으로 발돋움할 수 있도록 한 인물이 바로 엘리자베스 1세가 되겠다. 영국은 17세기 들어 본격적인 영토 확장에 나섰다. 1627년 바베이도스를 시작으로 1925년 제한적 식민지였던 키프로스를 완전히 정복한 것을 마지막으로, 정복 또는 식민지로 삼은 국가만 54개국에 이른다.

강력한 패권국가로 군림한 영국은 곳곳에 세운 식민지와 정복 전쟁으로 점령한 나라에서 인류 문명의 유산을 대거 수집했다. 하지만 수집이라고 할 수 있을까? 점령국의 지위로 사실상 강제로 빼앗은 것이나 다름없다. 이렇게 약탈한 유물은 무려 800만여 점에 달한다.

그렇게 영국으로 약탈당한 유물이 보관된 공간이 바로 대영박물관이다. 대영제국의 찬란한 영화 뒤에 가려진 수많은 피점령국과 식민지의 역사가 서려있는 유물의 반환 당위성에 대한 팽팽한 논쟁은 현재진행형이다.

① 대영제국은 약 300년 동안 '해가 지지 않는 나라'로 권력을 유지했다.
② 세계 최대 규모의 대영 박물관은 영국 최초의 박물관이다.
③ 신대륙 건설 의지는 17세기부터 시작되었다.
④ 탈략 유물은 260여 년째 런던에 보관되고 있다.

2 다음 글의 주제로 가장 적절한 것을 고른 것은?

유럽의 도시들을 여행하다 보면 여기저기서 벼룩시장이 열리는 것을 볼 수 있다. 벼룩시장에서 사람들은 낡고 오래된 물건들을 보면서 추억을 되살린다. 유럽 도시들의 독특한 분위기는 오래된 것을 쉽게 버리지 않는 이런 정신이 반영된 것이다.

영국의 옥스팜(Oxfam)이라는 시민단체는 헌옷을 수선해 파는 전문 상점을 운영해, 그 수익금으로 제3세계를 지원하고 있다. 파리 시민들에게는 유행이 따로 없다. 서로 다른 시절의 옷들을 예술적으로 배합해 자기만의 개성을 연출한다.

땀과 기억이 배어 있는 오래된 물건은 실용적 가치만으로 따질 수 없는 보편적 가치를 지닌다. 선물로 받아서 10년 이상 써 온 손때 묻은 만년필을 잃어버렸을 때 느끼는 상실감은 새 만년필을 산다고 해서 사라지지 않는다. 그것은 그 만년필이 개인의 오랜 추억을 담고 있는 증거물이자 애착의 대상이 되었기 때문이다. 그러기에 실용성과 상관없이 오래된 것은 그 자체로 아름답다.

① 서양인들의 개성은 시대를 넘나드는 예술적 가치관으로부터 표현된다.
② 실용적 가치보다 보편적인 가치를 중요시해야 한다.
③ 만년필은 선물해준 사람과의 아름다운 기억과 오랜 추억이 담긴 물건이다.
④ 오래된 물건은 실용적 가치만으로 따질 수 없는 개인의 추억과 같은 보편적 가치를 지니기에 그 자체로 아름답다.

3 다음 글을 읽고 알 수 있는 매체와 매체 언어의 특성으로 가장 적절한 것은?

> 텔레비전 드라마는 텔레비전과 드라마에 대한 각각의 이해를 전제로 하고 보아야 한다. 즉 텔레비전이라는 매체에 대한 이해와 드라마라는 장르적 이해가 필요하다.
>
> 텔레비전은 다양한 장르, 양식 등이 교차하고 공존한다. 텔레비전에는 다루고 있는 내용이 매우 무거운 시사토론 프로그램부터 매우 가벼운 오락 프로그램까지 섞여서 나열되어 있다. 또한 시청률에 대한 생산자들의 강박관념까지 텔레비전 프로그램 안에 들어있다. 텔레비전 드라마의 경우도 마찬가지로 이러한 강박이 존재한다. 드라마는 광고와 여러 문화 산업에 부가가치를 창출하며 드라마의 장소는 관광지가 되어서 지방의 부가가치를 만들어 내기도 한다. 이 때문에 시청률을 걱정해야 하는 불안정한 텔레비전 드라마 시장의 구조 속에서 상업적 성공을 거두기 위해 텔레비전 드라마는 이미 높은 시청률을 기록한 드라마를 복제하게 되는 것이다. 이것은 드라마 제작자의 수익성과 시장의 불확실성을 통제하기 위한 것으로 구체적으로는 속편이나 아류작의 제작이나 유사한 장르 복제 등으로 나타난다. 이러한 복제는 텔레비전 내부에서만 일어나는 것이 아니라 문화 자본과 관련되는 모든 매체, 즉 인터넷, 영화, 인쇄매체에서 동시적으로 나타나는 현상이기도 하다.
>
> 이들은 서로 역동적으로 자리바꿈을 하면서 환유적 관계를 형성한다. 이 환유에는 수용자들, 즉 시청자나 매체 소비자들의 욕망이 투사되어 있다. 수용자의 욕망이 매체나 텍스트의 환유적 고리와 만나게 되면 각각의 텍스트는 다른 텍스트나 매체와의 관련 속에서 의미화 작용을 거치게 된다.
>
> 이렇듯 텔레비전 드라마는 시청자의 욕망과 텔레비전 안팎의 다른 프로그램이나 텍스트와 교차하는 지점에서 생산된다. 상업성이 검증된 것의 반복적 생산으로 말미암아 텔레비전 드라마는 거의 모든 내용이 비슷해지는 동일화의 길을 걷게 된다고 볼 수 있다.

① 텔레비전과 같은 매체는 문자 언어를 읽고 쓰는 능력을 반드시 필요로 한다.
② 디지털 매체 시대에 독자는 정보의 수용자이면서 동시에 생산자가 되기도 한다.
③ 텔레비전 드라마 시청자들의 욕구는 매체의 특성을 변화시키는 경우가 많다.
④ 영상 매체에 있는 자료들이 인터넷, 영화 등과 결합하는 것은 사실상 불가능하다.

4 다음 글에서 통일성을 해치는 문장은?

> 규합총서(1809)에는 생선을 조리하는 방법으로 고는 방법, 굽는 방법, 완자탕으로 만드는 방법 등이 소개되어 있다. 그런데 통째로 모양을 유지시키면서 접시에 올리려면 굽거나 찌는 방법 밖에 없다. ㉠보통 생선을 구우려면 긴 꼬챙이를 생선의 입부터 꼬리까지 빗겨 질러서 화로에 얹고 간접적으로 불을 쬐게 한다. 그러나 이런 방법을 쓰면 생선의 입이 원래 상태에서 크게 벗어나 뒤틀리고 만다.
>
> 당시에는 굽기보다는 찌기가 더욱 일반적이었다. ㉡먼저 생선의 비늘을 벗겨내고 내장을 제거한 후 흐르는 물에 깨끗하게 씻는다. 여기에 소금으로 간을 하여 하루쯤 채반에 받쳐 그늘진 곳에서 말린다. 이것을 솥 위에 올린 시루 속에 넣고 약한 불로 찌면 식어도 그 맛이 일품이다. ㉢1830년대 중반 이후 밀입국한 신부 샤를 달레가 집필한 책에 생선을 생으로 먹는 조선시대의 풍습이 소개 되어 있다. 보통 제사에 올리는 생선은 이와 같이 찌는 조리법을 이용했다. ㉣이 시대에는 신분에 관계없이 유교식 제사가 집집마다 퍼졌기 때문에 생선을 찌는 조리법이 널리 받아들여졌다.

① ㉠　　② ㉡
③ ㉢　　④ ㉣

【5～6】 다음은 정부의 세금 부과와 관련된 설명이다. 물음에 답하시오.

> 정부가 어떤 재화에 세금을 부과하면 그 부담을 누가 지는가? 그 재화를 구입하는 구입자인가, 그 재화를 판매하는 공급자인가? 구입자와 공급자가 세금을 나누어 부담한다면 각각의 몫은 어떻게 결정될까? 이러한 질문들을 경제학자들은 조세의 귀착이라 한다. 앞으로 살펴보겠지만 ㉠단순한 수요 공급 모형을 이용하여 조세의 귀착에 관한 놀라운 결론을 도출할 수 있다.
>
> 개당 3달러 하는 아이스크림에 정부가 0.5달러의 세금을 공급자에게 부과하는 경우를 보자. 세금이 구입자에게는 부과되지 않으므로 주어진 가격에서 아이스크림에 대한 수요량은 변화가 없다. 반면 공급자는 세금을 제외하고 실제로 받는 가격은 0.5달러만큼 준 2.5달러로 하락한다. 이에 따라 공급자는

시장가격이 이 금액만큼 하락한 것으로 보고 공급량을 결정할 것이다. 즉, 공급자들이 세금 부과 이전과 동일한 수량의 아이스크림을 공급하도록 하려면 세금 부담을 상쇄할 수 있도록 개당 0.5달러만큼 가격이 높아져야 한다. 따라서 [그림1]에 표시된 것처럼 공급자에게 세금이 부과되면 공급 곡선이 S1에서 S2로 이동한다. 공급 곡선의 이동 결과 새로운 균형이 형성되면서 아이스크림의 균형 가격은 개당 3달러에서 3.3달러로 상승하고, 균형거래량은 100에서 90으로 감소한다. 따라서 구입자가 내는 가격은 3.3달러로 상승하지만 공급자는 세금을 제외하고 실질적으로 받는 가격은 2.8달러가 된다. 세금이 공급자에게 부과되지만 실질적으로 구입자와 공급자가 공동으로 세금을 부담하게 된다.

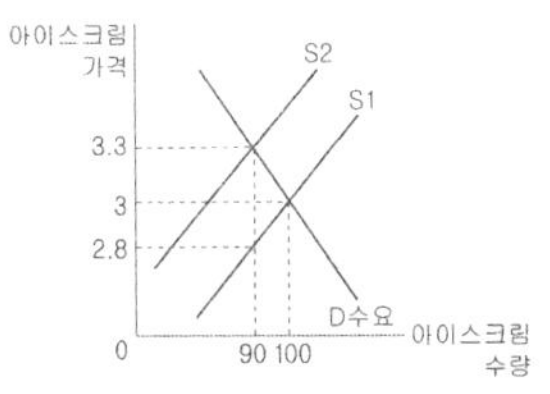

그림1 〈공급자에 대한 과세〉

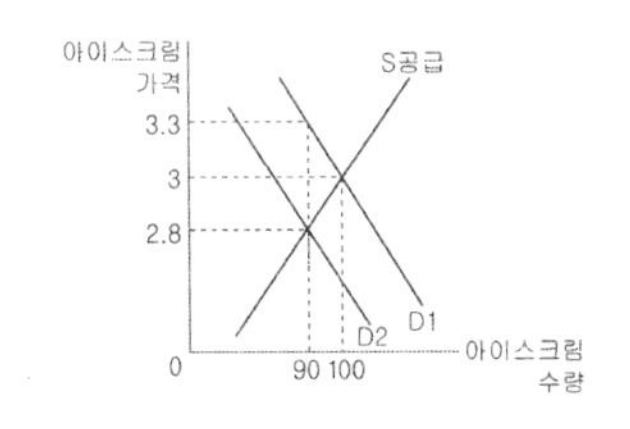

그림2 〈구입자에 대한 과세〉

이번에는 구입자에게 세금이 부과되는 경우를 보자. 구입자에게 세금이 부과되면 아이스크림의 공급 곡선은 이동하지 않는다. 반면에 구입자들은 이제 세금도 납부해야 하므로 각 가격 수준에서 구입자들의 희망 구입량은 줄어들어 수요곡선은 [그림2]처럼 D1에서 D2로 이동한다. 이에 따라 균형거래량은 100에서 90으로 감소한다. 따라서 아이스크림 공급자들이 받는 가격은 개당 3달러에서 2.8달러로 하락하고, 구입자들이 내는 가격은 세금을 포함하여 3.3달러로 상승한다. 형식적으로는 세금이 구입자에게 부과되지만 이 경우에도 구입자와 공급자가 공동으로 세금을 부담하는 것이다.

어떤 재화에 세금이 부과되면 그 재화의 구입자와 공급자들이 세금을 나누어 부담한다고 했는데, 이때 세금 부담의 몫은 어떻게 결정될까? 그것은 수요와 공급 탄력성의 상대적 크기에 달려 있다. 공급이 매우 탄력적이고 수요는 상대적으로 비탄력적인 시장에 세금이 부과되면 공급자가 받는 가격은 큰 폭으로 하락하지 않으므로 공급자의 세금 부담은 작다. 반면에 구입자들이 내는 가격은 큰 폭으로 상승하기 때문에 구입자가 세금을 대부분 부담한다. 거꾸로 공급이 상대적으로 비탄력적이고 수요는 매우 탄력적인 시장인 경우에는 구입자가 내는 가격은 큰 폭으로 상승하지 않지만, 공급자가 받는 가격은 큰 폭으로 하락한다. 따라서 공급자가 세금을 대부분 부담한다. 본질적으로 탄력성이 작다는 것은 구입자가 세금이 부과된 재화를 대체할 다른 재화를 찾기 어렵다는 뜻이고 공급의 탄력성이 작다는 것은 공급자가 세금이 부과된 재화를 대체할 재화를 생산하기 어렵다는 의미다. 재화에 세금이 부과될 때, 대체재를 찾기 어려운 쪽일수록 그 재화의 소비를 포기하기 어려우므로 더 큰 몫의 세금을 부담할 수밖에 없는 것이다.

5 위 내용을 바탕으로 다음에 대해 분석할 때 적절하지 않은 결론을 도출한 사람은?

> △△국가는 요트와 같은 사치품은 부자들만 살 수 있으므로 이들 품목에 사치세를 부과할 정책을 계획 중이다. 그런데 요트에 대한 수요는 매우 탄력적이다. 부자들은 요트를 사는 대신에 자가용 비행기나 크루즈 여행 등에 그 돈을 쓸 수 있기 때문이다. 반면에 요트 생산자는 다른 재화의 생산 공장으로 쉽게 전환할 수 없기 때문에 요트의 공급은 비탄력적이다.

① A : 금이 부과되면 부자들의 요트 구입량은 감소하겠군.
② B : 수요와 공급 중 보다 탄력적인 쪽이 세금을 더 많이 부담하겠군.
③ C : 사치세를 부과하면 요트 공급자가 세금을 더 부담하게 되겠군.
④ D : 사치세를 통해 부자에게 세금을 부과하려는 정책은 실패할 가능성이 있겠군.

6 밑줄 친 ㉠을 통해 알 수 있는 내용으로 적절하지 않은 것은?

① 세금이 부과되면 균형 거래량은 줄어든다.
② 구입자와 공급자가 세금을 나누어 부담한다.
③ 세금으로 인해 재화 거래의 시장 규모가 줄어든다.
④ 세금을 구입자에게 부과하면 공급 곡선이 이동한다.

【7~8】 다음은 보험 제도와 관련된 설명이다. 물음에 답하시오.

보험은 같은 위험을 보유한 다수인이 위험 공동체를 형성하여 보험료를 납부하고 보험 사고가 발생하면 보험금을 지급받는 제도이다. 보험 상품을 구입한 사람은 장래의 우연한 사고로 인한 경제적 손실에 대비할 수 있다. 보험금 지급은 사고 발생이라는 우연적 조건에 따라 결정되는데, 이처럼 보험은 조건의 실현 여부에 따라 받을 수 있는 재화나 서비스가 달라지는 조건부 상품이다.

[A] 위험 공동체의 구성원이 납부하는 보험료와 지급받는 보험금은 그 위험 공동체의 사고 발생 확률을 근거로 산정된다. 특정 사고가 발생할 확률은 정확히 알 수 없지만 그 동안 발생된 사고를 바탕으로 그 확률을 예측한다면 관찰 대상이 많아짐에 따라 실제 사고 발생 확률에 근접하게 된다. 본래 보험 가입의 목적은 금전적 이득을 취하는 데 있는 것이 아니라 장래의 경제적 손실을 보상받는 데 있으므로 위험 공동체의 구성원은 자신이 속한 위험 공동체의 위험에 상응하는 보험료를 납부하는 것이 공정할 것이다. 따라서 공정한 보험에서는 구성원 각자가 납부하는 보험료와 그가 지급받을 보험금에 대한 기댓값이 일치해야 하며 구성원 전체의 보험료 총액과 보험금 총액이 일치해야 한다. 이때 보험금에 대한 기댓값은 사고가 발생할 확률에 사고 발생 시 수령할 보험금을 곱한 값이다. 보험금에 대한 보험료의 비율(보험료 / 보험금)을 보험료율이라 하는데, 보험료율이 사고 발생 확률보다 높으면 구성원 전체의 보험료 총액이 보험금 총액보다 더 많고, 그 반대의 경우에는 구성원 전체의 보험료 총액이 보험금 총액보다 더 적게 된다. 따라서 공정한 보험에서는 보험료율과 사고 발생 확률이 같아야 한다.

물론 현실에서 보험사는 영업 활동에 소요되는 비용 등을 보험료에 반영하기 때문에 공정한 보험이 적용되기 어렵지만 기본적으로 위와 같은 원리를 바탕으로 보험료와 보험금을 산정한다. 그런데 보험 가입자들이 자신이 가진 위험의 정도에 대해 진실한 정보를 알려 주지 않는 한, 보험사는 보험 가입자 개개인이 가진 위험의 정도를 정확히 파악하여 거기에 상응하는 보험료를 책정하기 어렵다. 이러한 이유로 사고 발생 확률이 비슷하다고 예상되는 사람들로 구성된 어떤 위험 공동체에 사고 발생 확률이 더 높은 사람들이 동일한 보험료를 납부하고 진입하게 되면, 그 위험 공동체의 사고 발생 빈도가 높아져 보험사가 지급하는 보험금의 총액이 증가한다. 보험사는 이를 보전하기 위해 구성원이 납부해야 할 보험료를 인상할 수밖에 없다. 결국 자신의 위험 정도에 상응하는 보험료보다 더 높은 보험료를 납부하는 사람이 생기게 되는 것이다. 이러한 문제는 정보의 비대칭성에서 비롯되는데 보험 가입자의 위험 정도에 대한 정보는 보험 가입자가 보험사보다 더 많이 갖고 있기 때문이다. 이를 해결하기 위해 보험사는 보험 가입자의 감춰진 특성을 파악할 수 있는 수단이 필요하다.

우리 상법에 규정되어 있는 고지 의무는 이러한 수단이 법적으로 구현된 제도이다. 보험 계약은 보험 가입자의 청약과 보험사의 승낙으로 성립된다. 보험 가입자는 반드시 계약을 체결하기 전에 '중요한 사항'을 알려야 하고, 이를 사실과 다르게 진술해서는 안 된다. 여기서 '중요한 사항'은 보험사가 보험 가입자의 청약에 대한 승낙을 결정하거나 차등적인 보험료를 책정하는 근거가 된다. 따라서 고지 의무는 결과적으로 다수의 사람들이 자신의 위험 정도에 상응하는 보험료보다 더 높은 보험료를 납부해야 하거나, 이를 이유로 아예 보험에 가입할 동기를 상실하게 되는 것을 방지한다.

보험 계약 체결 전 보험 가입자가 고의나 중대한 과실로 '중요한 사항'을 보험사에 알리지 않거나 사실과 다르게 알리면 고지 의무를 위반하게 된다. 이러한 경우에 우리 상법은 보험사에 계약 해지권을 부여한다. 보험사는 보험 사고가 발생하기 이전이나 이후에 상관없이 고지 의무 위반을 이유로 계약을 해지할 수 있고, 해지권 행사는 보험사의 일방적인 의사 표시로 가능하다. 해지를 하면 보험사는 보험금을 지급할 책임이 없게 되며, 이미 보험금을 지급했다면 그에 대한 반환을 청구할 수 있다. 일반적으로 법에서 의무를 위반하게 되면 위반한 자에게 그 의무를 이행하도록 강제하거나 손해 배상을 청구할 수 있는 것과 달리, 보험 가입자가 고지 의무를 위반했을 때에는 보험사가 해지권만 행사할 수 있다. 그런데 보험사의 계약 해지권이 제한되는 경우도 있다. 계약 당시에 보험사가 고지 의무 위반에 대한 사실을 알았거나 중대한 과실로 인해 알지 못한 경우에는 보험 가입자가 고지 의무를 위반했어도 보험사의 해지권은 배제된다. 이는 보험 가입자의 잘못보다 보험사의 잘못에 더 책임을 둔 것이라 할 수 있다. 또 보험사가 해지권을 행사할 수 있는 기간에도 일정한 제한을 두고 있는데, 이는 양자의 법률관계를 신속히 확정함으로써 보험 가입자가 불안정한 법적 상태에 장기간 놓여 있는 것을 방지하려는 것이다. 그러나 고지해야 할 '중요한 사항' 중 고지 의무 위반에 해당되는 사항이 보험 사고와 인과 관계가 없을 때에는 보험사는 보험금을 지급할 책임이 있다. 그렇지만 이 때에도 해지권은 행사할 수 있다.

보험에서 고지 의무는 보험에 가입하려는 사람의 특성을 검증함으로써 다른 가입자에게 보험료가 부당하게 전가되는 것을 막는 기능을 한다. 이로써 사고의 위험에 따른 경제적 손실에 대비하고자 하는 보험 본연의 목적이 달성될 수 있다.

7 [A]를 바탕으로 다음의 상황을 이해한 내용으로 적절한 것은?

> 사고 발생 확률이 각각 0.1과 0.2로 고정되어 있는 위험 공동체 A와 B가 있다고 가정한다. A와 B에 모두 공정한 보험이 항상 적용된다고 할 때, 각 구성원이 납부할 보험료와 사고 발생 시 지급받을 보험금을 산정하려고 한다.
>
> 단, 동일한 위험 공동체의 구성원끼리는 납부하는 보험료가 같고, 지급받는 보험금이 같다. 보험료는 한꺼번에 모두 납부한다.

① A에서 보험료를 두 배로 높이면 보험금은 두 배가 되지만 보험금에 대한 기댓값은 변하지 않는다.

② B에서 보험금을 두 배로 높이면 보험료는 변하지 않지만 보험금에 대한 기댓값은 두 배가 된다.

③ A와 B에서의 보험료가 서로 같다면 A와 B에서의 보험금에 대한 기댓값은 서로 같다.

④ A와 B에서의 보험금이 서로 같다면 A에서의 보험료는 B에서의 보험료의 두 배이다.

8 위 설명을 바탕으로 다음의 사례를 검토한 내용으로 가장 적절한 것은?

> 보험사 A는 보험 가입자 B에게 보험 사고로 인한 보험금을 지급한 후, B가 중요한 사항을 고지하지 않았다는 사실을 뒤늦게 알고 해지권을 행사할 수 있는 기간 내에 보험금 반환을 청구했다.

① 계약 체결 당시 A에게 중대한 과실이 있었다면 A는 계약을 해지할 수 없으나 보험금은 돌려받을 수 있다.

② 계약 체결 당시 A에게 중대한 과실이 없다 하더라도 A는 보험금을 이미 지급했으므로 계약을 해지할 수 없다.

③ 계약 체결 당시 A에게 중대한 과실이 있고 B 또한 중대한 과실로 고지 의무를 위반했다면 A는 보험금을 돌려받을 수 있다.

④ B가 고지하지 않은 중요한 사항이 보험 사고와 인과 관계가 없다면 A는 보험금을 돌려받을 수 없다.

| 9 ~ 10 | 다음은 세 종류의 소금물에 대한 자료이다. 물음에 답하시오.

〈소금물의 소금과 농도〉

(단위 : g, %)

	A	B	C
소금물	120	㉠	㉢
소금		㉡	㉣
농도	30	40	34

9 소금물 A와 B를 섞어 C를 만들었다면, ㉠의 값으로 적절한 것은?

① 60 ② 70

③ 80 ④ 90

10 다음 중 ㉡ + ㉣의 값으로 적절한 것은?

① 100 ② 110

③ 120 ④ 130

11 다음은 기업유형별 직업교육 인원에 대한 지원비용 기준이다. 대규모기업 집단에 속하는 A사의 양성훈련 필요 예산이 총 1억 3,000만 원일 경우, 지원받을 수 있는 비용은 얼마인가?

기업구분	훈련구분	지원비율
우선지원대상기업	향상, 양성훈련 등	100%
대규모기업	향상, 양성훈련	60%
	비정규직대상훈련/전직훈련	70%
상시근로자 1,000인 이상 대규모 기업	향상, 양성훈련	50%
	비정규직대상훈련/전직훈련	70%

① 5,600만 원 ② 6,200만 원

③ 7,800만 원 ④ 8,200만 원

12 다음은 해외 주요 금융지표를 나타낸 표이다. 표에 대한 설명으로 옳지 않은 것은?

(단위 : %, %p)

구분	'22년 말	'23년 말	'24년			'25년
			2분기	3분기	12.30	1.7
다우지수	13,104	16,577	16,818	17,056	18,038	17,372
나스닥지수	3,020	4,177	4,350	4,509	4,807	4,593
일본 (Nikkei)	10,395	16,291	15,267	16,167	17,451	16,885
중국 (상하이종합)	2,269	2,116	2,026	2,344	3,166	3,374

① 2025년 1월 7일 다우지수는 전주 대비 약 3.69% 하락하였다.

② 2024년 3분기 중국 상하이종합 지수는 전분기 대비 약 14.70% 상승하였다.

③ 2024년 12월 30일 일본 니케이 지수는 전년 말 대비 약 7.12% 상승하였다.

④ 2024년 3분기 나스닥 지수는 2022년 말 대비 1,489p 상승하였다.

13 다음은 2025년 1월 7일 지수를 기준으로 작성한 국내 금융 지표를 나타낸 표이다. A에 들어갈 수로 가장 알맞은 것은?

(단위 : %, %p)

구분	'23년 말	'24년			'25년	전주 대비
		2분기	3분기	12.30	1.7	
코스피 지수	2,011.34	1,981.77	2,035.64	1,915.59	1,883.83	-1.66
코스닥 지수	499.99	527.26	580.42	542.97	561.32	(A)
국고채 (3년)	2.86	2.69	2.34	2.10	2.08	-0.95
회사채 (3년)	3.29	3.12	2.72	2.43	2.41	-0.82
국고채 (10년)	3.58	3.22	2.97	2.60	2.56	-1.54

① 3.18 ② 3.28

③ 3.38 ④ 3.48

14 다음은 최근 3년간 우리나라 귀농 · 귀촌 동향을 나타낸 표이다. 표에 대한 설명으로 옳지 않은 것은?

〈표 1〉 연도별 귀농 · 귀촌 가구 수

구분		가구 수(호)	비중(%)
2022년	귀촌	15,788	58.5
	귀농	11,220	41.5
	계	27,008	100.0
2023년	귀촌	21,501	66.3
	귀농	10,923	33.7
	계	32,424	100.0
2024년	귀촌	33,442	75.0
	귀농	11,144	25.0
	계	44,586	100.0

〈표 2〉 가구주 연령대별 귀농 · 귀촌 추이

구분		귀촌			귀농		
		'22년	'23년	'24년	'22년	'23년	'24년
합계		15,788	21,501	33,442	11,220	10,923	11,144
가구주 연령	30대 이하	3,369	3,807	6,546	1,292	1,253	1,197
	40대	3,302	4,748	7,367	2,766	2,510	2,501
	50대	4,001	6,131	9,910	4,298	4,289	4,409
	60대	3,007	4,447	6,378	2,195	2,288	2,383
	70대 이상	2,109	2,368	3,241	669	583	654

① 귀농 · 귀촌 가구는 2022년 27,008가구에서 2024년 44,586가구로 최근 2년 동안 약 65.1% 증가하였다.

② 귀농 가구 수는 2022년 11,220호에서 2024년 11,144호로 약 0.6% 감소하였다.

③ 귀촌 가구의 경우 가구주의 전 연령대에서 증가하였는데 특히 가구주 연령이 50대인 가구가 가장 많이 늘었다.

④ 가구주 연령이 40대인 귀촌 가구는 2022~2024년 기간 동안 약 147.7% 증가하였다.

15 **다음은 2024년 기초노령연금 수급 현황에 관한 조사결과 보고서이다. 보고서의 내용과 부합하지 않는 자료는?**

> 보건복지부의 자료에 의하면 2024년 12월 말 현재 65세 이상 노인 중 약 373만 명에게 기초노령연금이 지급된 것으로 나타났다.
>
> 시도별 기초노령연금 수급률은 전남이 85.5%로 가장 높았고 그 다음이 경북(80.4%), 전북(79.3%), 경남(77.8%) 순이며, 서울(51.3%)이 가장 낮았다. 시군구별 기초노령연금 수급률은 전남 완도군이 94.1%로 가장 높았고 서울 서초구는 26.5%로 가장 낮았다. 특히 농어촌의 57개 지역과 대도시의 14개 지역은 기초노령연금 수급률이 80%를 넘었다.
>
> 여성(65.1%)이 남성(34.9%)보다 기초노령연금 혜택을 더 많이 받는 것으로 나타났는데, 이는 여성의 평균수명이 남성보다 더 길기 때문인 것으로 보인다. 기초노령연금을 받는 노인 중 70대가 수급자의 49.7%를 차지해 가장 비중이 높았다. 연령대별 수급자 비율을 큰 것부터 나열하면 80대, 90대, 70대 순이고, 80대의 경우 82.3%가 기초노령연금을 수령하였다.

① 2024년 시도별 기초노령연금 수급률

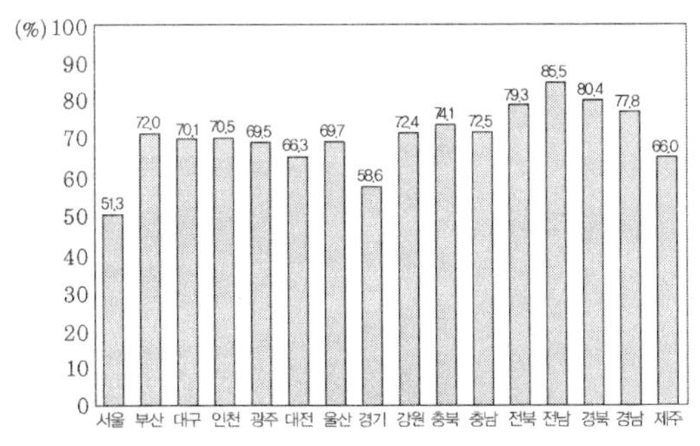

② 2024년 기초노령연금 수급자의 연령대별 구성비율

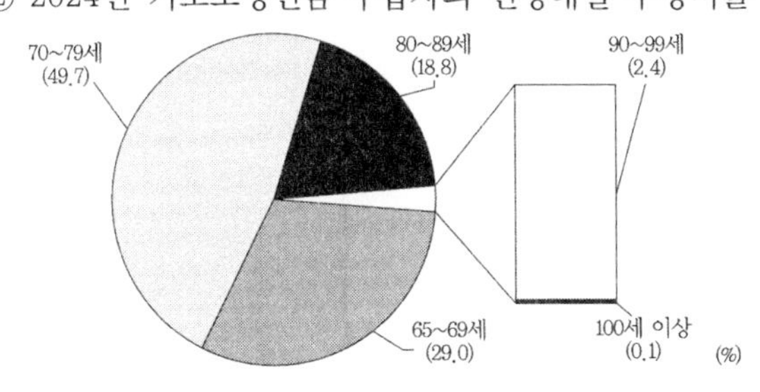

③ 2024년 시군구별 기초노령연금 수급률(상위 5개 및 하위 5개)

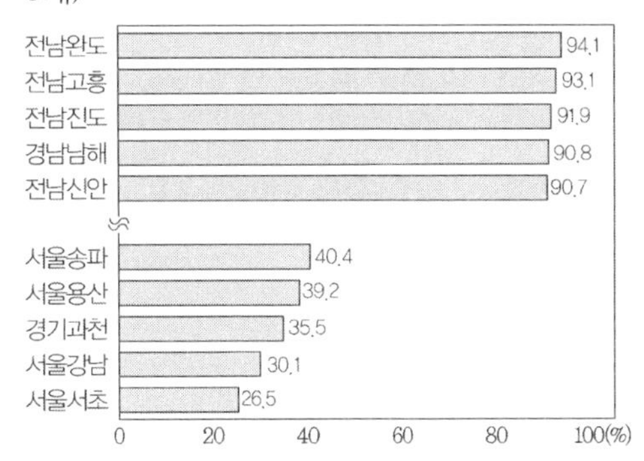

④ 2024년 기초노령연금 수급률별 · 도시규모별 지역 수

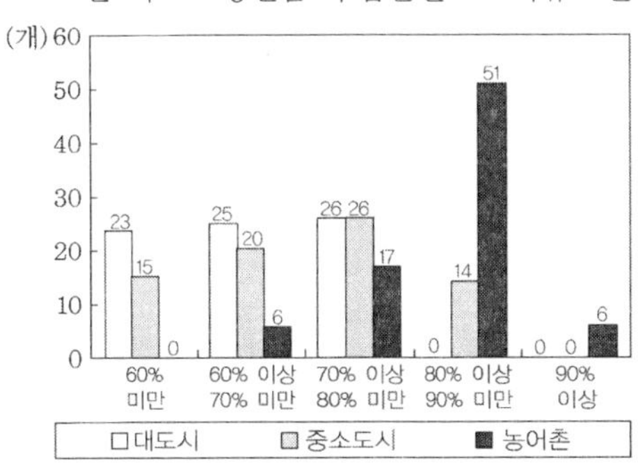

16 다음 〈표〉는 주식매매 수수료율과 증권거래세율에 대한 자료이다. 주식매매 수수료는 주식 매도 시 매도자에게, 매수 시 매수자에게 부과되며 증권거래세는 주식 매도 시에만 매도자에게 부과된다고 할 때, 이에 대한 〈보기〉의 설명 중 옳은 것을 모두 고르면?

〈표 1〉 주식매매 수수료율과 증권거래세율

(단위 : %)

구분 \ 연도		2014	2016	2018	2021	2024
주식매매 수수료율		0.1949	0.1805	0.1655	0.1206	0.0993
	유관기관 수수료율	0.0109	0.0109	0.0093	0.0075	0.0054
	증권사 수수료율	0.1840	0.1696	0.1562	0.1131	0.0939
증권거래세율		0.3	0.3	0.3	0.3	0.3

〈표 2〉 유관기관별 주식매매 수수료율

(단위 : %)

유관기관 \ 연도	2014	2016	2018	2021	2024
한국거래소	0.0065	0.0065	0.0058	0.0045	0.0032
예탁결제원	0.0032	0.0032	0.0024	0.0022	0.0014
금융투자협회	0.0012	0.0012	0.0011	0.0008	0.0008
합계	0.0109	0.0109	0.0093	0.0075	0.0054

※ 주식거래 비용 = 주식매매 수수료 + 증권거래세

※ 주식매매 수수료 = 주식매매 대금 × 주식매매 수수료율

※ 증권거래세 = 주식매매 대금 × 증권거래세율

㉠ 2014년에 '갑'이 주식을 매수한 뒤 같은 해에 동일한 가격으로 전량 매도했을 경우, 매수 시 주식거래 비용과 매도 시 주식거래 비용의 합에서 증권사 수수료가 차지하는 비중은 50%를 넘지 않는다.

㉡ 2018년에 '갑'이 1,000만원 어치의 주식을 매수할 때 '갑'에게 부과되는 주식매매 수수료는 16,550원이다.

㉢ 모든 유관기관은 2024년 수수료율을 2021년보다 10% 이상 인하하였다.

㉣ 2024년에 '갑'이 주식을 매도할 때 '갑'에게 부과되는 주식거래 비용에서 유관기관 수수료가 차지하는 비중은 2% 이하이다.

① ㉠, ㉡
② ㉠, ㉢
③ ㉡, ㉢
④ ㉡, ㉣

17 다음 조건을 바탕으로 할 때, 김 교수의 연구실 위치한 건물과 오늘 갔던 서점이 위치한 건물을 순서대로 올바르게 짝지은 것은?

- 최 교수, 김 교수, 정 교수의 연구실은 경영관, 문학관, 홍보관 중 한 곳에 있으며 서로 같은 건물에 있지 않다.
- 이들은 오늘 각각 자신의 연구실이 있는 건물이 아닌 다른 건물에 있는 서점에 갔었으며, 서로 같은 건물의 서점에 가지 않았다.
- 정 교수는 홍보관에 연구실이 있으며, 최 교수와 김 교수는 오늘 문학관 서점에 가지 않았다.
- 김 교수는 정 교수가 오늘 갔던 서점이 있는 건물에 연구실이 있다.

① 문학관, 경영관
② 경영관, 문학관
③ 경영관, 홍보관
④ 문학관, 홍보관

18 다음은 A ~ E사의 핸드크림에 대한 설문조사를 정리한 표이다. 〈보기〉에서 본인의 기준에 맞게 가장 최상의 선택을 한 소비자는?

구분	가격	인지도	향	디자인	지속성
A	3	5	2	3	2
B	2	2	3	2	1
C	4	3	4	3	3
D	1	2	2	4	2
E	2	5	3	3	3

※ 5점 : 매우 좋음, 4점 : 좋음, 3점 : 보통, 2점 : 나쁨, 1점 : 매우 나쁨

〈보기〉

甲 : 선물해주기 좋게 디자인이 예뻤으면 좋겠어. 그래서 난 D사 핸드크림을 사려고 해.

乙 : 선물용이면 아무래도 인지도가 제일 좋아야 하지 않겠어? 거기에 지속성도 좋으면 좋지. 그래서 난 A사 핸드크림을 선물하려고 해.

丙 : 난 시도 때도 없이 바르기 때문에 무조건 가격! 가격이 제일 좋으면 해서 C사 핸드크림 사려고.

丁 : 나도 전반적으로 좋은 제품으로 사려고. 그래서 합계가 제일 높은 B사 핸드크림을 선택했어.

① 甲, 乙

② 甲, 丙

③ 乙, 丙

④ 丙, 丁

19 다음 내용을 근거로 판단할 때 참말을 한 사람은 누구인가?

A 동아리 학생 5명은 각각 B 동아리 학생들과 30회씩 가위바위보 게임을 하였다. 각 게임에서 이길 경우 5점, 비길 경우 1점, 질 경우 −1점을 받는다. 게임이 모두 끝나자 A 동아리 학생 5명은 자신들이 얻은 합산 점수를 다음과 같이 말하였다.

갑 : 내 점수는 148점이다.
을 : 내 점수는 145점이다.
병 : 내 점수는 143점이다.
정 : 내 점수는 140점이다.
무 : 내 점수는 139점이다.

이들 중 한 명만 참말을 하고 있다.

① 갑　② 을

③ 병　④ 정

20 **다음 내용과 전투능력을 가진 생존자 현황을 근거로 판단할 경우 생존자들이 탈출할 수 있는 경우로 옳은 것은? (단, 다른 조건은 고려하지 않는다)**

- 좀비 바이러스에 의해 라쿤 시티에 거주하던 많은 사람들이 좀비가 되었다. 건물에 갇힌 생존자들은 동, 서, 남, 북 4개의 통로를 이용해 5명씩 탈출을 시도한다. 탈출은 통로를 통해서만 가능하며, 한 쪽 통로를 선택하면 되돌아올 수 없다.
- 동쪽 통로에 11마리, 서쪽 통로에 7마리, 남쪽 통로에 11마리, 북쪽 통로에 9마리의 좀비들이 있다. 선택한 통로의 좀비를 모두 제거해야만 탈출할 수 있다.
- 남쪽 통로의 경우, 통로 끝이 막혀 탈출을 할 수 없지만 팀에 폭파전문가가 있다면 다이너마이트를 사용하여 막힌 통로를 뚫고 탈출할 수 있다.
- 전투란 생존자가 좀비를 제거하는 것을 의미하며 선택한 통로에서 일시에 이루어진다.
- 전투능력은 정상인 건강상태에서 해당 생존자가 전투에서 제거하는 좀비의 수를 의미하며, 질병이나 부상상태인 사람은 그 능력이 50%로 줄어든다.
- 전투력 강화에는 건강상태가 정상인 생존자들 중 1명에게만 사용할 수 있으며, 전투능력을 50% 향상시킨다. 사용 가능한 대상은 의사 혹은 의사의 팀 내 구성원이다.
- 생존자의 직업은 다양하며, 아이와 노인은 전투능력과 보유품목이 없고 건강상태는 정상이다.

전투능력을 가진 생존자 현황

직업	인원	전투능력	건강상태	보유품목
경찰	1명	6	질병	–
헌터	1명	4	정상	–
의사	1명	2	정상	전투력 강화제 1개
사무라이	1명	8	정상	–
폭파전문가	1명	4	부상	다이너마이트

	탈출 통로	팀 구성 인원
①	동쪽 통로	폭파전문가 – 사무라이 – 노인 3명
②	서쪽 통로	헌터 – 경찰 – 아이 2명 – 노인
③	남쪽 통로	헌터 – 폭파전문가 – 아이 – 노인 2명
④	북쪽 통로	경찰 – 의사 – 아이 2명 – 노인

21 **다음에 주어진 조건이 모두 참일 때 옳은 결론을 고르면?**

- A, B, C, D, E가 의자가 6개 있는 원탁에서 토론을 한다.
- 어느 방향이든 A와 E 사이에는 누군가가 앉는다.
- D 맞은 편에는 누구도 앉아 있지 않다.
- A와 B는 서로 마주보고 앉는다.
- C 주변에는 자리가 빈 곳이 하나 있다.

A : A와 E 사이에 있는 사람이 적은 방향은 한 명만 사이에 있다.
B : A와 D는 서로 떨어져 있다.

① A만 옳다.
② B만 옳다.
③ A와 B 모두 옳다.
④ A와 B 모두 그르다.

▌22~23▐ 다음은 블루투스 이어폰을 구매하기 위하여 전자제품 매장을 찾은 K씨가 제품 설명서를 보고 점원과 나눈 대화와 설명서 내용의 일부이다. 다음을 보고 이어지는 물음에 답하시오.

K씨 : “블루투스 이어폰을 좀 사려고 합니다.”
점원 : “네 고객님, 어떤 조건을 원하시나요?”
K씨 : “제 것과 친구에게 선물할 것 두 개를 사려고 하는데요, 두 개 모두 가볍고 배터리 사용시간이 좀 길었으면 합니다. 무게는 42g까지가 적당할 거 같고요, 저는 충전시간이 짧으면서도 통화시간이 긴 제품을 원해요. 선물하려는 제품은요, 일주일에 한 번만 충전해도 통화시간이 16시간은 되어야 하고, 음악은 운동하면서 매일 하루 1시간씩만 들을 수 있으면 돼요. 스피커는 고감도인 게 더 낫겠죠.”
점원 : “그럼 고객님께는 (　)모델을, 친구 분께 드릴 선물로는 (　)모델을 추천해 드립니다.”

〈제품 사양서〉

구분	무게	충전시간	통화시간	음악재생 시간	스피커 감도
A모델	40.0g	2.2H	15H	17H	92db
B모델	43.5g	2.5H	12H	14H	96db
C모델	38.4g	3.0H	12H	15H	94db
D모델	42.0g	2.2H	13H	18H	85db

※ A, B모델 : 통화시간 1시간 감소 시 음악재생시간 30분 증가
※ C, D모델 : 음악재생시간 1시간 감소 시 통화시간 30분 증가

22 다음 중 위 네 가지 모델에 대한 설명으로 옳은 것을 〈보기〉에서 모두 고르면?

〈보기〉
(가) 충전시간 당 통화시간이 긴 제품일수록 음악재생시간이 길다.
(나) 충전시간 당 통화시간이 5시간 이상인 것은 A, D모델이다.
(다) A모델은 통화에, C모델은 음악재생에 더 많은 배터리가 사용된다.
(라) B모델의 통화시간을 10시간으로 제한하면 음악재생시간을 C모델과 동일하게 유지할 수 있다.

① (가), (나)　② (나), (라)
③ (다), (라)　④ (가), (다)

23 다음 중 점원이 K씨에게 추천한 빈칸의 제품이 순서대로 올바르게 짝지어진 것은 어느 것인가?

	K씨	선물
①	C모델	A모델
②	C모델	D모델
③	A모델	C모델
④	A모델	B모델

24 다음에 주어진 조건이 모두 참일 때 옳은 결론을 고르면?

- 민지, 영수, 경호 3명이 1층에서 엘리베이터를 탔다. 5층에서 한 번 멈추었다.
- 3명은 나란히 서 있었다.
- 5층에서 맨 오른쪽에 서 있던 영수가 내렸다.
- 민지는 맨 왼쪽에 있지 않다.

A : 5층에서 엘리베이터가 다시 올라갈 때 경호는 맨 오른쪽에 서 있게 된다.
B : 경호 바로 옆에는 항상 민지가 있었다.

① A만 옳다.
② B만 옳다.
③ A와 B 모두 옳다.
④ A와 B 모두 그르다.

25 다음은 N사의 ㅇㅇ동 지점으로 배치된 신입사원 5명의 인적사항과 부서별 추가 인원 요청 사항이다. 인력관리의 원칙 중 하나인 적재적소의 원리에 의거하여 신입사원들을 배치할 경우 가장 적절한 것은?

〈신입사원 인적사항〉

성명	성별	전공	자질/자격	기타
甲	남	스페인어	바리스타 자격 보유	서비스업 관련 아르바이트 경험 다수
乙	남	경영	모의경영대회 입상	폭넓은 대인관계
丙	여	컴퓨터공학	컴퓨터 활용능력 2급 자격증 보유	논리적 · 수학적 사고력 우수함
丁	남	회계	-	미국 5년 거주, 세무사 사무실 아르바이트 경험
戊	여	광고학	과학잡지사 우수편집인상 수상	강한 호기심, 융통성 있는 사고

〈부서별 인원 요청 사항〉

부서명	필요인원	필요자질
영업팀	2명	영어 능통자 1명, 외부인과의 접촉 등 대인관계 원만한 자 1명
인사팀	1명	인사 행정 등 논리 활용 프로그램 사용 적합자
홍보팀	2명	홍보 관련 업무 적합자, 외향적 성격 소유자 등 2명

	영업팀	인사팀	홍보팀
①	甲, 丁	丙	乙, 戊
②	乙, 丙	丁	甲, 戊
③	乙, 丁	丙	甲, 戊
④	丙, 戊	甲	乙, 丁

26 다음 〈그림〉과 〈표〉는 K은행의 직원채용절차에 대한 자료이다. 이를 근거로 1일 총 접수건수를 처리하기 위한 각 업무단계별 총 처리비용이 두 번째로 큰 업무단계는?

〈직원채용절차〉

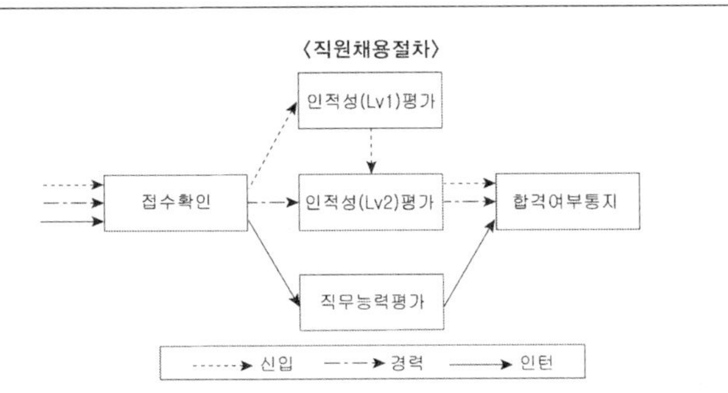

〈지원유형별 1일 접수건수〉

지원유형	접수(건)
신입	20
경력	18
인턴	16
-	-
계	54

〈업무단계별 1건당 처리비용〉

업무단계	처리비용(원)
접수확인	500
인적성(Lv1)평가	2,000
인적성(Lv2)평가	1,000
직무능력평가	1,500
합격여부통지	400

※ 직원채용절차에서 중도탈락자는 없음

※ 업무단계별 1건당 처리비용은 지원유형에 관계없이 동일함

① 접수확인

② 인적성(Lv1)평가

③ 인적성(Lv2)평가

④ 직무능력평가

27 홍보팀장은 다음 달 예산안을 정리하며 예산 업무 담당자에게 간접비용이 전체 직접비용의 30%를 넘지 않게 유지되도록 관리하라는 지시를 내렸다. 홍보팀의 다음과 같은 예산안에서 빈칸 A와 B에 들어갈 수 있는 금액으로 적당한 것은 어느 것인가?

〈예산안〉

- 원재료비 : 1억 3천만 원
- 보험료 : 2천 5백만 원
- 장비 및 시설비 : 2억 5천만 원
- 시설 관리비 : 2천 9백만 원
- 출장비 : (A)
- 광고료 : (B)
- 인건비 : 2천 2백만 원
- 통신비 : 6백만 원

① A : 6백만 원, B : 7천만 원

② A : 8백만 원, B : 6천만 원

③ A : 1천만 원, B : 7천만 원

④ A : 5백만 원, B : 7천만 원

28 다음 ㈎~㈑ 중 시간계획을 함에 있어 명심하여야 할 사항으로 적절하지 않은 설명을 모두 고른 것은?

㈎ 자신에게 주어진 시간 중 적어도 60%는 계획된 행동을 해야 한다.
㈏ 계획은 다소 어렵더라도 의지를 담은 목표치를 반영한다.
㈐ 예정 행동만을 계획하는 것이 아니라 기대되는 성과나 행동의 목표도 기록한다.
㈑ 여러 일 중에서 어느 일이 가장 우선적으로 처리해야 할 것인가를 결정한다.
㈒ 유연하고 융통성 있는 시간계획을 정하기보다 가급적 변경 없이 계획대로 밀고 나갈 수 있어야 한다.
㈓ 예상 못한 방문객 접대, 전화 등의 사건으로 예정된 시간이 부족할 경우를 대비하여 여유시간을 확보한다.
㈔ 반드시 해야 할 일을 끝내지 못했을 경우, 다음 계획에 영향이 없도록 가급적 빨리 잊는다.
㈕ 자기 외의 다른 사람(비서, 부하, 상사)의 시간 계획을 감안하여 계획을 수립한다.

① ㈎, ㈏, ㈔ ② ㈐, ㈒, ㈓
③ ㈏, ㈒, ㈔ ④ ㈏, ㈐, ㈒

29 귀하는 OO토지주택공사의 사업 담당자이다. 아래의 글과 〈상황〉을 근거로 판단할 때, 사업 신청자인 A가 지원받을 수 있는 주택보수비용의 최대 액수는?

- 주택을 소유하고 해당 주택에 거주하는 가구를 대상으로 주택 노후도 평가를 실시하여 그 결과(경 · 중 · 대보수)에 따라 이래와 같이 주택보수비용을 지원

〈주택보수비용 지원 내용〉

구분	경보수	중보수	대보수
보수항목	도배 혹은 장판	수도시설 혹은 난방시설	지붕 혹은 기둥
주택당 보수비용 지원한도액	350만 원	650만 원	950만 원

- 소득인정액에 따라 보수비용 지원한도액의 80%~100%를 차등지원

구분	중위소득 25% 미만	중위소득 25% 이상 35% 미만	중위소득 35% 이상 43% 미만
보수항목	100%	90%	80%

〈상황〉

A는 현재 거주하고 있는 OO주택의 소유자이며, 소득인정액이 중위소득 40%에 해당한다. A 주택의 노후도 평가결과, 지붕의 수선이 필요한 주택보수비용 지원대상이 선정되었다.

① 520만 원 ② 650만 원
③ 760만 원 ④ 855만 원

30 A사는 다음과 같이 직원들의 부서 이동을 단행하였다. 다음 부서 이동 현황에 대한 올바른 설명은?

이동 후 / 이동 전	영업팀	생산팀	관리팀
영업팀	25	7	11
생산팀	9	16	5
관리팀	10	12	15

① 이동 전과 후의 인원수의 변화가 가장 큰 부서는 생산팀이다.

② 이동 전과 후의 부서별 인원수가 많은 순위는 동일하다.

③ 이동 후에 인원수가 감소한 부서는 1개 팀이다.

④ 가장 많은 인원이 이동해 온 부서는 관리팀이다.

31 다음 시트처럼 한 셀에 두 줄 이상 입력하려는 경우 줄을 바꿀 때 사용하는 키는?

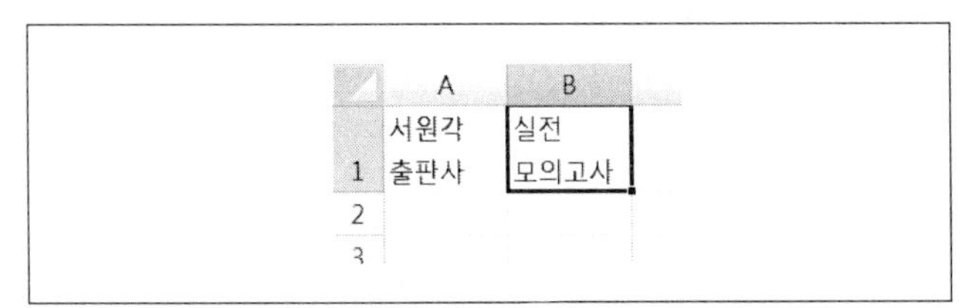

① 〈F1〉+〈Enter〉

② 〈Alt〉+〈Enter〉

③ 〈Alt〉+〈Shift〉+〈Enter〉

④ 〈Shift〉+〈Enter〉

32 다음의 알고리즘에서 인쇄되는 S는?

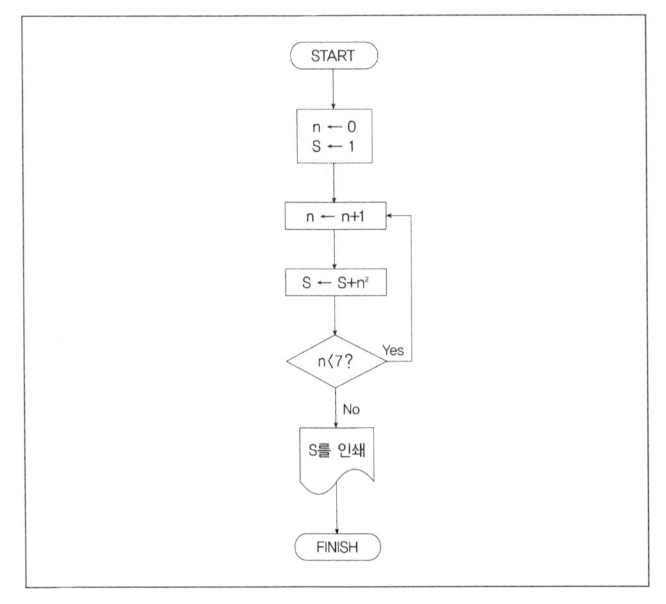

① 137 ② 139

③ 141 ④ 143

33 다음은 H회사의 승진후보들의 1차 고과 점수 및 승진시험 점수이다. "생산부 사원"의 승진시험 점수의 평균을 알기 위해 사용해야 하는 함수는 무엇인가?

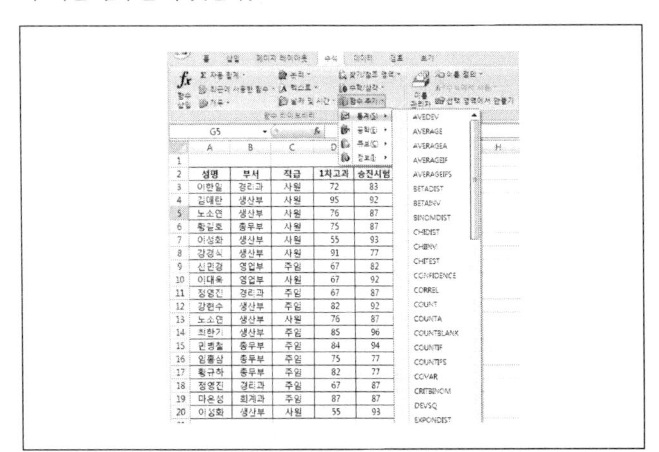

	성명	부서	직급	1차고과	승진시험
3	이한일	경리과	사원	72	83
4	김애란	생산부	사원	95	92
5	노소연	생산부	사원	76	87
6	황길호	총무부	사원	75	87
7	이성화	생산부	사원	55	93
8	강경식	생산부	사원	91	77
9	신민경	영업부	주임	67	82
10	이대욱	영업부	사원	67	92
11	정영진	경리과	주임	67	87
12	강현수	생산부	주임	82	92
13	노소연	생산부	사원	76	87
14	최한기	생산부	주임	85	96
15	권병철	총무부	주임	84	94
16	임홍삼	총무부	주임	75	77
17	황규하	총무부	주임	82	77
18	정영진	경리과	주임	67	87
19	마은성	회계과	주임	87	87
20	이성화	생산부	사원	55	93

① AVERAGE ② AVERAGEA

③ AVERAGEIF ④ AVERAGEIFS

34 다음은 A가 코딩을 하여 만들려는 홀짝 게임 프로그램의 알고리즘 순서도이다. 그런데 오류가 있었는지 잘못된 값을 도출하였다. 잘못된 부분을 고르면?

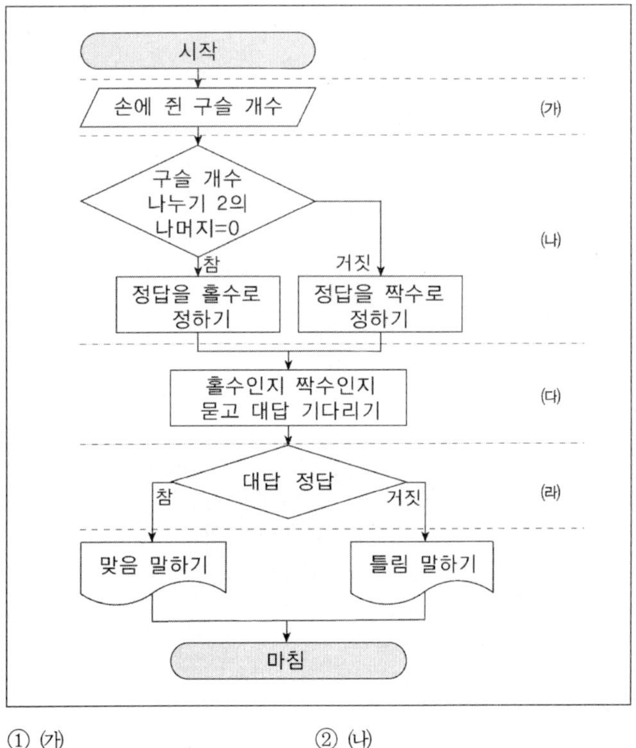

① (가)　　② (나)
③ (다)　　④ (라)

35 다음은 버블정렬에 관한 설명과 예시이다. 보기에 있는 수를 버블 정렬을 이용하여 오름차순으로 정렬하려고 한다. 1회전의 결과는?

> 버블정렬은 인접한 두 숫자의 크기를 비교하여 교환하는 방식으로 정렬한다. 이때 인접한 두 숫자는 수열의 맨 앞부터 뒤로 이동하며 비교된다. 맨 마지막 숫자까지 비교가 이루어져 가장 큰 수가 맨 뒷자리로 이동하게 되면 한 회전이 끝난다. 다음 회전에는 맨 뒷자리로 이동한 수를 제외하고 같은 방식으로 비교 및 교환이 이루어진다. 더 이상 교환할 숫자가 없을 때 정렬이 완료된다. 교환은 두 개의 숫자가 서로 자리를 맞바꾸는 것을 말한다.
>
> 〈예시〉
>
> 30, 15, 40, 10을 정렬하려고 한다.
>
> • 1회전
> (30, 15), 40, 10 : 30〉15 이므로 교환
> 15, (30, 40), 10 : 40〉30 이므로 교환이 이루어지지 않음
> 15, 30, (40, 10) : 40〉10 이므로 교환
> 1회전의 결과 값 : 15, 30, 10, 40
>
> • 2회전 (40은 비교대상에서 제외)
> (15, 30), 10, 40 : 30〉15 이므로 교환이 이루어지지 않음
> 15, (30, 10), 40 : 30〉10 이므로 교환
> 2회전의 결과 값 : 15, 10, 30, 40
>
> • 3회전 (30, 40은 비교대상에서 제외)
> (15, 10), 30, 40 : 15〉10이므로 교환
> 3회전 결과 값 : 10, 15, 30, 40 → 교환 완료

> 〈보기〉
>
> 9, 6, 7, 3, 5

① 6, 3, 5, 7, 9
② 3, 5, 6, 7, 9
③ 6, 7, 3, 5, 9
④ 9, 6, 7, 3, 5

36 다음은 국내 화장품 산업의 SWOT분석이다. 주어진 전략 중 가장 적절한 것은?

SWOT이란, 강점(Strength), 약점(Weakness), 기회(Opportunity), 위협(Threat)의 머리글자를 모아 만든 단어로 경영 전략을 수립하기 위한 도구이다. SWOT분석을 통해 도출된 조직의 외부/내부 환경을 분석 결과를 통해 각각에 대응하는 전략을 도출하게 된다.

SO 전략이란 기회를 활용하면서 강점을 더욱 강화하는 공격적인 전략이고, WO 전략이란 외부환경의 기회를 활용하면서 자신의 약점을 보완하는 전략으로 이를 통해 기업이 처한 국면의 전환을 가능하게 할 수 있다. ST 전략은 외부환경의 위험요소를 회피하면서 강점을 활용하는 전략이며, WT 전략이란 외부환경의 위협요인을 회피하고 자사의 약점을 보완하는 전략으로 방어적 성격을 갖는다.

내부 / 외부	강점(Strength)	약점(Weakness)
기회 (Opportunity)	SO 전략 (강점-기회 전략)	WO 전략 (약점-기회 전략)
위협 (Threat)	ST 전략 (강점-위협 전략)	WT 전략 (약점-위협 전략)

강점 (Strength)	• 참신한 제품 개발 능력과 상위의 생산시설 보유 • 한류 콘텐츠와 연계된 성공적인 마케팅 • 상대적으로 저렴한 가격 경쟁력
약점 (Weakness)	• 아시아 외 시장에서의 존재감 미약 • 대기업 및 일부 브랜드 편중 심화 • 색조 분야 경쟁력이 상대적으로 부족
기회 (Opportunity)	• 중국 · 동남아 시장 성장 가능성 • 중국 화장품 관세 인하 • 유럽에서의 한방 원료 등을 이용한 'Korean Therapy' 관심 증가
위협 (Threat)	• 글로벌 업체들의 중국 진출(경쟁 심화) • 중국 로컬 업체들의 추격 • 중국 정부의 규제 강화 가능성

내부 / 외부	강점(Strength)	약점(Weakness)
기회 (Opportunity)	① 색조 화장품의 개발로 중국 · 동남아 시장 진출	② 다양한 한방 화장품 개발로 유럽 시장에 존재감 부각
위협 (Threat)	③ 저렴한 가격과 높은 품질을 강조하여 유럽 시장에 공격적인 마케팅	④ 한류 콘텐츠와 연계한 마케팅으로 중국 로컬 업체들과 경쟁

37 집단의사결정과정의 하나인 브레인스토밍에 대한 설명으로 바르지 않은 것은?

① 다른 사람이 아이디어를 제시할 때 비판하지 않는다.
② 모든 아이디어들이 제안되면 이를 결합하여 해결책을 마련한다.
③ 문제에 대한 제안이 자유롭게 이루어진다.
④ 아이디어는 적을수록 결정이 빨라져 좋다.

38 조직의 유형과 그 예로 바르게 짝지어지지 않은 것은?

① 비영리 조직 – 정부조직, 병원
② 대규모 조직 – 대기업, 가족 소유의 상점
③ 공식 조직 – 조직의 규모 · 규정이 조직화된 조직
④ 비공식 조직 – 인간관계에 따라 형성된 자발적 조직

39 다음은 U기업의 조직도와 팀장님의 지시사항이다. 다음 중 K씨가 해야 할 행동으로 가장 적절한 것은?

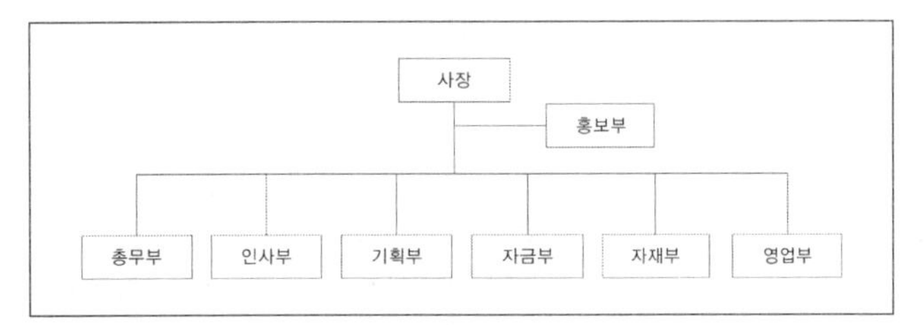

<팀장 지시사항>

K씨, 다음 주에 신규직원 공채시작이지? 실무자에게 부탁해서 공고문 확인하고 지난번에 우리 부서에서 제출한 자료랑 맞게 제대로 들어갔는지 확인해주고 공채 절차하고 채용 후에 신입직원 교육이 어떻게 진행되는지 정확한 자료를 좀 받아와요.

① 인사부에서 신규직원 공채 공고문을 받고, 총무부에서 신입직원 교육 자료를 받아온다.

② 홍보실에서 신규직원 공채 공고문을 받고, 인사부에서 신입직원 교육 자료를 받아온다.

③ 총무부에서 신규직원 공채 공고문과 신입직원 교육 자료를 받아온다.

④ 인사부에서 신규직원 공채 공고문과 신입직원 교육 자료를 받아온다.

40 다음의 빈칸에 들어갈 말을 순서대로 나열한 것은?

조직의 (㉠)은/는 조직 내의 부문 사이에 형성된 관계로 조직목표를 달성하기 위한 조직구성원들의 상호작용을 보여준다. 이는 결정권의 집중정도, 명령계통, 최고경영자의 통제, 규칙과 규제의 정도에 따라 달라지며 구성원들의 업무나 권한이 분명하게 정의된 기계적 조직과 의사결정권이 하부구성원들에게 많이 위임되고 업무가 고정적이지 않은 유기적 조직으로 구분될 수 있다. (㉡)은/는 이를 쉽게 파악할 수 있고 구성원들의 임무, 수행하는 과업, 일하는 장소 등을 파악하는데 용이하다.

한편 조직이 지속되게 되면 조직구성원들 간 생활양식이나 가치를 공유하게 되는데 이를 조직의 (㉢)라고 한다. 이는 조직구성원들의 사고와 행동에 영향을 미치며 일체감과 정체성을 부여하고 조직이 (㉣)으로 유지되게 한다. 최근 이에 대한 중요성이 부각되면서 긍정적인 방향으로 조성하기 위한 경영층의 노력이 이루어지고 있다.

	㉠	㉡	㉢	㉣
①	구조	조직도	문화	안정적
②	목표	비전	규정	체계적
③	미션	핵심가치	구조	혁신적
④	직급	규정	비전	단계적

>>> 직무수행능력평가

41 다음 중 대리인이 부담하는 것으로써 이들의 행위가 주인의 이익에 손해가 되지 않고 있음을 확인하는데 있어 들게 되는 비용을 무엇이라고 하는가?

① 감시비용
② 구매비용
③ 잔여손실
④ 확증비용

42 다음 중 동기부여의 내용이론에 해당하지 않는 것은?

① 매슬로우의 욕구단계이론
② 알더퍼의 이론
③ 아담스의 공정성이론
④ 허쯔버그의 요인이론

43 BCG(Boston Consulting Group)의 시장 성장-점유율 매트릭스에서 시장 성장률이 높으나 점유율이 낮은 사업부를 무엇이라 하는가?

① 두뇌(brain)
② 별(star)
③ 의문표(question mark)
④ 현금젖소(cash cow)

44 기업에서 필요한 인력모집방법에 있어서 내부모집에 대한 내용으로 가장 바르지 않은 사항은?

① 내부 모집의 대표적인 방법 중 하나가 사내공모제이다.
② 내부 모집은 외부모집에 비하여 사내 경쟁을 줄이고 파벌을 없앨 수 있다.
③ 내부 모집은 비교적 정확한 평가가 가능하고 적응시간이 단축될 수 있다.
④ 내부 모집은 외부모집에 비하여 신속한 평가가 가능하고 비용이 절감될 수 있다.

45 다음 중 고객이 기업과 만나는 모든 것에서 기업에 대한 고객의 경험과 인지에 영향을 미치는 "결정적인 순간"을 의미하는 것은 무엇인가?

① MIS(Marketing Information System)
② CSM(Customer Satisfaction Management)
③ MOT(Moments of Truth)
④ CRM(Customer Relationship Management)

46 다음 중 CRM의 활용에 대한 내용으로 가장 옳지 않은 사항은?

① 고객로열티 극대화를 중시한다.
② 제품판매보다는 고객관계관리에 중점을 둔다.
③ 고객유지보다는 고객획득에 중점을 둔다.
④ 시장점유율보다 고객점유율에 비중을 둔다.

47 다음 중 수요상황에 대한 마케팅 관리 방안으로 가장 적절하지 않은 것은?

① 잠재적 수요 - 자극적 마케팅
② 불건전한 수요 - 대항적 마케팅
③ 부정적 수요 - 전환적 마케팅
④ 불규칙적 수요 - 동시화 마케팅

48 통상적으로 컴퓨터의 가격이 200만 원 정도로 알고 있는 소비자가 250만 원의 컴퓨터를 알게 됐을 때 이 소비자는 컴퓨터의 가격이 비싸다고 생각하게 되는데, 이것은 다음의 어떠한 가격전략에 해당하는가?

① 단수가격　　② 이중요율
③ 준거가격　　④ 유보가격

49 다음 중 경로커버리지에 대한 내용으로 가장 거리가 먼 것은 무엇인가?

① 집약적 유통의 경우에는 중간상 통제에 있어 어려움이 있다.
② 소비재 중 하나인 편의품의 경우에는 전속적 유통에 속한다.
③ 선택적 유통의 경우에는 선매품에 적합한 전략이라 할 수 있다.
④ 집약적 유통은 취급하는 제품에 대한 시장의 범위를 확대시키려는 전략이다.

50 제품의 품질 및 성능 등을 결정하거나 또는 이에 영향을 미치는 여러 부서의 전문가들로 구성된 팀을 통해 제품개발과정을 구성하는 다양한 활동을 동시에 수행하고자 하는 것으로 생산공정을 통합하고 모든 작업을 동시에 진행하는 것을 무엇이라고 하는가?

① 동시공학
② 개별분석
③ 산업 자동화
④ 품질 자동화

51 다음 중 총괄생산계획에 포함되지 않는 것은?

① 재고수준
② 하도급
③ 작업일정
④ 산출량

52 공급사슬에서 물리적 재화의 수송은 동일 기업의 설비들 간에 일어날 수도 있고, 다른 기업의 설비들 간에 일어날 수도 있는데, 이때 수송방식에 관한 내용 중 가장 바르지 않은 것은?

① 철도는 대량 수송이 가능하다는 특징을 갖는다.
② 육상운송은 유연성이 가장 높다.
③ 항공운송은 값비싼 품목의 수송에 적합하다.
④ 파이프라인은 수송 대상물의 종류에 제한 없이 운송이 가능하다.

53 다음 중 고객 집단별로 적기에 가격을 차별화하여 고정된 공급 용량으로 수익을 최대화하는 것은?

① 수익관리
② 약정 시스템
③ 주문적체
④ 보완적 제품

54 다음 중 린(Lean) 시스템의 유용한 기법 중 하나인 5S에 해당하지 않는 것은?

① 안전(safety)
② 습관화(sustain)
③ 정리(sort)
④ 정돈(straighten)

55 기업의 환경분석을 통해 강점과 약점, 기회와 위협요인을 규정하고 이를 토대로 마케팅 전략을 수립하는 기법을 무엇이라고 하는가?

① 5 Force 분석
② 경쟁사 분석
③ SWOT 분석
④ 소비자 분석

56 다음 중 조사방법에 따라 1차 자료와 2차 자료로 구분할 때 2차 자료에 해당하는 것은?

① 신디케이트 자료(syndicated data)
② 실사자료(survey data)
③ 원 자료(raw data)
④ 현장자료(field data)

57 마케팅믹스 중 촉진(Promotion)에 대한 설명으로 맞는 것은?

① 제품계열(product line)과 품목(item)으로 구성된다.
② 기업이 제공하는 효용에 대해 소비자가 지불하는 대가인 것이다.
③ 기업의 고객과의 의사소통수단인 광고, 홍보, 판매촉진, 그리고 인적판매를 말한다.
④ 소비자가 원하는 제품을 원하는 장소와 원하는 시간에 구매할 수 있도록 해주는 것이다.

58 다음 중 미래의 특정 시점에 정해진 가격으로 특정 자산을 사고 팔기로 현재 시점에서 약정한 계약을 무엇이라 하는가?

① 옵션
② 스왑
③ 주식
④ 선물

59 다음 중 대차대조표 상의 자산계정에 해당하지 않는 것은?

① 외상매출금

② 차입금

③ 현금

④ 상품

60 다음 중 손익계산서에 대한 설명으로 옳지 않은 것은?

① 재무제표의 종류에 속한다.

② 재산법을 이용하여 당기순손익을 산출한다.

③ 일정한 기간의 경영성과를 나타내는 보고서이다.

④ 손익계산서 등식은 '총비용=총수익+당기순손실' 또는 '총비용+당기순이익=총수익'이다.

61 다음 중 재고자산에 해당하지 않는 것은?

① 원재료

② 판매 목적으로 보유 중인 부동산 매매업자의 건물

③ 상품

④ 상품매입 계약을 체결하고 지급한 선급금

62 다음 중 손익계산서상 표시되는 매출원가를 증가시키는 영향을 주지 않는 것은?

① 판매 이외 목적으로 사용된 재고자산의 타계정대체액

② 재고자산의 시가가 장부금액 이하로 하락하여 발생한 재고자산평가손실

③ 정상적으로 발생한 재고자산감모손실

④ 원재료 구입 시 지급한 운반비

63 다음 중 유동부채에 해당하지 않는 것은?

① 유동성장기부채

② 선급비용

③ 단기차입금

④ 예수금

64 다음 중 가격결정에서 영향을 미치는 외부요인 중 시장 참가자가 다수여서 수요자 상호 간, 공급자 상호 간 그리고 수요자와 공급자 간의 삼면적(三面的)인 경쟁이 이루어지는 시장을 무엇이라고 하는가?

① 완전경쟁시장

③ 과점시장

② 독점적 경쟁시장

④ 독점시장

65 다음 중 보호무역의 수단에 해당하지 않는 것은?

① 보조금 지급

② 덤핑

③ 수량제한

④ 관세부과

66 다음 중 인플레이션과 관련된 설명으로 가장 바르지 않은 설명은?

① 필립스 곡선은 실업률과 인플레이션율 사이의 관계를 보여 준다.

② 피셔효과에 따르면 인플레이션율의 상승은 실질이자율을 변화시킨다.

③ 명목임금이 하방경직적일 때, 디플레이션이 발생하면 실질임금은 상승한다.

④ 예상치 못한 인플레이션은 채권자와 채무자 사이의 소득 재분배를 야기할 수 있다.

67 국제결제은행이 정한 각 은행의 자기자본비율을 무엇이라고 하는가?

① CDS 프리미엄

② BIS비율

③ 국제채권

④ 다우존스 비율

68 다음 중 국제투기자본의 무분별한 자본시장 왜곡을 막기 위해 단기 외환거래에 부과하는 세금을 의미하는 것은?

① 토빈세

② 구글세

③ 주가수익세

④ 옵션세

69 사전 경고 없이 매수자가 목표 기업의 경영진에 편지를 보내 매수제의를 하고 신속한 의사결정을 요구하는 M&A 수단을 무엇이라고 하는가?

① 그린 메일

② 백기사

③ 곰의 포옹

④ 황금낙하산

70 다음 중 어느 한 영역에서 일어난 경제 현상 또는 한 국가에서 취한 정책의 영향 및 혜택이 타 영역이나 지역 등으로 퍼져나가는 현상을 무엇이라고 하는가?

① 버블 현상

② 에코스패즘

③ 도덕적 해이

④ 스필오버 효과

>>> 주관식

71 한 기업이 다른 여러 산업에 참여하는 것으로 기존의 업종에서 다른 업종으로 진출하여 사업영역을 확대하는 것을 무엇이라고 하는가?

72 일정 시점 현재 기업의 재무상태(자산, 부채, 자본)를 나타내는 보고서를 무엇이라고 하는가?

73 회사 1주당 수익의 몇 배가 되는가를 나타내는 지표를 의미하는 것은?

74 낮은 변동성을 보이는 주식에 분산투자하는 전략을 무엇이라고 하는가?

75 법인의 실제 소득의 상당 부분에 대해 과세하지 않는 국가 또는 지역을 의미하는 것은?

IBK기업은행 필기시험

성 명

생 년 월 일							
⓪	⓪	⓪	⓪	⓪	⓪	⓪	⓪
①	①	①	①	①	①	①	①
②	②	②	②	②	②	②	②
③	③	③	③	③	③	③	③
④	④	④	④	④	④	④	④
⑤	⑤	⑤	⑤	⑤	⑤	⑤	⑤
⑥	⑥	⑥	⑥	⑥	⑥	⑥	⑥
⑦	⑦	⑦	⑦	⑦	⑦	⑦	⑦
⑧	⑧	⑧	⑧	⑧	⑧	⑧	⑧
⑨	⑨	⑨	⑨	⑨	⑨	⑨	⑨

아래에 문구를 빈칸에 정자로 기재하시오.

햇볕이 쏟아지는 가을날에 선선한 바람을 맞으며 하루를 보낸다.

필적확인란 :

직업기초능력평가									
1	①	②	③	④	21	①	②	③	④
2	①	②	③	④	22	①	②	③	④
3	①	②	③	④	23	①	②	③	④
4	①	②	③	④	24	①	②	③	④
5	①	②	③	④	25	①	②	③	④
6	①	②	③	④	26	①	②	③	④
7	①	②	③	④	27	①	②	③	④
8	①	②	③	④	28	①	②	③	④
9	①	②	③	④	29	①	②	③	④
10	①	②	③	④	30	①	②	③	④
11	①	②	③	④	31	①	②	③	④
12	①	②	③	④	32	①	②	③	④
13	①	②	③	④	33	①	②	③	④
14	①	②	③	④	34	①	②	③	④
15	①	②	③	④	35	①	②	③	④
16	①	②	③	④	36	①	②	③	④
17	①	②	③	④	37	①	②	③	④
18	①	②	③	④	38	①	②	③	④
19	①	②	③	④	39	①	②	③	④
20	①	②	③	④	40	①	②	③	④

직무수행능력평가									
41	①	②	③	④	56	①	②	③	④
42	①	②	③	④	57	①	②	③	④
43	①	②	③	④	58	①	②	③	④
44	①	②	③	④	59	①	②	③	④
45	①	②	③	④	60	①	②	③	④
46	①	②	③	④	61	①	②	③	④
47	①	②	③	④	62	①	②	③	④
48	①	②	③	④	63	①	②	③	④
49	①	②	③	④	64	①	②	③	④
50	①	②	③	④	65	①	②	③	④
51	①	②	③	④	66	①	②	③	④
52	①	②	③	④	67	①	②	③	④
53	①	②	③	④	68	①	②	③	④
54	①	②	③	④	69	①	②	③	④
55	①	②	③	④	70	①	②	③	④

주관식	
71	
72	
73	
74	
75	

SEOWONGAK
(주)서원각

IBK기업은행

필기시험 모의고사

- 제 2 회 -

성명		생년월일	
시험시간	120분	문항수	75문항

〈응시 전 주의사항〉

- ○ 문제지 해당란과 OMR답안지에 성명과 생년월일을 정확하게 기재하십시오.
- ○ 기재착오, 누락 등으로 인한 불이익은 응시자 본인의 책임이니 OMR 답안지 작성에 유의하십시오.
- ○ 필기시험의 만점은 100점으로 합니다.

(주)서원각

제2회 IBK기업은행 필기시험

>>> 직업기초능력평가

1 다음 글의 중심 내용으로 가장 적절한 것은?

> 한 번에 두 가지 이상의 일을 할 때 당신은 마음에게 흩어지라고 지시하는 것입니다. 그것은 모든 분야에서 좋은 성과를 내는 데 필수적인 요소가 되는 집중과는 정반대입니다. 당신은 자신의 마음이 분열되는 상황에 처하도록 하는 경우도 많습니다. 마음이 흔들리도록, 과거나 미래에 사로잡히도록, 문제들을 안고 낑낑거리도록, 강박이나 충동에 따라 행동하는 때가 그런 경우입니다. 예를 들어, 읽으면서 동시에 먹을 때 마음의 일부는 읽는 데 가 있고, 일부는 먹는 데 가 있습니다. 이런 때는 어느 활동에서도 최상의 것을 얻지 못합니다. 다음과 같은 부처의 가르침을 명심하세요. '걷고 있을 때는 걸어라. 앉아 있을 때는 앉아 있어라. 갈팡질팡하지 마라.'당신이 하는 모든 일은 당신의 온전한 주의를 받을 가치가 있는 것이어야 합니다. 단지 부분적인 주의를 받을 가치밖에 없다고 생각하면, 그것이 진정으로 할 가치가 있는지 자문하세요. 어떤 활동이 사소해 보이더라도, 당신은 마음을 훈련하고 있다는 사실을 명심하세요.

① 일을 시작하기 전에 먼저 사소한 일과 중요한 일을 구분하는 습관을 기르라.
② 한 번에 두 가지 이상의 일을 성공적으로 수행할 수 있도록 훈련하라.
③ 자신이 하는 일에 전적으로 주의를 집중하라.
④ 과거나 미래가 주는 교훈에 귀를 기울이라.

2 다음 글과 어울리는 사자성어로 적절한 것은?

> 관중(管仲)과 포숙(鮑叔)은 죽마고우로 둘도 없는 친구(親舊) 사이였다. 어려서부터 포숙(鮑叔)은 관중(管仲)의 범상(凡常)치 않은 재능을 간파(看破)하고 있었으며, 관중(管仲)은 포숙(鮑叔)을 이해(理解)하고 불평(不平) 한마디 없이 사이좋게 지내고 있었다. 두 사람은 벼슬길에 올랐으나, 본의 아니게 적이 되었다. 규의 아우 소백(小白)은 제(齊)나라의 새 군주(君主)가 되어 환공(桓公)이라 일컫고, 형 규(糾)를 죽이고 그 측근이었던 관중(管仲)도 죽이려 했다. 그때 포숙(鮑叔)이 환공(桓公)에게 진언(盡言)했다. "관중(管仲)의 재능은 신보다 몇 갑절 낫습니다. 제(齊)나라만 다스리는 것으로 만족(滿足)하신다면 신으로도 충분합니다만 천하(天下)를 다스리고자 하신다면 관중(管仲)을 기용하셔야 하옵니다." 환공(桓公)은 포숙(鮑叔)의 진언(盡言)을 받아들여 관중(管仲)을 대부(大夫)로 중용하고 정사(政事)를 맡겼다. 재상(宰相)이 된 관중(管仲)은 기대에 어긋나지 않게 마음껏 수완을 발휘해 환공(桓公)으로 하여금 춘추(春秋)의 패자(霸者)로 군림하게 했다. 성공(成功)한 후 관중(管仲)은 포숙(鮑叔)에 대한 고마운 마음을 다음과 같이 회고(回顧)하고 있다. "내가 젊고 가난했을 때 포숙(鮑叔)과 함께 장사를 하면서 언제나 그보다 더 많은 이득(利得)을 취했다. 그러나 포숙(鮑叔)은 나에게 욕심쟁이라고 말하지 않았다. 그는 내가 가난한 것을 알고 있었기 때문이다. 나는 또 몇 번씩 벼슬에 나갔으나 그때마다 쫓겨났다. 그래도 그는 나를 무능(無能)하다고 흉보지 않았다. 내게 아직 운이 안 왔다고 생각한 것이다. 싸움터에서 도망(逃亡)쳐 온 적도 있으나 그는 나를 겁쟁이라고 하지 않았다. 나에게 늙은 어머니가 계시기 때문이라고 생각한 것이다. 공자 규가 후계자 싸움에서 패하여 동료 소홀(召忽)은 싸움에서 죽고 나는 묶이는 치욕(恥辱)을 당했지만 그는 나를 염치(廉恥)없다고 비웃지 않았다. 내가 작은 일에 부끄러워하기보다 공명을 천하(天下)에 알리지 못함을 부끄러워 한다는 것을 알고 있었기 때문이다. 나를 낳아준 이는 부모(父母)이지만 나를 진정으로 알아준 사람은 포숙(鮑叔)이다."

① 관포지교(管鮑之交)
② 오매불망(寤寐不忘)
③ 마부위침(磨斧爲針)
④ 망운지정(望雲之情)

3 다음 내용에서 주장하고 있는 것은?

> 기본적으로 한국 사회는 본격적인 자본주의 시대로 접어들었고 그것은 소비사회, 그리고 사회 구성원들의 자기표현이 거대한 복제기술에 의존하는 대중문화 시대를 열었다. 현대인의 삶에서 대중매체의 중요성은 더욱 더 높아지고 있으며 따라서 이제 더 이상 대중문화를 무시하고 엘리트 문화지향성을 가진 교육을 하기는 힘든 시기에 접어들었다. 세계적인 음악가로 추대받고 있는 비틀즈도 영국 고등학교가 길러낸 음악가이다.

① 대중문화에 대한 검열이 필요하다.
② 한국에서 세계적인 음악가의 탄생을 위해 고등학교에서 음악 수업의 강화가 필요하다.
③ 한국 사회에서 대중문화를 인정하는 것은 중요하다.
④ 교양 있는 현대인의 배출을 위해 고전음악에 대한 교육이 필요하다.

4 다음 두 글에서 공통적으로 말하고자 하는 것은 무엇인가?

> (가) 많은 사람들이 기대했던 우주왕복선 챌린저는 발사 후 1분 13초만에 폭발하고 말았다. 사건조사단에 의하면, 사고원인은 챌린저 주엔진에 있던 O－링에 있었다. O－링은 디오콜사가 NASA로부터 계약을 따내기 위해 저렴한 가격으로 생산될 수 있도록 설계되었다. 하지만 첫 번째 시험에 들어가면서부터 설계상의 문제가 드러나기 시작하였다. NASA의 엔지니어들은 그 문제점들을 꾸준히 제기했으나, 비행시험에 실패할 정도의 고장이 아니라는 것이 디오콜사의 입장이었다. 하지만 O－링을 설계했던 과학자도 문제점을 인식하고 문제가 해결될 때까지 챌린저 발사를 연기하도록 회사 매니저들에게 주지시키려 했지만 거부되었다. 한 마디로 그들의 노력이 미흡했기 때문이다.
>
> (나) 과학의 연구 결과는 사회에서 여러 가지로 활용될 수 있지만, 그 과정에서 과학자의 의견이 반영되는 일은 드물다. 과학자들은 자신이 책임질 수 없는 결과를 이 세상에 내놓는 것과 같다. 과학자는 자신이 개발한 물질을 활용하는 과정에서 나타날 수 있는 위험성을 충분히 알리고 그런 물질의 사용에 대해 사회적 합의를 도출하는 데 적극 협조해야 한다.

① 과학적 결과의 장단점
② 과학자와 기업의 관계
③ 과학자의 윤리적 책무
④ 과학자의 학문적 한계

【5~6】 다음은 우리나라의 공적연금제도와 관련된 설명이다. 물음에 답하시오.

사람들은 은퇴 이후 소득이 급격하게 줄어드는 위험에 처할 수 있다. 이러한 위험이 발생할 경우 일정 수준의 생활(소득)을 보장해 주기 위한 제도가 공적연금제도이다. 우리나라의 공적연금제도에는 대표적으로 국민의 노후 생계를 보장해 주는 국민연금이 있다. 공적연금제도는 강제가입을 원칙으로 한다. 연금은 가입자가 비용은 현재 지불하지만 그 편익은 나중에 얻게 된다. 그러나 사람들은 현재의 욕구를 더 긴박하고 절실하게 느끼기 때문에 불확실한 미래의 편익을 위해서 당장은 비용을 지불하지 않으려는 경향이 있다. 또한 국가는 사회보장제도를 통하여 젊은 시절에 노후를 대비하지 않은 사람들에게도 최저생계를 보장해준다. 이 경우 젊었을 때 연금에 가입하여 성실하게 납부한 사람들이 방만하게 생활한 사람들의 노후생계를 위해 세금을 추가로 부담해야 하는 문제가 생긴다. 그러므로 국가가 나서서 강제로 연금에 가입하도록 하는 것이다.

공적연금제도의 재원을 충당하는 방식은 연금 관리자의 입장과 연금 가입자의 입장에서 각기 다르게 나누어 볼 수 있다. 연금 관리자의 입장에서는 '적립방식'과 '부과방식'의 두 가지가 있다. '적립방식'은 가입자가 낸 보험료를 적립해 기금을 만들고 이 기금에서 나오는 수익으로 가입자가 납부한 금액에 비례하여 연금을 지급하지만, 연금액은 확정되지 않는다. '적립방식'은 인구 구조가 변하더라도 국가는 재정을 투입할 필요가 없고, 받을 연금과 내는 보험료의 비율이 누구나 일정하므로 보험료 부담이 공평하다. 하지만 일정한 기금이 형성되기 전까지는 연금을 지급할 재원이 부족하므로, 제도 도입 초기에는 연금 지급이 어렵다. '부과방식'은 현재 일하고 있는 사람들에게서 거둔 보험료로 은퇴자에게 사전에 정해진 금액만큼 연금을 지급하는 것이다. 이는 '적립방식'과 달리 세대 간 소득 재분배 효과가 있으며, 제도 도입과 동시에 연금 지급을 개시할 수 있다는 장점이 있다. 다만 인구 변동에 따른 불확실성이 있다. 노인 인구가 늘어나 역삼각형의 인구구조가 만들어질 때는 젊은 세대의 부담이 증가되어 연금 제도를 유지하기가 어려워질 수 있다.

연금 가입자의 입장에서는 납부하는 금액과 지급 받을 연금액의 관계에 따라 확정기여방식과 확정급여방식으로 나눌 수 있다. 확정기여방식은 가입자가 일정한 액수나 비율로 보험료를 낼 것만 정하고 나중에 받을 연금의 액수는 정하지 않는 방식이다. 이는 연금 관리자의 입장에서 보면 '적립방식'으로 연금 재정을 운용하는 것이다. 그래서 이 방식은 이자율이 낮아지거나 연금 관리자가 효율적으로 기금을 관리하지 못하는 경우에 개인이 손실 위험을 떠안게 된다. 또한 물가가 인상되는 경우 확정기여에 따른 적립금의 화폐가치가 감소되는 위험도 가입자가 감수해야 한다. 확정급여방식은 가입자가 얼마의 연금을 받을 지를 미리 정해 놓고, 그에 따라 개인이 납부할 보험료를 정하는 방식이다. 이는 연금 관리자의 입장에서는 '부과방식'으로 연금 재정을 운용하는 것이다. 나중에 받을 연금을 미리정하면 기금 운용 과정에서 발생하는 투자의 실패는 연금 관리자가 부담하게 된다. 그러나 이 경우에도 물가상승에 따른 손해는 가입자가 부담해야 하는 단점이 있다.

5 공적연금의 재원 충당 방식 중 '적립방식'과 '부과방식'을 비교한 내용으로 적절하지 않은 것은?

	항목	적립방식	부과방식
①	연금 지급 재원	가입자가 적립한 기금	현재 일하는 세대의 보험료
②	연금 지급 가능 시기	일정한 기금이 형성된 이후	제도 시작 즉시
③	세대 간 부담의 공평성	세대 간 공평성 미흡	세대 간 공평성 확보
④	소득 재분배 효과	소득 재분배 어려움	소득 재분배 가능

6 위 내용을 바탕으로 다음 상황에 대해 분석할 때 적절하지 않은 결론을 도출한 사람은?

> ○○회사는 이번에 공적연금 방식을 준용하여 퇴직연금 제도를 새로 도입하기로 하였다. 이에 회사는 직원들이 퇴직연금 방식을 확정기여방식과 확정급여방식 중에서 선택할 수 있도록 하였다.

① 확정기여방식은 부담금이 공평하게 나눠지는 측면에서 장점이 있어.

② 확정기여방식은 기금을 운용할 회사의 능력에 따라 나중에 받을 연금액이 달라질 수 있어.

③ 확정기여방식은 기금의 이자 수익률이 물가상승률보다 높으면 연금액의 실질적 가치가 상승할 수 있어.

④ 확정급여방식은 투자 수익이 부실할 경우 가입자가 보험료를 추가로 납부해야 하는 문제가 있어.

Ⅰ7~8Ⅰ 다음은 선물 거래에 관련된 설명이다. 물음에 답하시오.

선물 거래는 경기 상황의 변화에 의해 자산의 가격이 변동하는 데서 올 수 있는 경제적 손실을 피하려는 사람과 그 위험을 대신 떠맡으면서 그것이 기회가 될 수 있는 상황을 기대하며 경제적 이득을 얻으려는 사람 사이에서 이루어지는 것이다.

[A] 배추를 경작하는 농민이 주변 여건에 따라 가격이 크게 변동하는 데서 오는 위험에 대비해 3개월 후 수확하는 배추를 채소 중개상에게 1포기당 8백 원에 팔기로 미리 계약을 맺었다고 할 때, 이와 같은 계약을 선물 계약, 8백 원을 선물 가격이라고 한다. 배추를 경작하는 농민은 선물 계약을 맺음으로써 3개월 후의 배추 가격이 선물 가격 이하로 떨어지더라도 안정된 소득을 확보할 수 있게 된다. 그렇다면 채소 중개상은 왜 이와 같은 계약을 한 것일까? 만약 배추 가격이 선물 가격 이상으로 크게 뛰어오르면 그는 이 계약을 통해 많은 이익을 챙길 수 있기 때문이다. 즉 배추를 경작한 농민과는 달리 3개월 후의 배추 가격이 뛰어오를지도 모른다는 기대에서 농민이 우려하는 위험을 대신 떠맡는 데 동의한 것이다.

선물 거래의 대상에는 농산물이나 광물 외에 주식, 채권, 금리, 외환 등도 있다. 이 중 거래 규모가 비교적 크고 그 방식이 좀 더 복잡한 외환 즉, 통화 선물 거래의 경우를 살펴보자. 세계 기축 통화인 미국 달러의 가격, 즉 달러 환율은 매일 변동하기 때문에 달러로 거래 대금을 주고받는 수출입 기업의 경우 뜻하지 않은 손실의 위험이 있다. 따라서 달러 선물 시장에서 약정된 가격에 달러를 사거나 팔기로 계약해 환율 변동에 의한 위험에 대비하는 방법을 활용한다.

미국에서 밀가루를 수입해 식품을 만드는 A 사는 7월 25일에 20만 달러의 수입 계약을 체결하고 2개월 후인 9월 25일에 대금을 지급하기로 하였다. 7월 25일 현재 원/달러 환율은 1,300원/US$이고 9월에 거래되는 9월물 달러 선물의 가격은 1,305원/US$이다. A 사는 2개월 후에 달러 환율이 올라 손실을 볼 경우를 대비해 선물 거래소에서 9월물 선물 20만 달러어치를 사기로 계약하였다. 그리고 9월 25일이 되자 A 사가 우려한 대로 원/달러 환율은 1,350원/US$, 9월물 달러 선물의 가격은 1,355원/US$으로 올랐다. A 사는 아래의 〈표〉와 같이 당장 미국의 밀가루 제조 회사에 지급해야 할 20만 달러를 준비하는 데 2개월 전에 비해 1천만 원이 더 들어가는 손실을 보았다. 하지만 선물 시장에서 달러당 1,305원에 사서 1,355원에 팔 수 있으므로 선물 거래를 통해 1천만 원의 이익을 얻어 현물 거래에서의 손실을 보전할 수 있게 된다.

외환 거래	환율 변동에 의한 손익 산출	손익
현물	−50원(1,300원−1,350원) × 20만 달러	−1,000만 원
선물	50원(1,355원−1,305원) × 20만 달러	1,000만 원

〈표〉 A 사의 외환 거래로 인한 손익

반대로 미국에 상품을 수출하고 그 대금을 달러로 받는 기업의 경우 받은 달러의 가격이 떨어지면 손해이므로, 특정한 시점에 달러 선물을 팔기로 계약하여 선물의 가격 변동을 이용함으로써 손실에 대비하게 된다.

㉠ 선물이 자산 가격의 변동으로 인한 손실에 대비하기 위해 약정한 시점에 약정한 가격으로 사거나 팔기로 한 것이라면, 그 약정한 시점에 사거나 파는 것을 선택할 수 있는 권리를 부여하는 계약이 있는데 이를 ㉡ 옵션(option)이라고 한다. 계약을 통해 옵션을 산 사람은 약정한 시점, 즉 만기일에 상품을 사거나 파는 것이 유리하면 그 권리를 행사하고, 그렇지 않으면 그 권리를 포기할 수 있다. 그런데 포기하면 옵션 계약을 할 때 지불했던 옵션 프리미엄이라는 일종의 계약금도 포기해야 하므로 그 금액만큼의 손실은 발생한다. 만기일에 약정한 가격으로 상품을 살 수 있는 권리를 콜옵션, 상품을 팔 수 있는 권리를 풋옵션이라고 한다. 콜옵션을 산 사람은 상품의 가격이 애초에 옵션에서 약정한 것보다 상승하게 되면, 그 권리 행사를 통해 가격 변동 폭만큼 이익을 보게 되고 이 콜옵션을 판 사람은 그만큼의 손실을 보게 된다. 마찬가지로 풋옵션을 산 사람은 상품의 가격이 애초에 옵션에서 약정한 것보다 하락하게 되면, 그 권리 행사를 통해 가격 변동 폭만큼 이익을 보게 되고 이 풋옵션을 판 사람은 그만큼의 손실을 보게 된다.

선물이나 옵션은 상품의 가격 변동에서 오는 손실을 줄여 시장의 안정성을 높이고자 하는 취지에서 만들어진 것이다. 하지만 이것이 시장 내에서 손실 그 자체를 줄이는 것은 아니고 새로운 부가가치를 창출하는 것도 아니다. 또한 위험을 무릅쓰고 높은 수익을 노리고자 하는 투기를 조장한다는 점에서 오히려 시장의 안정성을 저해한다는 비판도 제기되고 있다.

7 [A]의 거래 방식을 바르게 평가한 사람은?

① 甲 : 안정된 소득을 거래 당사자 모두에게 보장해 주기 위한 것이군.

② 乙 : 상품의 수요와 공급이 불균형한 상태를 극복하기 위한 경제 활동인 것이군.

③ 丙 : 가격 변동에 따른 위험 부담을 거래 당사자의 어느 한쪽에 전가하는 것이군.

④ 丁 : 서로의 이익을 극대화하기 위해 거래 당사자 간에 손실을 나누어 가지는 것이군.

8 ㉠, ㉡에 대한 설명으로 적절하지 않은 것은?

① ㉠은 ㉡과 달리 가격 변동의 폭에 따라 손익의 규모가 달라진다.

② ㉡은 ㉠과 달리 약정한 상품에 대한 매매의 실행 여부를 선택할 수 있다.

③ ㉡은 ㉠의 거래로 인해 발생하는 손실에 대비하기 위해 활용될 수 있다.

④ ㉠, ㉡은 모두 계약 시점과 약정한 상품을 매매할 수 있는 시점이 서로 다르다.

9 작년까지 A시의 지역 축제에서 A시민에게는 60% 할인된 가격으로 입장료를 판매하였는데 올해부터는 작년 가격에서 각각 5,000원씩 추가 할인하여 판매하기로 했다. 올해 일반 성인입장료와 A시민 성인입장료의 비가 5 : 2일 때, 올해 일반 성인입장료는 얼마인가?

① 9,000원 ② 9,500원

③ 10,000원 ④ 10,500원

10 대학생 1,500명을 대상으로 한 취업 희망기업 설문조사 결과가 다음과 같았다. 남성과 여성이 가장 큰 차이를 보이는 취업 형태는 어느 것인가?

(단위 : %)

구분	대기업	공공 기관	외국계 기업	일반 중소기업	전문 중소기업	창업
	35.8	40.9	6.5	8.0	4.9	3.9
남성	37.3	40.0	4.1	10.0	5.1	3.5
여성	32.6	43.0	11.8	3.4	4.5	4.8

① 대기업 ② 전문중소기업

③ 일반중소기업 ④ 외국계기업

11 다음은 수입체리를 구매한 어느 지역의 272명을 대상으로 설문조사 결과를 나타낸 표이다. 표에 대한 설명으로 옳지 않은 것은?

〈표 1〉 월 평균 소득과 향후 구매 계획

(단위 : 명, %)

향후 구매 계획	월 평균 소득			합계
	200만 원 미만	200만 원 ~500만 원	500만 원 이상	
줄이겠다.	9(37.5)	51(36.2)	20(18.7)	80(29.4)
유지하겠다.	6(25.0)	41(29.1)	33(30.8)	80(29.4)
늘리겠다.	9(37.5)	49(34.8)	54(50.5)	112(41.2)
합계	24(100.0)	141(100.0)	107(100.0)	272(100.0)

〈표 2〉 수입 체리 구매이유와 향후 구매 계획

(단위 : 명, %)

향후 구매 계획	수입 체리 구매이유			합계
	다른 과일보다 맛이 좋을 것 같아서	건강이나 다이어트에 좋을 것 같아서	기타	
줄이겠다.	12(14.0)	20(30.8)	48(39.7)	80(29.4)
유지하겠다.	18(20.9)	19(29.2)	43(35.5)	80(29.4)
늘리겠다.	56(65.1)	26(40.0)	30(24.8)	112(41.2)
합계	86(100.0)	65(100.0)	121(100.0)	272(100.0)

① 월 평균 소득이 고소득층(500만 원 이상)일수록 향후 수입

체리의 구매를 '늘리겠다.'는 응답이 많은 것으로 나타났다.

② 월 평균 소득이 500만 원 미만인 응답자들의 경우 향후 구매를 '줄이겠다.'는 응답과 '늘리겠다.'는 응답의 비율이 비슷한 것으로 나타났다.

③ 전체적으로 두 표 모두 향후 수입 체리의 구매를 '늘리겠다'고 응답한 비율이 '줄이겠다.', '유지하겠다.'라고 응답한 비율보다 낮은 것으로 나타났다.

④ 수입 체리 구매이유로 '기타'를 선택한 응답자들은 향후 구매 계획에 대해 '줄이겠다.'라고 응답한 비율이 '유지하겠다.'와 '늘리겠다.'는 비율보다 높은 것으로 나타났다.

12 **다음은 교육복지지원 정책사업 내 단위사업 세출 결산 현황을 나타낸 표이다. 2023년 대비 2024년의 급식비 지원 증감률로 옳은 것은? (단, 소수 둘째자리에서 반올림한다)**

(단위 : 백만 원)

단위사업명	2024	2023	2022
	결산액	결산액	결산액
총계	5,016,557	3,228,077	2,321,263
학비 지원	455,516	877,020	1,070,530
방과후교육 지원	636,291	—	—
급식비 지원	647,314	665,984	592,300
정보화 지원	61,814	64,504	62,318
농어촌학교 교육여건 개선	110,753	71,211	77,334
교육복지우선 지원	157,598	188,214	199,019
누리과정 지원	2,639,752	989,116	—
교과서 지원	307,519	288,405	260,218
학력격차해소	—	83,622	59,544

① －2.9% ② －1.4%

③ 2.9% ④ 10.5%

13 **다음은 글로벌 금융위기 중 세계 주요국의 실물경제 현황을 나타낸 표이다. 표에 대한 설명으로 옳지 않은 것은?**

(단위 : %)

국가	구분	2023년			2024년				
		연간	3/4	4/4	연간	1/4	2/4	3/4	4/4
미국	GDP	0.4	-2.7	-5.4	-2.4	-6.4	-0.7	2.2	5.9
	산업생산	-2.2	-9.0	-13.0	-9.7	-19.0	-10.3	5.6	7.0
	소매판매	-0.7	-1.5	-6.6	-6.0	-1.4	-0.3	1.6	1.9
유로지역	GDP	0.7	-1.4	-7.0	-4.1	-9.4	-0.6	1.5	0.5
	산업생산	-0.8	-0.6	-0.8	-14.9	-0.9	-0.4	-0.5	0.2
	수출	3.7	0.2	-8.3	-18.2	-15.0	-0.4	3.2	5.3
일본	GDP	-0.7	-3.9	-13.9	-5.0	-11.9	2.7	1.3	4.6
	광공업생산	-3.4	-3.2	-11.3	-22.4	-22.1	8.3	7.4	4.6
	수출	-3.5	-3.9	-20.0	-33.1	-24.4	6.8	3.2	13.2
중국	GDP	9.0	9.0	6.8	8.7	6.1	7.9	8.9	10.7
	산업생산	12.9	13.0	6.4	11.0	5.1	9.0	12.3	17.9
	수출	17.2	23.0	4.3	-15.9	-19.7	-23.5	-20.3	0.1

① 중국은 다른 나라와는 달리 2023년 3분기부터 2024년 4분기까지 GDP 성장률이 꾸준히 상승하였다.

② 미국의 GDP 성장률은 2023년 3분기부터 2024년 1분기까지 3분기 연속 하락하였다.

③ 위의 자료에서 2024년 GDP가 꾸준히 증가한 국가는 미국과 중국뿐이다.

④ 일본을 제외한 나머지 국가들은 2023년 연간 GDP 성장률이 조금이나마 플러스 성장하였다.

14 다음은 어느 공과대학의 각 학과 지원자의 비율을 나타낸 것이다. 2025년 건축공학과를 지원한 학생 수가 270명일 때 2025년 건축공학과 지원자 수는 전년 대비 몇 명이 증가하였는가? (단, 2024년과 2025년의 공과대학 전체 지원자 수는 같았다)

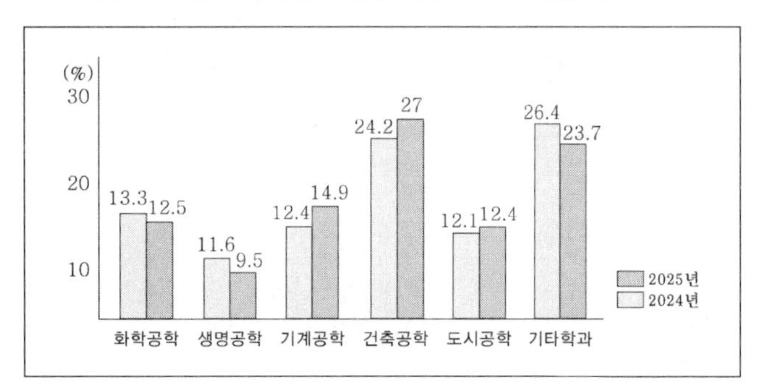

① 28명
② 21명
③ 14명
④ 7명

15 다음은 K은행에서 투자를 검토하고 있는 사업평가 자료인데, 직원의 실수로 일부가 훼손되었다. 다음 중 ㈎, ㈏, ㈐, ㈑에 들어갈 수 있는 수치는? (단, 인건비와 재료비 이외의 투입요소는 없다)

구분	목표량	인건비	재료비	산출량	효과성 순위	효율성 순위
A	㈎	200	50	500	3	2
B	1,000	㈏	200	1,500	2	1
C	1,500	1,200	㈐	3,000	1	3
D	1,000	300	500	㈑	4	4

※ 효율성 = 산출 / 투입
※ 효과성 = 산출 / 목표

	㈎	㈏	㈐	㈑
①	300	500	800	800
②	500	800	300	800
③	800	500	300	300
④	500	300	800	800

16 다음은 2017 ~ 2024년 A기업의 콘텐츠 유형별 매출액에 관한 자료이다. 이에 대한 설명으로 옳지 않은 것은?

〈A기업의 콘텐츠 유형별 매출액〉

(단위 : 백만 원)

연도 \ 유형	게임	음원	영화	SNS	전체
2017년	235	108	371	30	744
2018년	144	175	355	45	719
2019년	178	186	391	42	797
2020년	269	184	508	59	1,020
2021년	485	199	758	58	1,500
2022년	470	302	1,031	308	2,111
2023년	603	411	1,148	104	2,266
2024년	689	419	1,510	341	2,959

① 2019년 이후 매출액이 매년 증가한 콘텐츠 유형은 영화뿐이다.
② 2024년에 전년대비 매출액 증가율이 가장 큰 콘텐츠 유형은 SNS이다.
③ 영화 매출액은 매년 전체 매출액의 40% 이상이다.
④ 2021 ~ 2024년 동안 매년 게임 매출액은 음원 매출액의 2배 이상이다.

17 A와 B가 다음과 같은 규칙으로 게임을 하였다. 규칙을 참고할 때, 두 사람 중 점수가 낮은 사람은 몇 점인가?

- 이긴 사람은 4점, 진 사람은 2점의 점수를 얻는다.
- 두 사람의 게임은 모두 20회 진행되었다.
- 20회의 게임 후 두 사람의 점수 차이는 12점이었다.

① 50점
② 52점
③ 54점
④ 56점

18 다음은 K은행에서 판매하는 일부 금융상품의 대출대상을 나타낸 표이다. 보기에 나와 있는 경수에게 적당한 상품은 무엇인가?

상품명	대출대상
우수고객 인터넷 무보증 신용대출	K은행 PB고객 및 가족 고객
예 · 적금/신탁 담보대출	K은행 인터넷뱅킹 가입자로서 본인 명의의 예 · 적금/신탁을 담보로 인터넷뱅킹상에서 대출을 받고자 하는 고객
신나는 직장인 대출	공무원, 사립학교 교직원, 당행이 선정한 우량기업에 3개월 이상 정규직으로 재직 중인 급여소득자. 단, 당행 여신취급제한자 제외
K 튼튼 직장인 대출	• K은행에서 선정한 대기업, 중견기업, 금융기관 등에 6개월 이상 재직하고 있는 고객 • 연간 소득 3천만 원 이상인 고객 (단, K은행의 여신취급제한자에 해당하는 고객은 제외됨)
샐러리맨 우대대출	• 일반기업체에 정규직 급여소득자로 1년 이상 재직하고 있는 고객. 단, 사업주 및 법인대표자 제외 • 연간 소득이 2,000만 원 이상인 고객

〈보기〉

경수는 인공지능을 연구하는 조그마한 회사에 다니는 직장인으로 어느 덧 회사에 정규직으로 입사한 지 1년 6개월이 되었다. 그가 다니는 회사는 이제 막 성장한 소규모 회사로 그는 현재 대기업에 입사한 친구들보다 훨씬 적은 연봉 2,400만 원을 받고 있다.

① 우수고객 인터넷 무보증 신용대출
② 샐러리맨 우대대출
③ 신나는 직장인 대출
④ K 튼튼 직장인 대출

19 다음은 S사 인사팀의 채용 관련 회의 내용이다. 채용 문제를 해결하기 위해 제시한 문제해결 방법의 원칙을 준수한 직원(㉠)과 위반한 직원(㉡)은?

甲 : 이번 개발자 채용은 어떻게 진행할까요? 의견이 있으신 분들은 말씀해주세요.

乙 : 예상보다 많은 인원이 지원했어요. 아무래도 인력이 부족하니까 이번에도 외주로 맡기는 게 나을 것 같아요. 지난 채용에 외주로 맡겼었는데 결과가 썩 좋았던 걸로 기억합니다.

丙 : 글쎄요…. 지난번 채용 때 입사한 사람은 2주도 안 돼서 퇴사했지 않나요? 그리고 외주 업체는 수수료가 너무 비싸잖아요. 저는 차라리 그 비용으로 광고배너나 키워드 광고를 넣는 게 어떨까 합니다.

丁 : 광고배너라 함은 구인구직 사이트 메인화면 노출 말씀하시는 거죠? 그럼 거기랑 개발자 커뮤니티에도 홍보하는 게 어떨까요? 마침 해당 분야 인력들 사이에서 뜨고 있는 사이트를 몇 군데 알고 있는데, 사이트 운영진과 협의해볼 수 있을 것 같아요.

甲 : 좋네요. 전문성 있는 사람이 필요하니, 도움이 될 것 같네요.

乙 : SNS 홍보는요? 이직하는 사람들 사이에서 유명한 SNS가 있는데요.

丙 : 아니…. 거기도 어쨌든 유료상품을 결제해야 하지 않아요? 또 거기는 모든 직종 직원들이 이용해서 특정 커뮤니티보다 활용도가 떨어지죠.

丁 : 앞으로도 개발 인력이 많이 필요한 상황이니까 관련 세미나나 모임에 협찬을 진행해서 지속적인 홍보를 하는 것도 도움이 될 것 같습니다.

〈문제 해결 방법의 원칙〉

• 상대방 의견을 비판 또는 판단하지 않는다.
• 자유롭게 의견을 제시한다.
• 최대한 많은 아이디어를 낼 수 있도록 한다.
• 상대방의 아이디어와 내 아이디어를 결합할 수 있어야 한다.

	㉠	㉡
①	丁	丙
②	甲	乙
③	乙	丙
④	丁	甲

20 다음으로부터 바르게 추론한 것으로 옳은 것을 보기에서 고르면?

- 5개의 갑, 을, 병, 정, 무 팀이 있다.
- 현재 '갑'팀은 0개, '을'팀은 1개, '병'팀은 2개, '정'팀은 2개, '무'팀은 3개의 프로젝트를 수행하고 있다.
- 8개의 새로운 프로젝트 a, b, c, d, e, f, g, h를 5개의 팀에게 분배하려고 한다.
- 5개의 팀은 새로운 프로젝트 1개 이상을 맡아야 한다.
- 기존에 수행하던 프로젝트를 포함하여 한 팀이 맡을 수 있는 프로젝트 수는 최대 4개이다.
- 기존의 프로젝트를 포함하여 4개의 프로젝트를 맡은 팀은 2팀이다.
- 프로젝트 a, b는 한 팀이 맡아야 한다.
- 프로젝트 c, d, e는 한 팀이 맡아야 한다.

〈보기〉

㉠ a를 '을'팀이 맡을 수 없다.
㉡ f를 '갑'팀이 맡을 수 있다.
㉢ 기존에 수행하던 프로젝트를 포함해서 2개의 프로젝트를 맡는 팀이 있다.

① ㉠ ② ㉡
③ ㉢ ④ ㉠㉢

21 A, B, C, D, E 다섯 명 중 출장을 가는 사람이 있다. 출장을 가는 사람은 반드시 참을 말하고, 출장에 가지 않는 사람은 반드시 거짓을 말한다. 다음과 같이 각자 말했을 때 항상 참인 것은?

- A : E가 출장을 가지 않는다면, D는 출장을 간다.
- B : D가 출장을 가지 않는다면, A는 출장을 간다.
- C : A는 출장을 가지 않는다.
- D : 2명 이상이 출장을 간다.
- E : C가 출장을 간다면 A도 출장을 간다.

① 최소 1명, 최대 3명이 출장을 간다.
② C는 출장을 간다.
③ E는 출장을 가지 않는다.
④ A와 C는 같이 출장을 가거나, 둘 다 출장을 가지 않는다.

22 빵, 케이크, 마카롱, 쿠키를 판매하고 있는 달콤 베이커리 프랜차이즈에서 최근 각 지점 제품을 섭취하고 복숭아 알레르기가 발생했다는 민원이 제기되었다. 해당 제품에는 모두 복숭아가 들어가지 않지만, 복숭아를 사용한 제품과 인접 시설에서 제조하고 있다. 아래의 사례를 참고할 때 다음 중 반드시 거짓인 경우는?

- 복숭아 알레르기 유발 원인이 된 제품은 빵, 케이크, 마카롱, 쿠키 중 하나이다.
- 각 지점에서 복숭아 알레르기가 있는 손님이 섭취한 제품과 알레르기 유무는 아래와 같다.

광화문점	빵과 케이크를 먹고 마카롱과 쿠키를 먹지 않은 경우, 알레르기가 발생했다.
종로점	빵과 마카롱을 먹고 케이크 와 쿠키를 먹지 않은 경우, 알레르기가 발생하지 않았다.
대학로점	빵과 쿠키를 먹고 케이크와 마카롱을 먹지 않은 경우 알레르기가 발생했다.
홍대점	케이크와 마카롱을 먹고 빵과 쿠키를 먹지 않은 경우 알레르기가 발생했다.
상암점	케이크와 쿠키를 먹고 빵 과 마카롱을 먹지 않은 경우 알레르기가 발생하지 않았다.
강남점	마카롱과 쿠키를 먹고 빵과 케이크를 먹지 않은 경우 알레르기가 발생하지 않았다.

① 광화문점, 종로점, 홍대점의 사례만을 고려하면 케이크가 알레르기의 원인이다.
② 광화문점, 대학로점, 상암점의 사례만을 고려하면, 빵이 알레르기의 원인이다.
③ 종로점, 홍대점, 강남점의 사례만을 고려하면, 케이크가 알레르기의 원인이다.
④ 대학로점, 홍대점, 강남점의 사례만을 고려하면, 마카롱이 알레르기의 원인이다.

23 다음 패스워드 생성규칙에 대한 글을 참고할 때, 권장규칙에 따른 가장 적절한 패스워드로 볼 수 있는 것은?

> 패스워드를 설정할 때에는 한국인터넷진흥원의 『암호이용안내서』의 패스워드 생성규칙을 적용하는 것이 안전하다. 또한 패스워드 재설정/변경 시 안전하게 변경할 수 있는 규칙을 정의해서 적용해야 한다. 다음은 『암호이용안내서』의 패스워드 생성규칙에서 규정하고 있는 안전하지 않은 패스워드에 대한 사례이다.
>
> • 패턴이 존재하는 패스워드
> − 동일한 문자의 반복
> ex) aaabbb, 123123
> − 키보드 상에서 연속한 위치에 존재하는 문자들의 집합
> ex) qwerty, asdfgh
> − 숫자가 제일 앞이나 제일 뒤에 오는 구성의 패스워드
> ex) security1, may12
> • 숫자와 영단어를 서로 교차하여 구성한 형태의 패스워드
> • 영문자 'O'를 숫자 '0'으로, 영문자 'i'를 숫자 '1'로 치환하는 등의 패스워드
> • 특정 인물의 이름을 포함한 패스워드
> − 사용자 또는 사용자 이외의 특정 인물, 유명인, 연예인 등의 이름을 포함하는 패스워드
> • 한글발음을 영문으로, 영문단어의 발음을 한글로 변형한 형태의 패스워드
> − 한글의 '사랑'을 영어 'SaRang'으로 표기, 영문자 'LOVE'의 발음을 한글 '러브'로 표기

① {CVBN35!}

② jaop&*012

③ apl52@새95!?

④ B00K사랑

24 다음에 주어진 조건이 모두 참일 때 옳은 결론을 고르면?

> • 김대리보다 큰 사람은 없다.
> • 박차장이 이과장보다 크다.
> • 박차장이 최부장보다는 크지 않다.

> A : 이과장이 가장 작다.
> B : 박차장은 세 번째로 크다.

① A만 옳다. ② B만 옳다.

③ A와 B 모두 옳다. ④ A와 B 모두 그르다.

25 다음은 직원들의 인사이동에 따른 4개의 지점별 직원 이동 현황을 나타낸 자료이다. 다음 자료를 참고할 때, 빈칸 ㉠, ㉡에 들어갈 수치로 알맞은 것은 어느 것인가?

〈인사이동에 따른 지점별 직원 이동 현황〉

(단위 : 명)

이동 전 \ 이동 후	A	B	C	D
A	−	32	44	28
B	16	−	34	23
C	22	18	−	32
D	31	22	17	−

〈지점별 직원 현황〉

(단위 : 명)

지점 \ 시기	인사이동 전	인사이동 후
A	425	(㉠)
B	390	389
C	328	351
D	375	(㉡)

① 380, 398 ② 390, 388

③ 400, 398 ④ 410, 408

| 26~27 | 다음 자료를 보고 이어지는 물음에 답하시오.

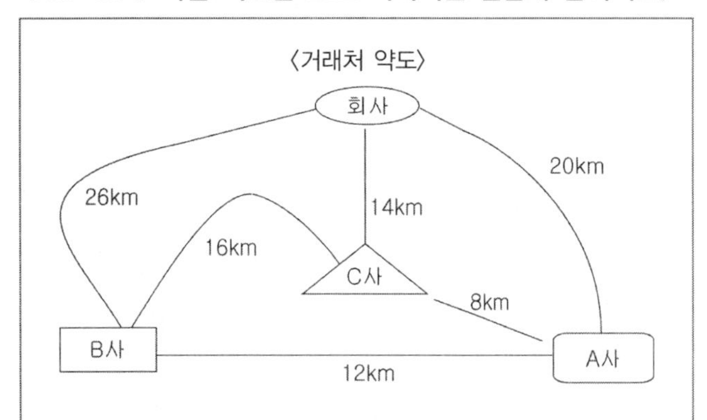

〈각 구간별 연비〉
- 회사~A사/B사/C사 : 각 10km/L(시내)
- A사~B사 : 14km/L(국도)
- B사~C사 : 8km/L(비포장도로)
- C사~A사 : 20km/L(고속도로)

※ 연료비는 1L당 1,500원으로 계산한다.

26 최 대리는 오늘 외출을 하여 A, B, C 거래처를 방문해야 한다. 세 군데 거래처를 모두 방문하고 마지막 방문지에서 바로 퇴근을 할 예정이지만, 서류 전달을 위해 중간에 한 번은 다시 회사로 돌아왔다 가야 한다. A사를 가장 먼저 방문할 경우 최 대리의 모든 거래처 방문이 완료되는 최단 거리 이동 경로는 몇 km인가?

① 58km ② 60km
③ 64km ④ 68km

27 위와 같은 거래처 방문 조건 하에서 최장 거리 이동 경로와 최단 거리 이동 경로의 총 사용 연료비 차액은 얼마인가?

① 3,000원 ② 3,100원
③ 3,200원 ④ 3,300원

28 다음은 20××년 H기업이 지출한 물류비 내역이다. 이 중에서 자가물류비와 위탁물류비는 각각 얼마인가?

㉠ 노무비 8,500만 원	㉡ 전기료 200만 원
㉢ 지급운임 300만 원	㉣ 이자 150만 원
㉤ 재료비 2,500만 원	㉥ 지불포장비 50만 원
㉦ 수수료 50만 원	㉧ 가스 · 수도료 250만 원
㉨ 세금 50만 원	㉩ 상 · 하차용역비 350만 원

① 자가물류비 12,150만 원, 위탁물류비 350만 원
② 자가물류비 11,800만 원, 위탁물류비 700만 원
③ 자가물류비 11,650만 원, 위탁물류비 750만 원
④ 자가물류비 11,600만 원, 위탁물류비 900만 원

29 甲은 乙로부터 5차에 걸쳐 총 7천만 원을 빌렸으나, 자금 형편상 갚지 못하고 있다가 2025년 2월 5일 1천만 원을 갚았다. 다음 〈조건〉을 근거로 판단할 때, 〈甲의 채무현황〉에서 2025년 2월 5일에 전부 또는 일부가 소멸된 채무는? (다만 연체 이자와 그 밖의 다른 조건은 고려하지 않는다)

- 채무 중에 상환하기로 약정한 날짜(이행기)가 도래한 것과 도래하지 아니한 것이 있으면, 이행기가 도래한 채무가 변제로 먼저 소멸한다.
- 이행기가 도래한(또는 도래하지 않은) 채무 간에는 이자가 없는 채무보다 이자가 있는 채무, 저이율의 채무보다는 고이율의 채무가 변제로 먼저 소멸한다.
- 이율이 같은 경우, 이행기가 먼저 도래한 채무나 도래할 채무가 변제로 먼저 소멸한다.

〈甲의 채무현황〉

구분	이행기	이율	채무액
① A	2024. 11. 10.	0%	1천만 원
② B	2024. 12. 10.	20%	1천만 원
③ C	2025. 1. 10.	15%	1천만 원
④ D	2025. 1. 30.	20%	2천만 원

30 서원이는 2025년 1월 전액 현금으로만 다음 표와 같이 지출하였다. 만약 서원이가 2025년 1월에 A ~ C 신용카드 중 하나만을 발급받아 할인 전 금액이 표와 동일하도록 그 카드로만 지출하였다면 신용카드별 할인혜택에 근거한 할인 후 예상청구액이 가장 적은 카드부터 순서대로 바르게 나열한 것은?

〈표〉 2025년 1월 지출내역

(단위 : 만 원)

분류	세부항목		금액	합계
교통비	버스 · 지하철 요금		8	20
	택시 요금		2	
	KTX 요금		10	
식비	외식비	평일	10	30
		주말	5	
	카페 지출액		5	
	식료품 구입비	대형마트	5	
		재래시장	5	
의류구입비	온라인		15	30
	오프라인		15	
여가 및 자기계발비	영화관람료(1만원/회×2회)		2	30
	도서구입비 (2만원/권×1권, 1만5천원/권×2권, 1만원/권×3권)		8	
	학원 수강료		20	

〈신용카드별 할인혜택〉

○ A 신용카드
- 버스, 지하철, KTX 요금 20% 할인(단, 할인액의 한도는 월 2만원)
- 외식비 주말 결제액 5% 할인
- 학원 수강료 15% 할인
- 최대 총 할인한도액은 없음
- 연회비 1만 5천 원이 발급 시 부과되어 합산됨

○ B 신용카드
- 버스, 지하철, KTX 요금 10% 할인(단, 할인액의 한도는 월 1만원)
- 온라인 의류구입비 10% 할인
- 도서구입비 권당 3천 원 할인(단, 권당 가격이 1만 2천 원 이상인 경우에만 적용)
- 최대 총 할인한도액은 월 3만 원
- 연회비 없음

○ C 신용카드
- 버스, 지하철, 택시 요금 10% 할인(단, 할인액의 한도는 월 1만 원)
- 카페 지출액 10% 할인
- 재래시장 식료품 구입비 10% 할인
- 영화관람료 회당 2천원 할인(월 최대 2회)
- 최대 총 할인한도액은 월 4만 원
- 연회비 없음

※ 할부나 부분청구는 없으며, A ~ C 신용카드는 매달 1일부터 말일까지의 사용분에 대하여 익월 청구됨

① A − B − C

② A − C − B

③ B − A − C

④ B − C − A

┃31~32┃ 다음은 H사의 물품 재고 창고에 적재되어 있는 제품 보관 코드 체계이다. 다음 표를 보고 이어지는 질문에 답하시오.

〈예시〉

2024년 12월에 중국 '2 Stars' 사에서 생산된 아웃도어 신발의 15번째 입고 제품

→2412 - 1B - 04011 - 00015

생산 연월	2024년 9월- 2409 2022년 11월- 2211			
공급처	원산지 코드		제조사 코드	
	1	중국	A	All-8
			B	2 Stars
			C	Facai
	2	베트남	D	Nuyen
			E	N-sky
	3	멕시코	F	Bratos
			G	Fama
	4	한국	H	혁진사
			I	K상사
			J	영스타
	5	일본	K	왈러스
			L	토까이
			M	히스모
	6	호주	N	오즈본
			O	Island
	7	독일	P	Kunhe
			Q	Boyer
입고 분류	용품 코드		제품별 코드	
	01	캐주얼	001	청바지
			002	셔츠
	02	여성	003	원피스
			004	바지
			005	니트
			006	블라우스
	03	남성	007	점퍼
			008	카디건
			009	모자
	04	아웃 도어	010	용품
			011	신발
			012	래쉬가드
	05	베이비	013	내복
			014	바지
입고품 수량	00001부터 다섯 자리 시리얼 넘버가 부여됨.			

31 2023년 10월에 생산된 '왈러스' 사의 여성용 블라우스로 10,215번째 입고된 제품의 코드로 알맞은 것은 무엇인가?

① 2210 - 5K - 02006 - 00215

② 2310 - 5K - 02060 - 10215

③ 2310 - 5K - 02006 - 10215

④ 2210 - 5L - 02005 - 10215

32 제품 코드 2410 - 3G - 04011 - 00910에 대한 설명으로 옳지 않은 것은 무엇인가?

① 해당 제품의 입고 수량은 적어도 910개 이상이다.

② 중남미에서 생산된 제품이다.

③ 여름에 생산된 제품이다.

④ 캐주얼 제품이 아니다.

33 다음 워크시트에서 [A1:B2] 영역을 선택한 후 채우기 핸들을 사용하여 드래그 했을 때 [A6:B6]영역 값으로 바르게 짝지은 것은?

	A	B
1	1	월요일
2	4	수요일
3		
4		
5		
6		

	A6	B6
①	15	목요일
②	16	목요일
③	15	수요일
④	16	수요일

34 다음 순서도에서 인쇄되는 S의 값은? (단, $[x]$는 x보다 크지 않은 최대의 정수이다)

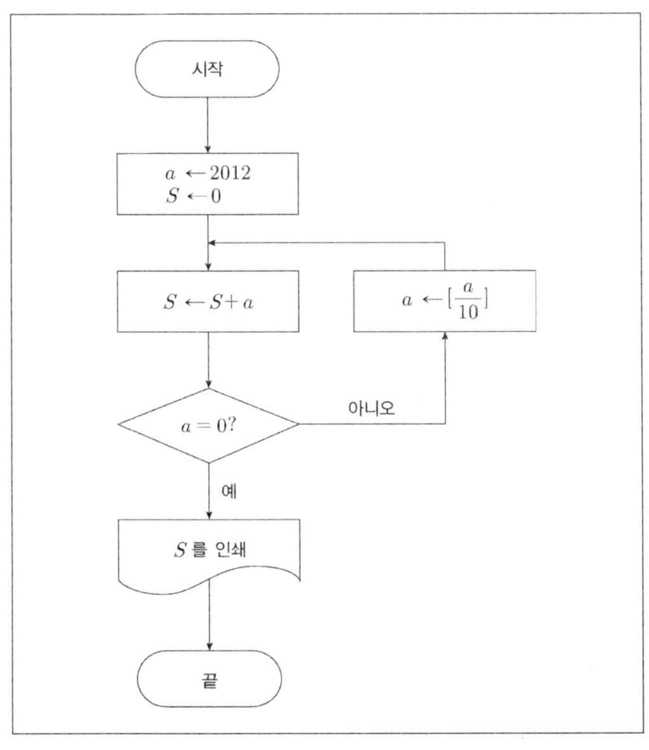

① 2230 ② 2235

③ 2240 ④ 2245

35 다음은 정보 분석 절차를 도식화한 것이다. 이를 참고할 때, 공공기관이 새롭게 제정한 정책을 시행하기 전 설문조사를 통하여 시민의 의견을 알아보는 행위가 포함되는 것은 (가)~(라) 중 어느 것인가?

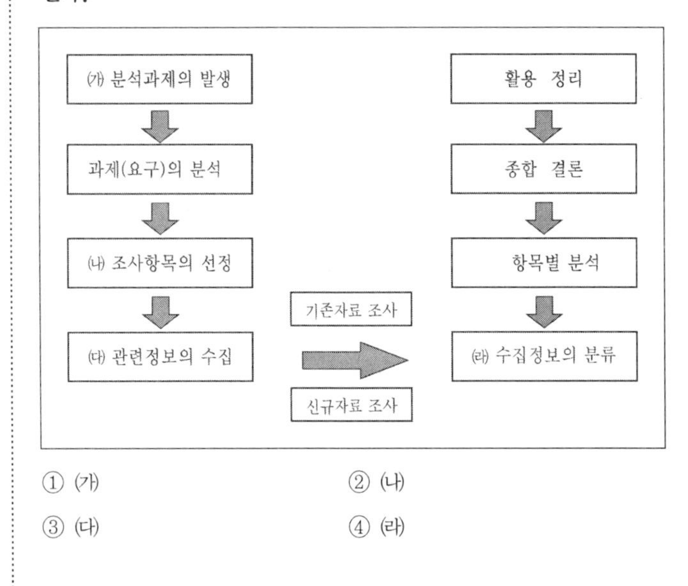

① (가) ② (나)

③ (다) ④ (라)

36 아래 제시된 두 개의 조직도에 해당하는 조직의 특성을 올바르게 설명하지 못한 것은 어느 것인가?

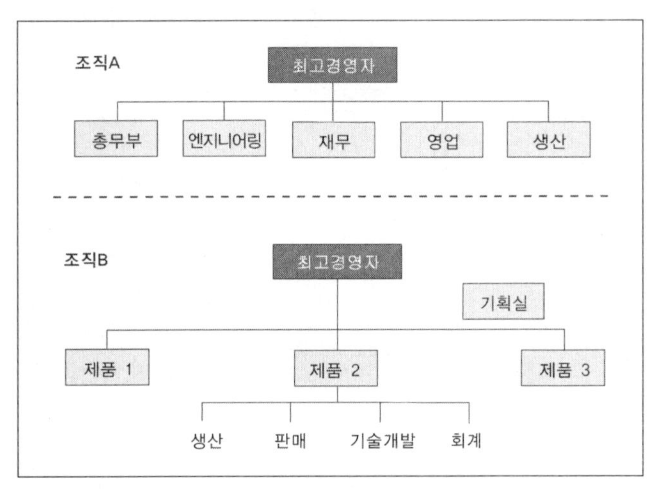

① 조직의 내부 효율성을 중요시하는 작은 규모 조직에서는 조직 A와 같은 조직도가 적합하다.
② 조직 A와 같은 조직도를 가진 조직은 결재 라인이 짧아 보다 신속한 의사결정이 가능하다.
③ 주요 프로젝트나 생산 제품 등에 의하여 구분되는 업무가 많은 조직에서는 조직 B와 같은 조직도가 적합하다.
④ 조직 B와 같은 조직도를 가진 조직은 내부 경쟁보다는 유사 조직 간의 협력과 단결된 업무 능력을 발휘하기에 더 적합하다.

37 K사의 생산 제품은 다음과 같은 특징을 갖고 있다. 이 경우 K사가 취할 수 있는 경영전략으로 가장 적절한 것은?

- 다수의 소규모 업체들이 경쟁하며 브랜드의 중요성이 거의 없다.
- 특정 계층의 구분 없이 동일한 제품이 쓰인다.
- 생산 방식과 공정이 심플하다.
- 지속적으로 사용해야 하는 소모품이다.
- 대중들에게 널리 보급되어 있다.
- 특별한 기술력이 요구되지 않는다.
- 제품 생산 노하우가 공개되어 있다.

① 모방 전략　② 차별화 전략
③ SNS 전략　④ 원가우위 전략

38 다음과 관련된 개념은 무엇인가?

> 조직이 지속되게 되면서 조직구성원들 간에 공유되는 생활양식이나 가치로 조직구성원들의 사고와 행동에 영향을 미치며 일체감과 정체성을 부여하고 조직이 안정적으로 유지되게 한다. 최근 조직문화에 대한 중요성이 부각되면서 긍정적인 방향으로 조성하기 위한 경영층의 노력이 이루어지고 있다.

① 조직의 규칙　② 조직문화
③ 조직목표　④ 조직위계

【39~40】 다음 조직도를 보고 물음에 답하시오.

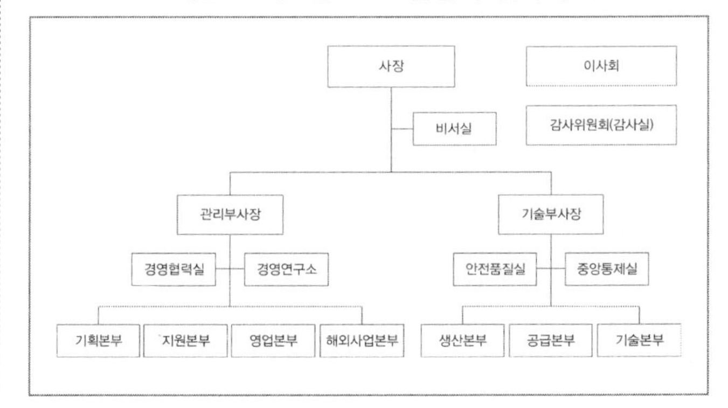

39 위 조직도에 대한 설명으로 적합하지 않은 것은?

① 위와 같은 조직구조의 형태를 '기능적 조직구조'라고 한다.
② 산하 조직의 수가 더 많은 관리부사장이 기술부사장보다 강력한 권한과 지위를 갖는다.
③ 일반적으로 위와 같은 형태의 조직구조는 급변하는 환경 변화에 효과적으로 대응하고 제품, 지역, 고객별 차이에 신속하게 적응하기에 적절한 구조가 아니다.
④ 위와 같은 조직도를 통해 조직에서 하는 일은 무엇이며, 조직구성원들이 어떻게 상호작용하는지 파악할 수 있다.

40 조직 및 인적 구성을 한눈에 알 수 있게 해 주는 위와 같은 조직도를 참고할 때, 하위 7개 본부 중 '인사노무처'와 '자원기술처'라는 명칭의 조직이 속한다고 볼 수 있는 본부로 가장 적절한 것은?

① 지원본부, 기술본부

② 지원본부, 생산본부

③ 기획본부, 생산본부

④ 기획본부, 공급본부

>>> 직무수행능력평가

41 페이욜의 관리 과정의 순서로써 가장 적절한 것은?

① 계획 – 조직 – 명령 – 조정 – 통제

② 계획 – 명령 – 조정 – 조직 – 통제

③ 계획 – 조직 – 조정 – 통제– 명령

④ 계획 – 명령 – 조정 – 통제 – 조직

42 다음 중 기업의 핵심부분은 내부화하고, 비핵심부분은 외부 전문업체 또는 전문가에게 위탁하는 것을 의미하는 것은?

① 5 FORCE

② 아웃소싱

③ STOW

④ 벤치마킹

43 SMART 성과 목표 설정 항목 중 S에 해당하는 것은?

① specific ② speed

③ social ④ special

44 다음 중 다양한 전문적 기술을 가진 사람들의 집단에 의해 해결될 수 있는 프로젝트를 중심으로 조직화된 신속한 변화와 적응이 가능한 임시적 시스템인 조직구조를 지칭하는 것은?

① 매트릭스 조직구조

② 직능별 조직구조

③ 네트워크 조직구조

④ 혼합형 조직구조

45 2개 혹은 그 이상의 세분시장을 표적시장으로 선정하고 각각의 세분시장에 적합한 제품과 마케팅 프로그램을 개발하여 공급하는 전략을 의미하는 것은?

① 차별화 마케팅
② 집중화 마케팅
③ 노이즈 마케팅
④ 다이렉트 마케팅

46 다음 중 커뮤니케이션에 대한 내용으로 가장 적절한 것은?

① 의사결정을 하는 데 있어 혼란을 초래한다.
② 원만하고 친밀한 인간관계의 형성은 커뮤니케이션의 역기능이다.
③ 커뮤니케이션을 통해 고객 불만이 증가한다.
④ 고객으로부터 정확한 정보를 얻기 위한 수단이다.

47 다음 중 탐색조사의 종류에 해당하지 않는 것은?

① 문헌조사 ② 전문가조사
③ 패널조사 ④ 사례조사

48 다음은 제품의 수명주기 중 어떤 시기를 의미하는가?

- 많은 잠재고객 혹은 참가자들이 미지 그 제품이나 프로그램을 구매했을 뿐 아니라 경쟁이 높아져서 판매 증가율이 떨어지는 시기
- 표적으로 하는 시장을 수정하거나 새로운 제품을 개발하는 마케팅믹스 전략이 요구되는 시기

① 도입기 ② 성장기
③ 성숙기 ④ 쇠퇴기

49 다음 중 마케팅믹스에 대한 설명으로 가장 바르지 않은 설명은?

① 편의품은 소비자가 구매 활동에 많은 시간과 돈을 들이지 않고 자주 구매하는 제품이다.
② 제품수명주기 중 성장, 성숙기는 특히 매출액이 증가하는 시기이다.
③ 침투가격은 매출이 가격에 민감하게 반응하지 않는 경우에 그 효과가 크다.
④ 제품믹스란 한 기업이 가지고 있는 모든 제품의 집합을 말한다.

50 다음 중 조합원뿐만 아니라 비조합원도 채용하며, 비조합원은 일정 기간이 지난 후 반드시 노동조합에 가입하여야 하는 제도로 옳은 것은?

① 오픈 숍
② 유니온 숍
③ 클로즈드 숍
④ 에이전시 숍

51 다음 중 재고관리법의 하나로 2개의 상자에 동일한 상품을 같은 수량으로 넣고, 두 개의 상자 중 한 상자가 고갈되면 즉시 주문하고 조달기간 동안 다른 상자를 재고로 사용하는 방식의 시스템을 무엇이라고 하는가?

① ABC 시스템
② 투빈시스템
③ P 시스템
④ Q 시스템

52 다음 중 지속적 개선을 위한 분석적 도구에 관한 설명 중 가장 적절하지 않은 것은?

① 흐름도표를 통해 조사가 필요한 문제들의 파악이 가능하다.
② 체크시트는 품질 문제 분석을 위한 자료의 수집에 활용된다.
③ 특성요인도에서 특성은 불량항목의 원인을 말한다.
④ 막대 그림은 계수치로 측정되는 품질특성을 일련의 막대로 표시한다.

53 소비자의 욕구가 다양해지고 기업 간의 경쟁이 치열하기 때문에 고객만족 경영이 필수적이 되었다. 이러한 경영환경의 변화에 관한 설명으로 가장 옳지 않은 것은?

① 산업화 사회에서 정보화 사회로 변화하였다.
② 소비자 요구가 소유 개념에서 개성 개념으로 변화하였다.
③ 시장의 중심이 소비자에서 생산자로 변화하였다.
④ 규모의 경제에 따른 경쟁에서 부가가치로 변화하였다.

54 복리후생에 대한 설명으로 옳지 않은 것은?

① 복리후생은 법정 복지후생과 법정 외 복지후생이 있다.
② 복리후생은 종업원의 생활수준 향상을 위해 임금에 포함되어 있다.
③ 복리후생의 원칙으로는 적정성, 합리성, 협력성이 있다.
④ 복리후생은 집단적인 보상에 해당한다.

55 다음에서 설명하는 소매업태를 고르면?

> 과일 · 채소 · 육류 · 어패류 등의 1차 식품을 포함한 식료품에서 의류 · 가전제품 · 가구 · 잡화 등의 각종 공산품까지의 상품을 할인된 가격으로 판매하는 방식이다. 더불어 일상생활과 밀접한 관련을 가진 식품류와 공산품의 원스톱 쇼핑을 제공하고, 셀프서비스 방식과 시중가보다 저렴한 가격정책을 시행하고 있다.

① 선매품점　② 편의점
③ 하이퍼마켓　④ 카테고리 킬러

56 다음 중 합작투자로 인한 전략적 이점으로 보기 어려운 것은?

① 경쟁의 완화
② 규모의 경제
③ 합리화의 달성
④ 위험부담의 증가

57 SERVQUAL에 대한 설명 중 가장 거리가 먼 것은?

① 초기에 10가지 차원에서 서비스 품질 평가를 하도록 제시되었으나, 실증적 연구를 통해 유형성, 신뢰성, 반응성, 확신성, 공감성 등 5개 영역차원으로 압축시켜 평가되고 있다.
② 측정 시 고객의 기대와 성과에 대한 차이가 크면 고객의 품질지각은 기대와 멀어지게 되고, 반대로 차이가 작으면 서비스 품질에 대한 평가가 낮아지게 된다.
③ 고객의 기대와 지각간의 차이점수를 이용하여 서비스 품질을 측정하는 것으로 이는 측정도구로서 신뢰성과 타당성에 한계를 가져올 수 있다.
④ 측정방식은 소비자의 구매 의지를 정확하게 예측할 수 있는 예측능력이 결여되어 있다.

58 다음 주요 재무비율과 관련된 설명으로 가장 적절하지 않은 것은?

① 유동성비율은 단기부채상환을 위해 자산을 현금화 할 수 있는 기업의 능력을 측정한다.

② 수익성비율은 기업이 이익을 얻기 위해 다양한 자원을 얼마나 효율적으로 사용하는지를 측정한다.

③ 레버리지비율은 총부채를 자기자본으로 나누어서 구한다.

④ 활동성비율은 평균재고를 매출원가로 나누어서 구한다.

59 다음 중 재무상태표의 구성 요소에 해당하지 않는 것은 무엇인가?

① 자산 ② 자본

③ 수익 ④ 부채

60 다음 중 유형자산에 해당되는 것은 무엇인가?

① 주택시장의 침체로 인하여 건설회사가 소유하고 있는 미분양 상태의 아파트

② 남해안에서 양식중인 5년 된 양식장의 참치

③ 해양 천연가스를 발굴하기 위하여 설치한 대형 해양탐사 구조물

④ 시세가 상승할 것으로 예측하여 취득하였으나 아직 사용목적을 결정하지 못한 대도시 외곽의 토지

61 다음 중 영업이익에 영향을 미치지 않는 것은?

① 이자비용

② 매출원가

③ 접대비

④ 세금과공과

62 아래의 내용은 재고자산 단가 결정방법 중 무엇에 관한 설명인가?

- 실제의 물량 흐름에 대한 원가흐름의 가정이 대체로 유사하다.
- 현재의 수익과 과거의 원가가 대응하여 수익·비용 대응의 원칙에 부적합하다.
- 물가 상승 시 이익이 과대 계상된다.

① 개별법 ② 선입선출법

③ 후입선출법 ④ 총평균법

63 다음 중 미지급비용에 대한 설명으로 가장 적절한 것은?

① 당기의 수익에 대응되는 지급된 비용

② 당기의 수익에 대응되는 미지급된 비용

③ 당기의 수익에 대응되지 않지만 지급된 비용

④ 당기의 수익에 대응되지 않지만 미지급된 비용

64 아래 내용에서 나타나는 현상은 식료품유통시장이 어떠한 형태를 띠고 있기 때문인가?

상권이 발달한 도심에는 비슷한 식료품을 취급하는 대형마트를 비롯하여 중소형 소매점까지 매우 다양한 업태의 유통점이 많지만, 내면적으로 자세히 관찰하면 각 유통점에서 판매하는 상품들이 동일하지 않은 경우를 많이 볼 수 있다. 어떤 점포에서는 브랜드를 내세우기도 하고, 어떤 점포에서는 식료품의 맛을 강조하기도 하며, 어떤 점포에서는 파격적인 가격을 제시하기도 한다.

① 독점적 경쟁

② 완전경쟁

③ 과점

④ 독점

65 다음 중 인플레이션의 자산분배효과를 잘 나타낸 것은?

① 화폐자산의 명목가치 하락, 실물자산의 명목가치 상승

② 화폐자산의 명목가치 상승, 실물자산의 실질가치 상승

③ 화폐자산의 명목가치 불변, 실물자산의 명목가치 상승

④ 화폐자산의 실질가치 하락, 실물자산의 실질가치 하락

66 제품의 가격 변화에 따른 소비자의 수요 변화나 공급추이에 관한 정도를 의미하는 것은?

① 가격대 성능비

② 가격 탄력성

③ 가격 표시제

④ 기회비용

67 다음 중 주택담보대출 원리금이 소득의 일정 비율 이하가 되게 대출금액을 제한하는 것을 무엇이라고 하는가?

① Greenfield형 투자

② Carry Trade

③ DTI(Debt to Income)

④ Gray Capitalism

68 사전에 정해진 가격으로 미래의 일정시점에 해당 자산을 살 수 있는 권리를 무엇이라고 하는가?

① 토빈세

② 통화스왑

③ 풋옵션

④ 콜옵션

69 동일한 그룹에 해당하는 기업들이 돌아가면서 서로 자본을 출자하는 것을 무엇이라고 하는가?

① 스핀오프

② 사내유보

③ 일방출자

④ 순환출자

70 다음 중 이념에 무관하게 모든 국가와 외교관계를 수립하려는 외교 정책을 무엇이라고 하는가?

① 전방위외교

② 후방위외교

③ 중방위외교

④ 배타적외교

>>> 주관식

71 일정수준 이상의 입지조건, 이미지, 경영능력을 가진 중간상을 선별하여 서비스를 취급할 수 있는 권한을 부여하는 경로전략을 무엇이라고 하는가?

72 직무를 만족스럽게 수행하는 데 필요한 종업원의 행동, 기능, 능력, 지식 등을 일정한 형식에 맞게 기술한 문서를 무엇이라고 하는가?

73 주주총회에 참석하지 못한 주주의 의결권을 대리 행사할 수 있도록 허용한 제도를 무엇이라고 하는가?

74 명품을 구매함으로써 스스로가 상류층에 속하는 심리감이 발생하는 것을 무엇이라고 하는가?

75 생산국민소득, 분배국민소득, 지출국민소득은 모두 동일한 금액으로 산출되어야 한다는 법칙을 무엇이라고 하는가?

IBK기업은행 필기시험

성 명

생 년 월 일							
⓪	⓪	⓪	⓪	⓪	⓪	⓪	⓪
①	①	①	①	①	①	①	①
②	②	②	②	②	②	②	②
③	③	③	③	③	③	③	③
④	④	④	④	④	④	④	④
⑤	⑤	⑤	⑤	⑤	⑤	⑤	⑤
⑥	⑥	⑥	⑥	⑥	⑥	⑥	⑥
⑦	⑦	⑦	⑦	⑦	⑦	⑦	⑦
⑧	⑧	⑧	⑧	⑧	⑧	⑧	⑧
⑨	⑨	⑨	⑨	⑨	⑨	⑨	⑨

아래에 문구를 빈칸에 정자로 기재하시오.

햇볕이 쏟아지는 가을날에 선선한 바람을 맞으며 하루를 보낸다.

필적확인란 :

직업기초능력평가										직무수행능력평가									
1	①	②	③	④	21	①	②	③	④	41	①	②	③	④	56	①	②	③	④
2	①	②	③	④	22	①	②	③	④	42	①	②	③	④	57	①	②	③	④
3	①	②	③	④	23	①	②	③	④	43	①	②	③	④	58	①	②	③	④
4	①	②	③	④	24	①	②	③	④	44	①	②	③	④	59	①	②	③	④
5	①	②	③	④	25	①	②	③	④	45	①	②	③	④	60	①	②	③	④
6	①	②	③	④	26	①	②	③	④	46	①	②	③	④	61	①	②	③	④
7	①	②	③	④	27	①	②	③	④	47	①	②	③	④	62	①	②	③	④
8	①	②	③	④	28	①	②	③	④	48	①	②	③	④	63	①	②	③	④
9	①	②	③	④	29	①	②	③	④	49	①	②	③	④	64	①	②	③	④
10	①	②	③	④	30	①	②	③	④	50	①	②	③	④	65	①	②	③	④
11	①	②	③	④	31	①	②	③	④	51	①	②	③	④	66	①	②	③	④
12	①	②	③	④	32	①	②	③	④	52	①	②	③	④	67	①	②	③	④
13	①	②	③	④	33	①	②	③	④	53	①	②	③	④	68	①	②	③	④
14	①	②	③	④	34	①	②	③	④	54	①	②	③	④	69	①	②	③	④
15	①	②	③	④	35	①	②	③	④	55	①	②	③	④	70	①	②	③	④
16	①	②	③	④	36	①	②	③	④										
17	①	②	③	④	37	①	②	③	④										
18	①	②	③	④	38	①	②	③	④										
19	①	②	③	④	39	①	②	③	④										
20	①	②	③	④	40	①	②	③	④										

주관식	
71	
72	
73	
74	
75	

SEOWONGAK
(주)서원각

IBK기업은행

필기시험 모의고사

- 제 3 회 -

성명		생년월일	
시험시간	120분	문항수	75문항

〈응시 전 주의사항〉

○ 문제지 해당란과 OMR답안지에 성명과 생년월일을 정확하게 기재하십시오.
○ 기재착오, 누락 등으로 인한 불이익은 응시자 본인의 책임이니 OMR 답안지 작성에 유의하십시오.
○ 필기시험의 만점은 100점으로 합니다.

(주)서원각

제3회 IBK기업은행 필기시험

>>> 직업기초능력평가

1 다음의 글을 읽고 김 씨가 의사소통능력을 향상시키기 위해 노력한 것은 무엇인가?

> 직장인 김 씨는 자주 동료들로부터 다른 사람들의 이야기를 흘려듣거나 금세 잊어버린다는 이야기를 많이 들어 어떤 일을 하더라도 늦거나 실수하는 경우가 많이 발생한다. 그리고 같은 일을 했음에도 불구하고 다른 직원들보다 남겨진 자료가 별로 없는 것을 알게 되었다. 그래서 김 씨는 항상 메모하고 기억하려는 노력을 하기로 결심하였다. 그 후 김 씨는 회의시간은 물론이고 거래처 사람들을 만날 때, 공문서를 읽거나 책을 읽을 때에도 메모를 하려고 열심히 노력하였다. 모든 상황에서 메모를 하다 보니 자신만의 방법을 터득하게 되어 자신만 알 수 있는 암호로 더욱 간단하고 신속하게 메모를 할 수 있게 되었다. 또한 메모한 내용을 각 주제별로 분리하여 자신만의 데이터베이스를 만들기에 이르렀다. 이후 갑자기 보고할 일이 생겨도 자신만의 데이터베이스를 이용하여 쉽게 처리를 할 수 있게 되며 일 잘하는 직원으로 불리게 되었다.

① 경청하기
② 검토하기
③ 따라하기
④ 메모하기

2 다음 글에 나타난 '비극'에 대한 이해로 적절한 것은?

> 비극은 극 양식을 대표한다. 비극은 고대 그리스 시대부터 발전해 온 오랜 역사를 가지고 있다. 비극은 고양된 주제를 묘사하며, 불행한 결말을 맺게 된다. 그러나 비극의 개념은 시대와 역사에 따라 변하고 있다. 그리스 시대의 비극은 비극적 결함이라고 하는 운명의 요건으로 인하여 파멸하는 인간의 모습을 그려 냈다. 근대의 비극은 성격의 문제나 상황의 문제로 인하여 패배하는 인간의 모습을 보여 준다.
>
> 비극은 그 본질적 속성이 역사적이라기보다 철학적이다. 비극의 주인공으로는 일상적인 주변 인간들보다 고귀하고 비범한 인물을 등장시킨다. 그런데 이 주인공은 이른바 비극적 결함이라고 하는 운명적 특징을 지니고 있다. 비극의 관객들은 이 주인공의 비극적 운명에 대한 공포와 비애를 체험하면서 카타르시스에 이르게 된다. 아리스토텔레스는 이 같은 주장에 의해서 비극을 인간의 삶의 중심에 위치시킨다. 아리스토텔레스는 비극의 결말이 불행하게 끝나는 것이 좋다고 보았으나, 불행한 결말이 비극에 필수적이라고는 생각하지 않았다. 사실 그리스 비극 가운데 결말이 좋게 끝나는 작품도 적지 않다.

① 비극의 개념이 가변적이라고 생각하지만 형식적 특성은 변하지 않는다.
② 비극의 다양한 형태에서도 '불행한 결말'을 포함한다는 속성은 유지한다.
③ 관객들은 비극을 통해 비범한 인간들의 운명에 대한 공포와 비애를 경험하면서 카타르시스에 이르게 된다.
④ 비극의 주인공은 비범하거나 고귀한 혈통을 가진 자가 아닌 평범한 인물이다.

3 다음은 해외이주자의 외화송금에 대한 설명이다. 옳지 않은 것은?

> 1. 필요서류
>   • 여권 또는 여권 사본
>   • 비자 사본 또는 영주권 사본
>   • 해외이주신고확인서(환전용) – 국내로부터 이주하는 경우
>   • 현지이주확인서(이주비환전용) – 현지이주의 경우
>   • 세무서장이 발급한 자금출처 확인서 – 해외이주비 총액이 10만불 초과 시
> 2. 송금한도 등
>   한도 제한 없음
> 3. 송금방법
>   농협은행 영업점을 거래외국환은행으로 지정한 후 송금 가능
> 4. 알아야 할 사항
>   • 관련법규에 의해 해외이주자로 인정받은 날로부터 3년 이내에 지정거래외국환은행을 통해 해외이주비를 지급받아야 함
>   • 해외이주자에게는 해외여행경비를 지급할 수 없음

① 해외이주자의 외화송금에서 반드시 필요한 서류 중 하나는 세무서장이 발급한 자금출처 확인서다.

② 국내로부터 이주하는 경우 해외이주신고확인서(환전용)가 필요하다.

③ 관련법규에 의해 해외이주자로 인정받은 날로부터 3년 이내에 지정거래외국환은행을 통해 해외이주비를 지급받아야 한다.

④ 농협은행 영업점을 거래외국환은행으로 지정한 후 송금이 가능하다.

4 다음 글을 바탕으로 하여 빈칸을 쓰되 예시를 사용하여 구체적으로 진술하고자 할 때, 가장 적절한 것은?

> 사람들은 경쟁을 통해서 서로의 기술이나 재능을 최대한 발휘할 수 있는 기회를 갖게 된다. 즉, 개인이나 집단이 남보다 먼저 목표를 성취하려면 가장 효과적으로 목표에 접근하여야 하며 그러한 경로를 통해 경제적으로나 시간적으로 가장 효율적으로 목표를 성취한다면 사회 전체로 볼 때 이익이 된다. 그러나 이러한 경쟁에 전제되어야 할 것은 많은 사람들의 합의로 정해진 경쟁의 규칙을 반드시 지켜야 한다는 것이다. 즉, ________________

① 농구나 축구, 마라톤과 같은 운동 경기에서 규칙과 스포츠맨십이 지켜져야 하는 것처럼 경쟁도 합법적이고 도덕적인 방법으로 이루어져야 하는 것이다.

② 21세기의 무한 경쟁 시대에 우리가 살아남기 위해서는 기초 과학 분야에 대한 육성 노력이 더욱 필요한 것이다.

③ 지구, 금성, 목성 등의 행성들이 태양을 중심으로 공전하는 것처럼 경쟁도 하나의 목표를 향하여 질서 있는 정진(精進)이 필요한 것이다.

④ 가수는 가창력이 있어야 하고, 배우는 연기에 대한 재능이 있어야 하듯이 경쟁은 자신의 적성과 소질을 항상 염두에 두고 이루어져야 한다.

5 다음의 내용을 논리적 흐름이 자연스럽도록 순서대로 배열한 것은?

> ㉠ 사물은 저것 아닌 것이 없고, 또 이것 아닌 것이 없다. 이쪽에서 보면 모두가 저것, 저쪽에서 보면 모두가 이것이다.
> ㉡ 그러므로 저것은 이것에서 생겨나고, 이것 또한 저것에서 비롯된다고 한다. 이것과 저것은 저 혜시(惠施)가 말하는 방생(方生)의 설이다.
> ㉢ 그래서 성인(聖人)은 이런 상대적인 방법에 의하지 않고, 그것을 절대적인 자연의 조명(照明)에 비추어 본다. 그리고 커다란 긍정에 의존한다. 거기서는 이것이 저것이고 저것 또한 이것이다. 또 저것도 하나의 시비(是非)이고 이것도 하나의 시비이다. 과연 저것과 이것이 있다는 말인가. 과연 저것과 이것이 없다는 말인가.
> ㉣ 그러나 그, 즉 혜시(惠施)도 말하듯이 삶이 있으면 반드시 죽음이 있고, 죽음이 있으면 반드시 삶이 있다. 역시 된다가 있으면 안 된다가 있고, 안 된다가 있으면 된다가 있다. 옳다에 의거하면 옳지 않다에 기대는 셈이 되고, 옳지 않다에 의거하면 옳다에 의지하는 셈이 된다.

① ㉠ - ㉡ - ㉢ - ㉣
② ㉠ - ㉡ - ㉣ - ㉢
③ ㉠ - ㉢ - ㉡ - ㉣
④ ㉠ - ㉣ - ㉡ - ㉢

❙6~8❙ 다음은 GDP와 GNI에 관련된 설명이다. 물음에 답하시오.

> ‘GDP(국내총생산)’는 국민경제 전체의 생산 수준을 파악할 수 있는 지표인데, 한 나라 안에서 일정 기간 동안 새로 생산된 최종 생산물의 가치를 모두 합산한 것이다. GDP를 계산할 때는 총 생산물의 가치에서 중간생산물의 가치를 빼는데, 그 결과는 최종 생산물의 가치의 총합과 동일하다. 다만 GDP를 산출할 때는 그해에 새로 생산된 재화와 서비스 중 화폐로 매매된 것만 계산에 포함하고, 화폐로 매매되지 않은 것은 포함하지 않는다.
>
> 그런데 상품 판매 가격은 물가 변동에 따라 오르내리기 때문에 GDP를 집계 당시의 상품 판매 가격으로 산출하면 그 결과는 물가 변동의 영향을 그대로 받는다. 올해에 작년과 똑같은 수준으로 재화를 생산하고 판매했더라도 올해 물가 변동에 따라 상품 판매 가격이 크게 올랐다면 올해 GDP는 가격 상승분만큼 부풀려져 작년 GDP보다 커진다.
>
> 이런 까닭으로 올해 GDP가 작년 GDP보다 커졌다 하더라도 생산 수준이 작년보다 실질적으로 올랐다고 볼 수는 없다. 심지어 GDP가 작년보다 커졌더라도 실질적으로 생산 수준이 떨어졌을 수도 있는 것이다.
>
> 그래서 실질적인 생산 수준을 판단할 수 있는 GDP를 산출할 필요가 있다. 그러자면 먼저 어느 해를 기준 시점으로 정해 놓고, 산출하고자 하는 해의 가격을 기준 시점의 물가 수준으로 환산해 GDP를 산출하면 된다. 기준 시점의 물가 수준으로 환산해 산출한 GDP를 ‘실질 GDP’라고 하고, 기준 시점의 물가 수준으로 환산하지 않은 GDP를 실질 GDP와 구분하기 위해 ‘명목 GDP’라고 부르기도 한다. 예를 들어 기준 시점을 2020년으로 하여 2025년의 실질 GDP를 생각해 보자. 2020년에는 물가 수준이 100이었고 명목 GDP는 3천 원이며, 2025년에는 물가 수준은 200이고 명목 GDP는 6천 원이라고 가정하자. 이 경우 명목 GDP는 3천 원에서 6천 원으로 늘었지만, 물가 수준 역시 두 배로 올랐으므로 결국 실질 GDP는 동일하다.
>
> 경제가 실질적으로 얼마나 성장했는지 알려면 실질 GDP의 추이를 보는 것이 효과적이므로 실질 GDP는 경제성장률을 나타내는 공식 경제지표로 활용되고 있다. 금년도의 경제성장률은 아래와 같은 식으로 산출할 수 있다.
>
> $$\text{경제성장률} = \frac{\text{금년도 실질GDP} - \text{전년도 실질GDP}}{\text{전년도 실질GDP}} \times 100(\%)$$
>
> 경제지표 중 GDP만큼 중요한 ‘GNI(국민총소득)’라는 것도 있다. GNI는 GDP에 외국과 거래하는 교역 조건의 변화로 생기는 실질적 무역 손익을 합산해 집계한다. 그렇다면 ㉠<u>GDP가 있는데도 GNI를 따로 만들어 쓰는 이유는 무엇일까</u>? 만약 수입 상품 단가가 수출 상품 단가보다 올라 대외 교역 조건이 나빠지면 전보다 많은 재화를 생산·수출하고도 제품·부품 수입 비용이 증가하여 무역 손실이 발생할 수도 있다. 이때 GDP는 무역 손실에 따른 실질 소득의 감소를 제대로 반영하지 못하기 때문에 GNI가 필요한 것이다. 결국 GDP가 국민경제의 크기와 생산 능력을 나타내는 데 중점을 두는 지표라면 GNI는 국민경제의 소득 수준과 소비 능력을 나타내는 데 중점을 두는 지표라고 할 수 있다.

6 위의 설명과 일치하지 않는 것은?

① 상품 판매 가격은 물가 변동의 영향을 받는다.
② GDP는 최종 생산물의 가치의 총합으로 계산할 수 있다.
③ GDP는 총 생산물 가치에 중간생산물 가치를 포함하여 산출한다.
④ 새로 생산된 재화와 서비스만이 GDP 계산의 대상이 된다.

7 위의 설명을 참고하여 다음 상황을 분석한 것으로 적절하지 않은 것은?

아래의 표는 최종 생산물인 X재와 Y재 두 재화만을 생산하는 A국의 연도별 생산액과 물가 수준이다.

	2022년	2023년	2024년
X재의 생산액	2,000원	3,000원	4,000원
Y재의 생산액	5,000원	11,000원	17,000원
물가 수준	100	200	300

※ 기준 연도는 2010년으로 한다.
※ 기준 연도의 실질 GDP는 명목 GDP와 동일한 것으로 간주한다.

① 2024년도의 '명목 GDP'를 산출하면 21,000원이군.
② 2024년도의 '명목 GDP'는 2022년도 대비 3배 늘었군.
③ 2023년도의 '실질 GDP'를 산출하면 7,000원이군.
④ 2024년도는 2022년도보다 실질적으로 생산 수준이 올랐군.

8 ㉠에 대해 문의를 받았을 때, 답변으로 가장 적절한 것은?

① 국가의 총생산 능력을 정확히 재기 위해
② 생산한 재화의 총량을 정확히 재기 위해
③ 생산한 재화의 수출량을 정확히 재기 위해
④ 무역 손익에 따른 실질 소득의 증감을 정확히 재기 위해

9 어느 지도에서 $\frac{1}{2}$cm는 실제로는 5km가 된다고 할 때 지도 상 $1\frac{3}{4}$cm는 실제로 얼마나 되는가?

① 12.5km ② 15km
③ 17.5km ④ 20km

10 다음은 어느 캠핑 장비 업체에서 제공하는 렌탈 비용이다. 이에 대한 설명 중 옳지 않은 것은? (단, 연장은 30분 단위로만 가능하다.)

종류＼요금	기본 요금	연장 요금
A세트	1시간 15,000원	초과 30분당 1,000원
B세트	3시간 17,000원	초과 30분당 1,300원

① 렌트 시간이 5시간이라면, B세트가 A세트보다 더 저렴하다.
② 렌트 시간이 6시간을 초과한다면, B세트가 A세트보다 더 저렴하다.
③ 렌트 시간이 3시간 30분이라면, B세트가 A세트보다 더 저렴하다.
④ B세트의 연장 요금을 30분당 2,000원으로 인상한다면, 4시간 사용 시 A세트와 B세트의 요금은 동일하다.

┃11~12┃ 다음은 ELD 상품설명서의 일부이다. 물음에 답하시오.

〈거래조건〉

구분		금리
적용금리	모집기간 중	큰 만족 실세예금 1년 고시금리
	계약기간 중 중도해지	없음
	만기 후	원금의 연 0.10%
중도해지 수수료율 (원금기준)	예치기간 3개월 미만	• 개인 원금의 0.38% • 법인 원금의 0.38%
	예치기간 3개월 이상~6개월 미만	• 개인 원금의 0.29% • 법인 원금의 0.30%
	예치기간 6개월 이상~9개월 미만	• 개인 원금의 0.12% • 법인 원금의 0.16%
	예치기간 9개월 이상~12개월 미만	원금의 0.00%
이자지급 방식	만기일시지급식	
계약의 해지	영업점에서 해지 가능	

〈유의사항〉

- 예금의 원금보장은 만기 해지 시에만 적용된다.
- 이 예금은 분할해지 할 수 없으며 중도해지 시 중도해지수수료 적용으로 원금손실이 발생할 수 있다. (중도해지수수료는 '가입금액×중도해지수수료율'에 의해 결정)
- 이 예금은 예금기간 중 지수가 목표지수변동률을 넘어서 지급금리가 확정되더라도 이자는 만기에만 지급한다.
- 지수상승에 따른 수익률(세전)은 실제 지수상승률에도 불구하고 연 4.67%를 최대로 한다.

11 석준이는 개인이름으로 최초 500만 원의 원금을 가지고 이 상품에 가입했다가 불가피한 사정으로 5개월 만에 중도해지를 했다. 이때 석준이의 중도해지 수수료는 얼마인가?

① 6,000원 ② 8,000원
③ 14,500원 ④ 15,000원

12 상원이가 이 예금에 가입한 후 증시 호재로 인해 지수가 약 29% 상승하였다. 이 경우 상원이의 최대 수익률은 연 몇 %인가? (단, 수익률은 세전으로 한다)

① 연 1.35% ② 연 4.67%
③ 연 14.5% ④ 연 21%

13 다음은 최근 4년간 산업부문별 부가가치유발계수를 나타낸 표이다. 표에 대한 설명으로 옳지 않은 것은?

구분	2022년	2023년	2024년	2025년
전 부문 평균	0.703	0.679	0.673	0.687
농업	0.796	0.786	0.773	0.777
화학제품 제조업	0.492	0.460	0.448	0.478
기계 및 장비 제조업	0.642	0.613	0.618	0.646
전기 및 전자기기 제조업	0.543	0.495	0.511	0.524
건설업	0.717	0.695	0.696	0.714
음식점 및 숙박업	0.761	0.734	0.733	0.751
정보통신 및 방송업	0.800	0.786	0.781	0.792
금융 및 보험업	0.848	0.843	0.827	0.835

※ 부가가치유발계수란 최종 수요가 한 단위 발생할 경우 국민경제 전체에서 직·간접으로 유발되는 부가가치 단위를 보여주는 계수를 말한다.

① 농업의 부가가치유발계수는 최근 4년간 꾸준히 소폭 하락하고 있다.
② 최근 4년 동안 농업의 부가가치유발계수는 정보통신 및 방송업, 금융 및 보험업의 그것을 제외하고 가장 높은 수치를 나타냈다.
③ 2025년 농업의 부가가치유발계수가 0.777이라는 것은 국산 농산물에 대한 최종 수요가 1,000원 발생할 경우 국가 전체적으로 777원의 부가가치를 발생시켰음을 의미한다.
④ 농업은 최근 4년간 꾸준히 부가가치유발계수가 전 산업부문 평균 대비 높은 수준을 보였다.

14 제시된 자료는 ○○병원 직원의 병원비 지원에 대한 내용이다. 다음 중 A~D 직원 4명의 총 병원비 지원 금액은 얼마인가?

병원비 지원 기준

■ 임직원 본인의 수술비 및 입원비 : 100% 지원
■ 임직원 가족의 수술비 및 입원비
- 임직원의 배우자 : 90% 지원
- 임직원의 직계 존·비속 : 80%
- 임직원의 형제 및 자매 : 50%(단, 직계 존·비속 지원이 우선되며, 해당 신청이 없을 경우에 한하여 지급한다.)
- 병원비 지원 신청은 본인 포함 최대 3인에 한한다.

병원비 신청 내역

A 직원	본인 수술비 300만 원, 배우자 입원비 50만 원
B 직원	배우자 입원비 50만 원, 딸 수술비 200만 원
C 직원	본인 수술비 300만 원, 아들 수술비 400만 원
D 직원	본인 입원비 100만 원, 어머니 수술비 100만 원, 남동생 입원비 50만 원

① 1,200만 원　② 1,250만 원
③ 1,300만 원　④ 1,350만 원

15 다음은 학생들의 시험성적에 관한 자료이다. 순위산정방식을 이용하여 순위를 산정할 경우 〈보기〉에서 옳은 설명만으로 바르게 짝지어진 것은?

〈학생들의 시험성적〉

(단위 : 점)

학생 \ 과목	국어	영어	수학	과학
미연	75	85	90	97
수정	82	83	79	81
대현	95	75	75	85
상민	89	70	91	90

〈순위산정방식〉

- A방식 : 4개 과목의 총점이 높은 학생부터 순서대로 1, 2, 3, 4위로 하되, 4개 과목의 총점이 동일한 학생의 경우 국어 성적이 높은 학생을 높은 순위로 한다.
- B방식 : 과목별 등수의 합이 작은 학생부터 순서대로 1, 2, 3, 4위로 하되, 과목별 등수의 합이 동일한 학생의 경우 A방식에 따라 산정한 순위가 높은 학생을 높은 순위로 한다.
- C방식 : 80점 이상인 과목의 수가 많은 학생부터 순서대로 1, 2, 3, 4위로 하되, 80점 이상인 과목의 수가 동일한 학생의 경우 A방식에 따라 산정한 순위가 높은 학생은 높은 순위로 한다.

〈보기〉

㉠ A방식과 B방식으로 산정한 대현의 순위는 동일하다.
㉡ C방식으로 산정한 상민의 순위는 2위이다.
㉢ 상민의 과학점수만 95점으로 변경된다면, B방식으로 산정한 미연의 순위는 2위가 된다.

① ㉠　② ㉡
③ ㉢　④ ㉠㉡

16 다음 〈그림〉은 A주식에 대한 1~5거래일 동안의 주가자료이다. 이에 대한 〈보기〉의 설명 중 옳은 것을 모두 고르면?

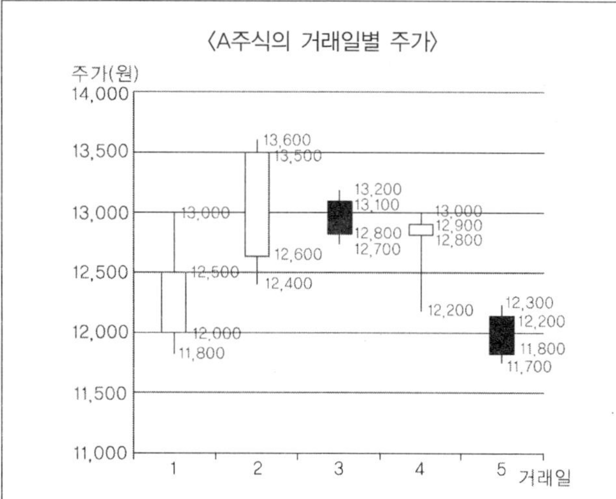

1) 시가, 고가, 저가, 종가의 표기 방법

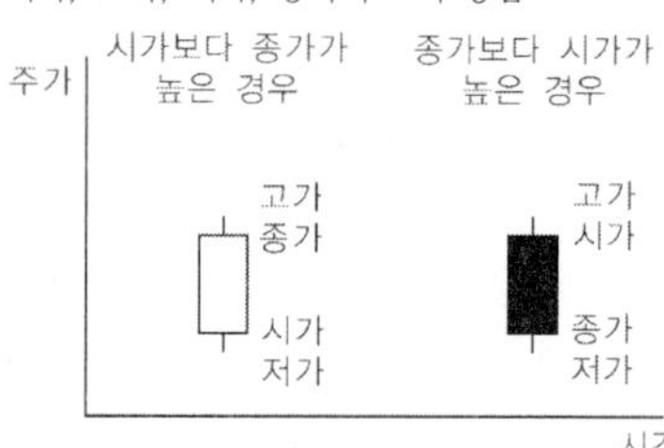

2) 시가 : 주식 거래일의 시작 시점 주가
3) 종가 : 주식 거래일의 마지막 시점 주가
4) 고가 : 주식 거래일의 최고 주가
5) 저가 : 주식 거래일의 최저 주가
6) 주식 거래 수수료 및 세금 등의 제반 비용은 없는 것으로 가정함.
7) 수익률(%) = $\frac{\text{매도 시점의 주가} - \text{매입 시점의 주가}}{\text{매입 시점의 주가}} \times 100$

㉠ 1거래일 시가로 매입한 주식을 5거래일 종가로 매도하는 경우 2% 이상 손해를 본다.
㉡ 1~5거래일 동안 1회의 매매를 통해 올릴 수 있는 최대수익률은 15% 이상이다.
㉢ 3거래일 종가로 매입한 주식을 4거래일 종가로 매도하는 경우 수익률은 1% 이상이다.
㉣ 1~5거래일 동안 시가의 최댓값과 최솟값의 차이는 1,100원이다.

① ㉠, ㉡ ② ㉠, ㉢
③ ㉡, ㉢ ④ ㉡, ㉣

17 고 대리, 윤 대리, 염 사원, 서 사원 중 1명은 갑작스런 회사의 사정으로 인해 오늘 당직을 서야 한다. 이들은 논의를 통해 당직자를 결정하였으나, 동료인 최 대리에게 다음 〈보기〉와 같이 말하였고, 이 중 1명만이 진실을 말하고, 3명은 거짓말을 하였다. 당직을 서게 될 사람과 진실을 말한 사람을 순서대로 알맞게 나열한 것은 어느 것인가?

〈보기〉

고 대리 : "윤 대리가 당직을 서겠다고 했어."
윤 대리 : "고 대리는 지금 거짓말을 하고 있어."
염 사원 : "저는 오늘 당직을 서지 않습니다, 최 대리님."
서 사원 : "당직을 서는 사람은 윤 대리님입니다."

① 고 대리, 서 사원
② 염 사원, 고 대리
③ 서 사원, 윤 대리
④ 염 사원, 윤 대리

18 다음 제시된 조건을 보고, 만일 영호와 옥숙을 같은 날 보낼 수 없다면, 목요일에 보내야 하는 남녀사원은 누구인가?

영업부의 박 부장은 월요일부터 목요일까지 매일 남녀 각 한 명씩 두 사람을 회사 홍보 행사 담당자로 보내야 한다. 영업부에는 현재 남자 사원 4명(길호, 철호, 영호, 치호)과 여자 사원 4명(영숙, 옥숙, 지숙, 미숙)이 근무하고 있으며, 다음과 같은 제약 사항이 있다.

㉠ 매일 다른 사람을 보내야 한다.
㉡ 치호는 철호 이전에 보내야 한다.
㉢ 옥숙은 수요일에 보낼 수 없다.
㉣ 철호와 영숙은 같이 보낼 수 없다.
㉤ 영숙은 지숙과 미숙 이후에 보내야 한다.
㉥ 치호는 영호보다 앞서 보내야 한다.
㉦ 옥숙은 지숙 이후에 보내야 한다.
㉧ 길호는 철호를 보낸 바로 다음 날 보내야 한다.

① 길호와 영숙 ② 영호와 영숙
③ 치호와 옥숙 ④ 길호와 옥숙

19 다음 〈보기〉 중 항상 참인 것을 고르면?

〈보기〉

N사에서는 외부 업체에게 채용 데이터베이스 구축을 맡기려고 한다. 甲, 乙, 丙 업체 중 내부 기준에 맞춰 통과/탈락 여부를 정하려고 한다.

※ 내부 조건 : 제안서, 제안 가격, 관련 실적, 경력

- 甲 업체와 丙 업체는 제안서와 경력 중 한 가지만 통과했다.
- 甲 업체는 제안서에서 탈락했다.
- 각 담당자들은 甲 업체와 乙 업체의 경력에 대해 같은 평가를 부여했다.
- 甲 업체와 乙 업체는 제안 가격 평가 여부가 서로 다르다.
- 甲 업체와 丙 업체는 세 가지 기준에서만 통과했다.

① 甲, 乙, 丙 업체 모두 1개 기준 이상 탈락했다.

② 甲과 丙 업체는 관련 실적 기준에서 같은 평가를 받았다.

③ 세 업체 모두 제안서에서 탈락했다.

④ 乙 업체가 경력 기준을 통과한다면 세 업체는 모두 경력 기준에 통과하는 것이다.

20 G 음료회사는 신제품 출시를 위해 시제품 3개를 만들어 전직원을 대상으로 블라인드 테스트를 진행한 후 기획팀에서 회의를 하기로 했다. 독창성, 대중성, 개인선호도 세 가지 영역에 총 15점 만점으로 진행된 테스트 결과가 다음과 같을 때, 기획팀 직원들의 발언으로 옳지 않은 것은?

	독창성	대중성	개인선호도	총점
시제품 A	5	2	3	10
시제품 B	4	4	4	12
시제품 C	2	5	5	12

① 우리 회사의 핵심가치 중 하나가 창의성 아닙니까? 저는 독창성 점수가 높은 A를 출시해야 한다고 생각합니다.

② 독창성이 높아질수록 총점이 낮아지는 것을 보지 못하십니까? 저는 그 의견에 반대합니다.

③ 무엇보다 현 시점에서 회사의 재정상황을 타계하기 위해서는 대중성을 고려하여 높은 이윤이 날 것으로 보이는 C를 출시해야 하지 않겠습니까?

④ 그럼 독창성과 대중성, 개인선호도를 모두 고려하여 B를 출시하는 것이 어떻겠습니까?

21 다음은 산업안전관리법에 따른 안전관리자 선임 기준을 나타낸 자료이다. 다음 기준에 근거하여 안전관리자 선임 조치가 법을 위반하지 않은 경우를 〈보기〉에서 모두 고르면? (단, 언급된 모든 공사는 상시 근로자 600명 미만의 건설업이라고 가정한다.)

안전관리자(산업안전관리법 제15조)

가. 정의

– 사업장내 산업안전에 관한 기술적인 사항에 대하여 사업주와 관리책임자를 보좌하고 관리감독자에게 지도 · 조언을 하는 자.

나. 안전관리자 선임 대상

– 공사금액 120억 원(토목공사 150억 원) 이상인 건설현장

다. 안전관리자 자격 및 선임 방법

1) 안전관리자의 자격(다음 중 어느 하나에 해당하는 자격 취득 자)

① 법 제52조의2 제1항의 규정에 의한 산업안전지도사

② 국가기술자격법에 의한 산업안전산업기사 이상의 자격 취득 자

③ 국가기술자격법에 의한 건설안전산업기사 이상의 자격 취득 자

④ 고등교육법에 의한 전문대학 이상의 학교에서 산업안전 관련학과를 전공하고 졸업한 자

⑤ 건설현장에서 안전보건관리책임자로 10년 이상 재직한 자 등

2) 안전관리자 선임 방법

① 공사금액 120억 원(토목공사 150억 원) 이상 800억 원 미만 : 안전관리자 유자격자 1명 전담 선임

② 공사금액 800억 원 이상 : 2명(800억 원을 기준으로 700억 원이 증가할 때마다 1명씩 추가)

[총 공사금액 800억 원 이상일 경우 안전관리자 선임 방법]

1. 전체 공사기간을 100으로 하여 공사 시작에서 15에 해당하는 기간

→ 건설안전기사, 건설안전산업기사, 건설업 안전관리자 경험자 중 건설업 안전관리자 경력이 3년 이상인 사람 1명 포함 선임

2. 전체 공사기간을 100으로 하여 공사 시작 15에서 공사 종료 전의 15까지에 해당하는 기간

→ 공사금액 800억 원을 기준으로 700억 원이 증가할 때마다 1명씩 추가

3. 전체 공사기간을 100으로 하여 공사 종료 전의 15에 해당하는 기간
→ 건설안전기사, 건설안전산업기사, 건설업 안전관리자 경험자 중 건설업 안전관리자 경력이 3년 이상인 사람 1명 포함 선임

※ 공사기간 5년 이상의 장기계속공사로서 공사금액이 800억 원 이상인 경우에도 상시 근로자 수가 600명 미만일 때 회계연도를 기준으로 그 회계연도의 공사금액이 전체 공사금액의 5퍼센트 미만인 기간에는 전체 공사금액에 따라 선임하여야 할 안전관리자 수에서 1명을 줄여 선임 가능(건설안전기사, 건설안전산업기사, 건설업 안전관리자 자격자 중 건설업 안전관리자 경력이 3년 이상인 사람 1명 포함)

※ 유해·위험방지계획서 제출대상으로서 선임하여야 할 안전관리자의 수가 3명 이상인 사업장의 경우 건설안전기술사(건설안전기사 또는 산업안전기사의 자격을 취득한 사람으로서 10년 이상 건설안전 업무를 수행한 사람이거나 건설안전산업기사 또는 산업안전산업기사의 자격을 취득한 사람으로서 13년 이상 건설안전 업무를 수행한 사람을 포함) 자격을 취득한 사람 1명 포함

〈보기〉

(가) A공사는 토목공사 130억 원 규모이며 별도의 안전관리자를 선임하지 않았다.

(나) B공사는 일반공사 150억 원 규모이며 자격증이 없는 산업안전 관련학과 전공자를 1명 선임하였다.

(다) C공사는 1,500억 원 규모이며 공사 기간 내내 산업안전산업기사 자격증 취득 자 1명, 건설현장에서 안전보건관리책임자 12년 경력자 1명, 2년 전 건설안전산업기사 자격증 취득 자 1명 등 3명을 안전관리자로 선임하였다.

(라) D공사는 6년에 걸친 1,600억 원 규모의 장기계속공사이며 1년 차에 100억 원 규모의 공사가 진행될 예정이므로 산업안전지도사 자격증 취득자와 산업안전산업기사 자격증 취득 자 각 1명씩을 안전관리자로 선임하였다.

① (가), (다)
② (나), (라)
③ (다), (라)
④ (가), (나)

22 **다음 운송비 표를 참고할 때, 박스의 규격이 28 × 10 × 10(inch)인 실제 무게 18파운드짜리 솜 인형을 배송할 경우, A배송사에서 적용하는 운송비는 얼마인가? (1inch = 2.54cm이며, 물품의 무게는 반올림하여 정수로 표시한다. 물품의 무게 이외의 다른 사항은 고려하지 않는다.)**

항공 배송의 경우, 비행기 안에 많은 공간을 차지하게 되는 물품은 그렇지 않은 물품을 적재할 때보다 비용 면에서 항공사 측에 손해가 발생하게 된다. 비행기 안에 스티로폼 200박스를 적재하는 것과 스마트폰 2,000개를 적재하는 것을 생각해 보면 쉽게 이해할 수 있다. 이 경우 항공사 측에서는 당연히 스마트폰 2,000개를 적재하는 것이 더 경제적일 것이다. 이와 같은 문제로 거의 모든 항공 배송사에선 제품의 무게에 비해 부피가 큰 제품들은 '부피무게'를 따로 정해서 운송비를 계산하게 된다. 이때 사용하는 부피무게 측정 방식은 다음과 같다.

부피무게(파운드) = 가로(inch) × 세로(inch) × 높이(inch) ÷ 166

A배송사는 물건의 무게에 다음과 같은 규정을 적용하여 운송비를 결정한다.

1. 실제 무게 < 부피무게 → 부피무게
2. 실제 무게 > 부피무게이지만 박스의 어느 한 변의 길이가 50cm 이상인 경우 → (실제 무게 + 부피무게) × 60%

17파운드 미만	14,000원	19~20파운드 미만	17,000원
17~18파운드 미만	15,000원	20~21파운드 미만	18,000원
18~19파운드 미만	16,000원	21~22파운드 미만	19,000원

① 16,000원
② 17,000원
③ 18,000원
④ 19,000원

23 K은행의 PB고객인 두환이는 대출을 받기 위해 K은행의 '우수고객 인터넷 무보증 신용대출'이란 상품을 알아봤다. 다음은 해당 상품에 대한 간략한 설명으로 두환이는 이 상품을 통해 최대 얼마까지 대출을 받을 수 있는가?

> 우수고객 인터넷 무보증 신용대출
>
> 1. 상품특징
>   K은행 PB고객 및 가족 고객을 위한 우수고객 전용 인터넷 대출
> 2. 대출대상
>   K은행 PB고객 및 가족 고객(탑 클래스 고객, 골드 고객, 로얄 고객)
> 3. 대출한도
>   - PB고객(로얄 프레스티지, 로얄 아너스, 로얄 스페셜) : 최대 6,000만 원 이내
>   - 탑 클래스 고객 : 최대 6,000만 원 이내
>   - 골드 고객 : 최대 3,000만 원 이내
>   - 로얄 고객 : 최대 2,000만 원 이내
>
>   * 대출가능금액 산출 시 K은행 및 타 금융기관의 대출금액(신용, 담보)을 모두 차감함
> 4. 상환방법
>   종합통장(마이너스 대출) : 1개월 이상 1년 이내(1년 단위로 연장 가능)
> 5. 담보 및 보증 여부
>   무보증 신용

① 최대 6,000만 원 이내

② 최대 5,000만 원 이내

③ 최대 4,000만 원 이내

④ 최대 3,000만 원 이내

24 甲, 乙, 丙은 서울특별시(수도권 중 과밀억제권역에 해당) ○○동 소재 3층 주택 소유자와 각 층별로 임대차 계약을 체결하고 현재 거주하고 있는 임차인들이다. 이들의 보증금은 각각 5,800만 원, 2,000만 원, 1,000만 원이다. 위 주택 전체가 경매절차에서 주택가액 8,000만 원에 매각되었고, 甲, 乙, 丙 모두 주택에 대한 경매신청 등기 전에 주택의 인도와 주민등록을 마쳤다. 乙과 丙이 담보물권자보다 우선하여 변제받을 수 있는 금액의 합은? (단, 확정일자나 경매비용은 무시한다)

> 제00조
>
> ① 임차인은 보증금 중 일정액을 다른 담보물권자(擔保物權者)보다 우선하여 변제받을 권리가 있다. 이 경우 임차인은 주택에 대한 경매신청의 등기 전에 주택의 인도와 주민등록을 마쳐야 한다.
>
> ② 제1항에 따라 우선변제를 받을 보증금 중 일정액의 범위는 다음 각 호의 구분에 의한 금액 이하로 한다.
>   1. 수도권정비계획법에 따른 수도권 중 과밀억제권역 : 2,000만 원
>   2. 광역시(군지역과 인천광역시지역은 제외) : 1,700만 원
>   3. 그 밖의 지역 : 1,400만 원
>
> ③ 임차인의 보증금 중 일정액이 주택가액의 2분의 1을 초과하는 경우에는 주택가액의 2분의 1에 해당하는 금액까지만 우선변제권이 있다.
>
> ④ 하나의 주택에 임차인이 2명 이상이고 그 각 보증금 중 일정액을 모두 합한 금액이 주택가액의 2분의 1을 초과하는 경우, 그 각 보증금 중 일정액을 모두 합한 금액에 대한 각 임차인의 보증금 중 일정액의 비율로 그 주택가액의 2분의 1에 해당하는 금액을 분할한 금액을 각 임차인의 보증금 중 일정액으로 본다.
>
> 제00조
>
> 전조(前條)에 따라 우선변제를 받을 임차인은 보증금이 다음 각 호의 구분에 의한 금액 이하인 임차인으로 한다.
>   1. 수도권정비계획법에 따른 수도권 중 과밀억제권역 : 6,000만 원
>   2. 광역시(군지역과 인천광역시지역은 제외) : 5,000만 원
>   3. 그 밖의 지역 : 4,000만 원

① 2,200만 원 ② 2,300만 원

③ 2,400만 원 ④ 2,500만 원

25 **다음은 농촌진흥청에서 지원하는 〈귀농인 주택시설 개선사업 개요〉와 〈심사 기초 자료〉이다. 이를 근거로 판단할 때, 지원대상 가구만을 모두 고르면?**

〈귀농인 주택시설 개선사업 개요〉

□ 사업목적 : 귀농인의 안정적인 정착을 도모하기 위해 일정 기준을 충족하는 귀농가구의 주택 개·보수 비용을 지원

□ 신청자격 : △△군에 소재하는 귀농가구 중 거주기간이 신청마감일(2025. 4. 30.) 현재 전입일부터 6개월 이상이고, 가구주의 연령이 20세 이상 60세 이하인 가구

□ 심사기준 및 점수 산정방식

- 신청마감일 기준으로 다음 심사기준별 점수를 합산한다.
- 심사기준별 점수
  (1) 거주기간 : 10점(3년 이상), 8점(2년 이상 3년 미만), 6점(1년 이상 2년 미만), 4점(6개월 이상 1년 미만)
  ※ 거주기간은 전입일부터 기산한다.
  (2) 가족 수 : 10점(4명 이상), 8점(3명), 6점(2명), 4점(1명)
  ※ 가족 수에는 가구주가 포함된 것으로 본다.
  (3) 영농규모 : 10점(1.0ha 이상), 8점(0.5ha 이상 1.0ha 미만), 6점(0.3ha 이상 0.5ha 미만), 4점(0.3ha 미만)
  (4) 주택노후도 : 10점(20년 이상), 8점(15년 이상 20년 미만), 6점(10년 이상 15년 미만), 4점(5년 이상 10년 미만)
  (5) 사업시급성 : 10점(매우 시급), 7점(시급), 4점(보통)

□ 지원내용

- 예산액 : 5,000,000원
- 지원액 : 가구당 2,500,000원
- 지원대상 : 심사기준별 점수의 총점이 높은 순으로 2가구. 총점이 동점일 경우 가구주의 연령이 높은 가구를 지원. 단, 하나의 읍·면당 1가구만 지원 가능

〈심사 기초 자료(2025. 4. 30. 현재)〉

귀농가구	가구주 연령(세)	주소지(△△군 읍·면)	전입일	가족 수(명)	영농규모(ha)	주택노후도(년)	사업시급성
甲	49	A	2021. 12. 30	1	0.2	17	매우 시급
乙	48	B	2024. 5. 30	3	1.0	13	매우 시급
丙	56	B	2023. 7. 30	2	0.6	23	매우 시급
丁	60	C	2024. 12. 30	4	0.4	13	시급
戊	33	D	2022. 9. 30	2	1.2	19	보통

① 甲, 乙　② 甲, 丙
③ 乙, 丙　④ 乙, 丁

26 **甲은 가격이 1,000만 원인 자동차 구매를 위해 K은행의 자동차 구매 상품인 A, B, C에 대해서 상담을 받았다. 다음 상담 내용에 따를 때, 〈보기〉에서 옳은 것을 모두 고르면? (단, 총비용으로는 은행에 내야 하는 금액과 수리비만을 고려하고, 등록비용 등 기타 비용은 고려하지 않는다)**

- A상품 : 이 상품은 고객님이 자동차를 구입하여 소유권을 취득하실 때, 은행이 자동차 판매자에게 즉시 구입금액 1,000만 원을 지불해 드립니다. 그리고 그 날부터 매월 1,000만 원의 1%를 이자로 내시고, 1년이 되는 시점에 1,000만 원을 상환하시면 됩니다.
- B상품 : 이 상품은 고객님이 원하시는 자동차를 구매하여 고객님께 전달해 드리고, 고객님께서는 1년 후에 자동차 가격에 이자를 추가하여 총 1,200만 원을 상환하시면 됩니다. 자동차의 소유권은 고객님께서 1,200만 원을 상환하시는 시점에 고객님께 이전되며, 그 때까지 발생하는 모든 수리비는 저희가 부담합니다.
- C상품 : 이 상품은 고객님이 원하시는 자동차를 구매하여 고객님께 임대해 드립니다. 1년 동안 매월 90만 원의 임대료를 내시면 1년 후에 그 자동차는 고객님의 소유가 되며, 임대기간 중에 발생하는 모든 수리비는 저희가 부담합니다.

〈보기〉

㉠ 자동차 소유권을 얻기까지 은행에 내야 하는 총금액은 A상품의 경우가 가장 적다.
㉡ 1년 내에 사고가 발생해 50만 원의 수리비가 소요될 것으로 예상한다면 총비용 측면에서 A상품보다 B, C상품을 선택하는 것이 유리하다.
㉢ 최대한 빨리 자동차 소유권을 얻고 싶다면 A상품을 선택하는 것이 가장 유리하다.
㉣ 사고 여부와 관계없이 자동차 소유권 취득 시까지의 총비용 측면에서 B상품보다 C상품을 선택하는 것이 유리하다.

① ㉠, ㉡　② ㉡, ㉢
③ ㉠, ㉡, ㉣　④ ㉠, ㉢, ㉣

27 다음은 K손해보험에서 화재손해 발생 시 지급 보험금 산정방법과 피보험물건(A~E)의 보험금액 및 보험가액을 나타낸 자료이다. 화재로 입은 손해액이 A~E 모두 6천만 원으로 동일할 때, 지급 보험금이 많은 것부터 순서대로 나열하면?

〈표1〉 지급 보험금 산정방법

피보험물건 유형	조건	지급 보험금
일반물건, 창고물건, 주택	보험금액 ≥ 보험가액의 80%	손해액 전액
	보험금액 < 보험가액의 80%	손해액 × $\frac{\text{보험금액}}{\text{보험가액의 } 80\%}$
공장물건, 동산	보험금액 ≥ 보험가액	손해액 전액
	보험금액 < 보험가액	손해액 × $\frac{\text{보험금액}}{\text{보험가액}}$

1) 보험금액 : 보험사고가 발생한 때에 보험회사가 피보험자에게 지급해야 하는 금액의 최고한도

2) 보험가액 : 보험사고가 발생한 때에 피보험자에게 발생 가능한 손해액의 최고한도

〈표2〉 피보험물건의 보험금액 및 보험가액

피보험물건	피보험물건 유형	보험금액	보험가액
A	주택	9천만 원	1억 원
B	일반물건	6천만 원	8천만 원
C	창고물건	7천만 원	1억 원
D	공장물건	9천만 원	1억 원
E	동산	6천만 원	7천만 원

① A − B − D − C − E

② A − D − B − E − C

③ B − A − C − D − E

④ B − D − A − C − E

28 다음 K은행의 금(金) 관련 금융상품만을 고려할 때 옳지 않은 것은?

> A상품 : 2025년 12월 30일에 금 1g 가격(P)이 50,000원 이상이면 K은행은 (P−50,000)원을 A상품 가입자에게 지급하고, 반대의 경우는 A상품 가입자가 (50,000−P)원을 K은행에 납부하는 상품
>
> B상품 : 2025년 12월 30일에 금 1g 가격(P)이 50,000원 이하이면 K은행은 (50,000−P)원을 B상품 가입자에게 지급하고, 반대의 경우는 B상품 가입자가 (P−50,000)원을 K은행에 납부하는 상품
>
> C상품 : 2025년 12월 30일에 금 1g 가격(P)이 50,000원 이상일 경우, 1,000원을 내고 C상품에 가입한 가입자에게 K은행이 (P−50,000)원을 지급하는 상품
>
> D상품 : 2025년 12월 30일에 금 1g 가격(P)이 50,000원 이하일 경우, 1,000원을 내고 D상품에 가입한 가입자에게 K은행이 (50,000−P)원을 지급하는 상품

※ 오늘(2025.2.25) 금 1g의 가격은 50,000원(변동 없음)이고 모든 금융상품은 오늘부터 2025년 12월 29일까지만 가입이 허용된다.

※ 금 가격은 K은행의 영업시작시간 이전에 하루 한 번 변동된다.

※ 이외의 다른 비용은 고려하지 않는다.

① A상품에 가입하는 것은 오늘 금 1g을 샀다가 2025년 12월 30일에 파는 것과 수익이 동일하다.

② 2025년 12월 30일에 금 가격이 50,000원 이상일 것이라고 확신한다면, C상품보다는 A상품에 가입할 것이다.

③ 오늘 B상품에 가입하면서 금 1g을 사고 2025년 12월 30일에 이를 판매한다면, 금 시세와 무관하게 50,000원을 받을 수 있다.

④ C상품과 D상품에 동시에 가입한다면, 2025년 12월 30일에 금 가격과 무관하게 손해를 보지 않는다.

29 ○○기업에서는 다음과 같은 경영실적사례를 공시하였다. 아래의 표에서 물류비의 10% 절감은 몇%의 매출액 증가효과와 동일한가?

• 매출액 : 2,000억 원	• 물류비 :400억 원
• 기타 비용 :1,500억 원	• 경상이익 :100억 원

① 20%

② 30%

③ 40%

④ 50%

30 다음은 시관 관리의 방법으로 효과적인 매트릭스의 사례이다. 시간 관리 매트릭스에 의해 시간을 관리하였을 때 얻을 수 있는 효과로 가장 적절하지 않은 것은?

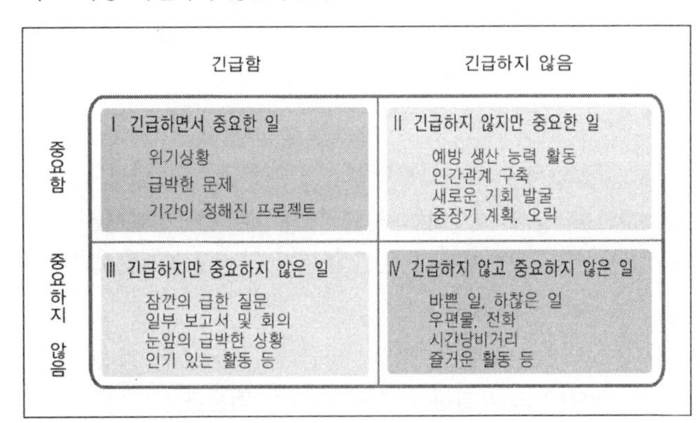

① 스트레스가 감소될 수 있다.

② 균형적인 삶이 가능하다.

③ 생산성이 향상된다.

④ 처음 계획보다 더 많은 일을 수행하게 된다.

31 다음 중 아래 시트에서 수식 '=MOD(A3:A4)'의 값과 수식 '=MODE(A1:A9)'의 값으로 바르게 나열한 것은?

	A
1	6
2	8
3	7
4	6
5	1
6	3
7	4
8	6
9	3

① 1, 3

② 1, 6

③ 1, 8

④ 2, 3

32 다음의 알고리즘에서 인쇄되는 A는?

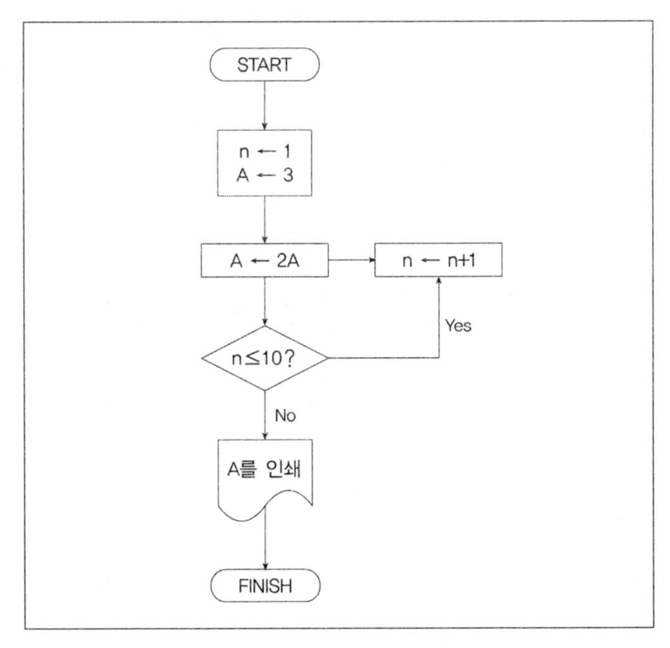

① $2^{8}\cdot 3$

② $2^{9}\cdot 3$

③ $2^{10}\cdot 3$

④ $2^{11}\cdot 3$

33 다음 (가)~(다)의 설명에 맞는 용어가 순서대로 올바르게 짝지어 진 것은?

> (가) 유통분야에서 일반적으로 물품관리를 위해 사용된 바코드를 대체할 차세대 인식기술로 꼽히며, 판독 및 해독 기능을 하는 판독기(reader)와 정보를 제공하는 태그(tag)로 구성된다.
> (나) 컴퓨터 관련 기술이 생활 구석구석에 스며들어 있음을 뜻하는 '퍼베이시브 컴퓨팅(pervasive computing)'과 같은 개념이다.
> (다) 메신저 애플리케이션의 통화 기능 또는 별도의 데이터 통화 애플리케이션을 설치하면 통신사의 이동통신망이 아니더라도 와이파이(Wi-Fi)를 통해 단말기로 데이터 음성통화를 할 수 있으며, 이동통신망의 음성을 쓰지 않기 때문에 국외 통화 시 비용을 절감할 수 있다는 장점이 있다.

① RFID, 유비쿼터스, VoIP
② POS, 유비쿼터스, RFID
③ RFID, POS, 핫스팟
④ POS, VoIP, 핫스팟

34 국내에서 사용하는 인터넷 도메인(Domain)은 현재 2단계 도메인으로 구성되어 있다. 다음 중 도메인 종류와 해당 기관의 성격이 올바르게 연결되지 않은 것은?

① re.kr – 연구기관
② pe.kr – 개인
③ kg.kr – 유치원
④ ed.kr – 대학

35 길동이는 이번 달 사용한 카드 사용금액을 시기별, 항목별로 다음과 같이 정리하였다. 항목별 단가를 확인한 후 D2 셀에 함수식을 넣어 D5까지 드래그를 하여 결과값을 알아보고자 한다. 길동이가 D2 셀에 입력해야 할 함수식으로 적절한 것은 어느 것인가?

	A	B	C	D
1	시기	항목	횟수	사용금액(원)
2	1주	식비	10	
3	2주	의류구입	3	
4	3주	교통비	12	
5	4주	식비	8	
6				
7	항목	단가		
8	식비	6500		
9	의류구입	43000		
10	교통비	3500		

① =C2*HLOOKUP(B2,$A$8:$B$10,2,0)
② =B2*HLOOKUP(C2,$A$8:$B$10,2,0)
③ =B2*VLOOKUP(B2,$A$8:$B$10,2,0)
④ =C2*VLOOKUP(B2,$A$8:$B$10,2,0)

36 다음은 J사의 20XX년 조직도이다. 조직도를 보고 잘못 이해한 것은?

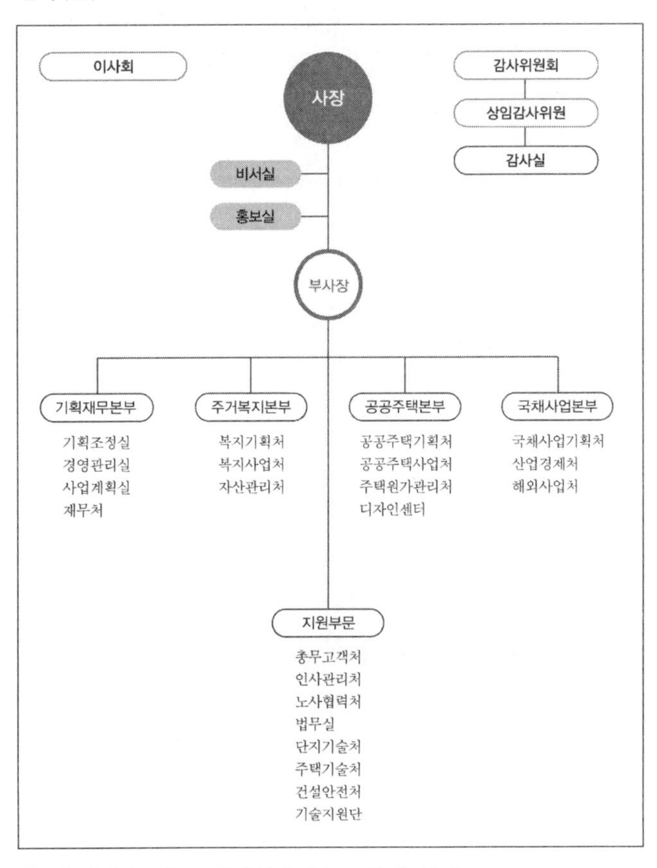

① 부사장은 따로 비서실을 두고 있지 않다.

② 비서실과 홍보실은 사장 직속으로 소속되어 있다.

③ 감사실은 공정한 감사를 위해 다른 조직들과는 구분되어 감사위원회 산하로 소속되어 있다.

④ 부사장 직속으로는 1개 부문, 1실, 6개 처, 1개의 지원단으로 구성되어 있다.

37 숙박업소 K사장은 미숙한 경영전략으로 주변 경쟁업소에 점점 뒤처지게 되어 매출은 곤두박질 쳤고 이에 따라 직원들은 더 이상 근무할 수 없게 되었다. 경영전략 차원에서 볼 때, K사장이 시도했어야 하는 차별화 전략으로 추진하기에 적절하지 않은 것은?

① 주차장 이용 시 무료주차와 같은 추가 서비스를 제공한다.

② 직원의 복지를 위해 휴게 시설을 마련한다.

③ 경쟁업소보다 가격을 낮춰 고객을 유치한다.

④ 새로운 객실 인테리어를 통해 신선감을 갖춘다.

38 다음은 작년의 사내 복지 제도와 그에 따른 4/4분기 복지 지원 내역이다. 인사팀의 사원 Z씨는 팀장님의 지시로 작년 4/4분기 지원 내역을 구분하여 정리했다. 다음 중 구분이 잘못된 직원은?

〈사내 복지 제도〉

구분	세부사항
주택 지원	사택지원 (1~6동 총 6개 동 120가구) 기본 2년 (신청 시 1회 2년 연장 가능)
경조사 지원	본인/가족 결혼, 회갑 등 각종 경조사 시 경조금, 화환 및 경조휴가 제공
학자금 지원	고등학생, 대학생 학자금 지원
기타	상병 휴가, 휴직, 4대 보험 지원

〈4/4분기 지원 내역〉

이름	부서	직위	세부사항	금액(천 원)
정희진	영업1팀	사원	모친상	1,000
유연화	총무팀	차장	자녀 대학진학 (입학금 제외)	4,000
김길동	인사팀	대리	본인 결혼	500
최선하	IT개발팀	과장	병가(실비 제외)	100
김만길	기획팀	사원	사택 제공(1동 702호)	-
송상현	생산2팀	사원	장모상	500
길태화	기획팀	과장	생일	50(상품권)
최현식	총무팀	차장	사택 제공(4동 204호)	-
최판석	총무팀	부장	자녀 결혼	300
김동훈	영업2팀	대리	생일	50(상품권)
백예령	IT개발팀	사원	본인 결혼	500

구분	이름
주택 지원	김만길, 최현식
경조사 지원	정희진, 김길동, 길태화, 최판석, 김동훈, 백예령
학자금 지원	유연화
기타	최선하, 송상현

① 정희진 ② 김동훈
③ 유연화 ④ 송상현

39 T 대기업 경영전략팀은 기업의 새로운 도약을 위해 2020년 1차 경영토론회를 주최하였다. 다음 중 토론자들의 경영시장 종류에 대한 발언으로 옳지 않은 것은?

① 블루오션은 경쟁을 목표로 하고 존재하는 소비자와 현존하는 시장에 초점을 맞췄습니다.
② 레드오션은 산업 간 경계선이 명확하게 그어져 있습니다.
③ 레드오션은 어떻게 경쟁자를 앞지를 것인가에 대한 '시장 경쟁전략'을 말합니다.
④ 블루오션은 아직 우리가 모르고 있는 가능성의 시장 공간이라 할 수 있습니다.

40 다음 글의 '직무순환제'와 연관성이 높은 설명에 해당하는 것은?

> 경북 포항시에 본사를 둔 대기환경관리 전문업체 (주)에어릭스는 직원들의 업무능력을 배양하고 유기적인 조직운영을 위해 '직무순환제'를 실시하고 있다. 에어릭스의 직무순환제는 대기환경설비의 생산, 정비, 설계, 영업 파트에 속한 직원들이 일정 기간 해당 업무를 익힌 후 다른 부서로 이동해 또 다른 업무를 직접 경험해볼 수 있도록 하는 제도이다. 직무순환제를 통해 젊은 직원들은 다양한 업무를 거치면서 개개인의 역량을 쌓을 수 있을 뿐 아니라 풍부한 현장 경험을 축적한다. 특히 대기환경설비 등 플랜트 사업은 설계, 구매·조달, 시공 등 모든 파트의 유기적인 운영이 중요하다. 에어릭스의 경우에도 현장에서 실시하는 환경진단과 설비 운영 및 정비 등의 경험을 쌓은 직원이 효율적으로 집진기를 설계하며 생생한 현장 노하우가 영업에서의 성과로 이어진다. 또한 직무순환제를 통해 다른 부서의 업무를 실질적으로 이해함으로써 각 부서 간 활발한 소통과 협업을 이루고 있다.

① 직무순환을 실시함으로써 구성원들의 노동에 대한 싫증 및 소외감을 더 많이 느끼게 될 것이다.
② 직무순환을 실시할 경우 구성원 자신이 조직의 구성원으로써 가치 있는 존재로 인식을 하게끔 하는 역할을 수행한다.
③ 구성원들을 승진시키기 전 단계에서 실시하는 하나의 단계적인 교육훈련방법으로 파악하기 어렵다.
④ 직무순환은 조직변동에 따른 부서 간의 과부족 인원의 조정 또는 사원 개개인의 사정에 의한 구제를 하지 않기 위함이다.

>>> 직무수행능력평가

41 호손 연구에 대한 내용으로 가장 거리가 먼 것은?

① 호손 연구는 메이요 및 뢰슬리스버거에 의해 이루어진 실험이다.
② 종업원의 관심 및 감정 등의 중요성 등을 인식하게 되었다.
③ 호손 연구를 통해 과학적 관리론의 관점에 변화를 주었다.
④ 호손 연구에서는 공식 조직의 중요성을 인식하고 강조하였다.

42 다음 중 교육훈련의 전이 정도가 가장 높은 교육훈련의 방법은 무엇인가?

① 역할연기
② 강의실 교육
③ 시청각 교육
④ OJT(on the job training)

43 다음 중 마이클 포터가 제시한 산업과 경쟁을 결정짓는 세력으로 가장 적절하지 않은 것은?

① 대체재의 위협
② 보완재의 위협
③ 공급자의 협상력
④ 구매자의 협상력

44 다음에서 허시-블랜차드의 리더십 상황이론 중 리더의 행동유형으로 가장 적절하지 않은 것은?

① 참여적 리더 ② 위양적 리더
③ 설득적 리더 ④ 위계적 리더

45 의사소통의 발신자와 관련된 방해요소로 보기 가장 어려운 것은?

① 타인에 대한 민감성의 부족
② 반응적 피드백의 부족
③ 발신자의 신뢰성 부족
④ 의사소통의 목적 결여 및 기술 부족

46 기업의 전략적 사업단위를 분석하는데 이용되는 BCG(Boston Consulting Group) 모형에서 수직축은 무엇을 반영한 것인가?

① 희망투자 수익률
② 시장성장율
③ 세분시장의 규모
④ 상대적 시장점유율

47 직무특성이론에 관한 내용 중 바르지 않은 사항은?

① 직무특성이론의 단점으로 개인의 심리상태에 상당히 의존하는 면이 있다.
② 핵심직무특성으로 과업의 다양성, 기술의 중요성, 과업의 자율성, 정체성 및 피드백의 5개 요인이 있다.
③ 직무충실화를 기초로 부족한 점을 보완해 한층 더 발전시킨 전략이다.
④ 바너드와 메이요 교수에 의해서 개발된 이론이다.

48 다음 중 프로젝트 조직에 관한 내용으로 가장 옳지 않은 것은?

① 기업 조직 내의 특정 사업 목표를 달성하기 위해 임시적으로 인적 및 물적 자원 등을 결합하는 조직 형태이다.

② 프로젝트 조직은 해산을 전제로 해서 임시로 편성된 일시적인 조직이다.

③ 혁신적이면서 비일상적인 과제를 해결하기 위해 형성되는 정태적인 조직이다.

④ 개발 요원의 활용에 있어 비효율성이 증가할 수 있다.

49 다음 중 마케팅전략의 수립에 있어서 직접적으로 관련되는 당사자인 3C에 해당하지 않는 것은?

① competitor ② contents

③ company ④ customer

50 다음 중 제품을 핵심제품, 유형제품, 포괄제품의 3가지 차원으로 구분한 학자는?

① 드러커 ② 버나드

③ 코틀러 ④ 케인즈

51 다음 중 인과조사에 대한 설명으로 옳지 않은 것은?

① 독립변수와 종속변수 간에는 인과관계가 성립한다.

② 특정 현상의 원인과 결과를 규명하기 위한 방법이다.

③ 사용이 용이하여 널리 사용되는 방법이다.

④ 변화의 시간적 우선순위, 외생변수 통제 등의 조건이 갖추어져야 인과관계 조사가 가능하다.

52 다음 중 괄호 안에 들어갈 말로 가장 적절한 것은?

> 가격결정정책을 수립할 때 판매자는 반드시 활용가능한 가격책정의 조건들을 모두 고려해야만 한다. 공급자의 비용에 대한 고려는 (　　)가(이) 된다.

① 가격의 범위

② 원가경쟁

③ 변동비

④ 가격하한선

53 다음 중 유통경로 갈등에 있어 그 해결방안으로 가장 옳지 않은 것은 무엇인가?

① 각 세분시장별 유통경로를 명확하게 구분한다.

② 역할분담 및 보상 등을 제공한다.

③ 맑고 투명한 경로관리를 한다.

④ 유통경로를 확대한다.

54 다음 중 모집단을 2개 이상의 상호배타적인 집단으로 분류하고, 각 집단 내에서 무작위로 표본을 추출하는 것을 무엇이라고 하는가?

① 계통표본추출

② 층화표본추출

③ 할당표본추출

④ 군집표본추출

55 다음 중 생산관리의 주요 활동목표로 가장 적절하지 않은 것은?

① 원가 ② 유연성
③ 브랜드 ④ 품질

56 대형건설프로젝트, 조선, 대형 항공기 등의 제작 등에 활용되는 배치방식을 무엇이라고 하는가?

① 제품별 배치 ② 고정형 배치
③ 일부형 배치 ④ 가격별 배치

57 다음 중 공정 통제에 관한 다음 설명 중 가장 적절하지 않은 것은?

① 공정 통제는 생산 공정상의 품질을 감시하기 위한 것이다.
② 우연변동보다 이상변동의 변동 폭이 비교적 더 크다.
③ 우연변동은 변동의 많은 부분이 어느 한 원인에 기인한다고 볼 수 있다.
④ 관리하한선은 우연변동의 최소 허용치를 나타낸다.

58 A 기업의 재무정보가 다음과 같을 때 자산회전율은 얼마인가?

- 상품재고자산 : $ 30,000
- 총자산 : $ 40,000
- 순매출액 : $ 80,000
- 고정부채 : $ 10,000

① 8 ② 3
③ 2 ④ 0.5

59 다음은 재무상태표(대차대조표)에 관한 내용이다. 이 중 가장 적절하지 않은 것은?

① 재무상태표상 좌측은 자산이라 하여 현금자금이나 상품의 재고상태를 표시해 준다.
② 받을어음, 외상매입금 및 장/단기 차입금은 대변 항목을 구성하는 요소들이다.
③ 재무상태표상 우측은 자본과 부채로 구성되며 좌변의 자산(자본 및 부채의 사용 용도)의 크기에 상응하는 자금의 출처를 나타내 주고 파악할 수 있도록 구성해야 한다.
④ 외상매출금, 수취어음, 예금 및 현금은 차변(좌변) 항목들을 구성하는 요소들이다.

60 다음 중 한국채택국제회계기준에 대한 설명으로 옳지 않은 것은?

① 2011년부터 상장법인은 한국채택국제회계기준을 의무적으로 적용해야 한다.
② 과거 기업회계기준은 규칙중심이었으나 한국채택국제회계기준은 원칙중심이다.
③ 한국채택국제회계기준은 연결재무제표를 주재무제표로 한다.
④ 한국채택국제회계기준은 기업회계기준에 비해 자산과 부채를 측정함에 있어 공정가치보다는 역사적 원가를 반영하도록 하고 있다.

61 다음 중 유형자산에 해당하지 않는 것은?

① 공장용 토지
② 영업부서용 차량
③ 상품보관용 창고
④ 본사 건물 임차보증금

62 다음 중 일반기업회계기준에 따른 재무상태표의 표시에 관한 설명으로 가장 적절하지 않은 것은?

① 비유동자산은 당좌자산, 유형자산, 무형자산으로 구분된다.

② 단기차입금은 유동부채로 분류된다.

③ 자산과 부채는 유동성 배열법에 따라 작성된다.

④ 재고자산은 유동자산에 포함된다.

63 다음 중 원가에 대한 설명으로 가장 옳지 않은 것은?

① 기초원가이면서 가공원가에 해당하는 원가는 직접노무원가이다.

② 직접원가는 특정 제품의 생산에 직접적으로 사용되어 명확하게 추적할 수 있는 원가를 말한다.

③ 변동원가는 생산량이 증가할 때마다 단위당 원가도 증가하는 원가를 말한다.

④ 매몰원가는 과거에 발생하여 현재 의사결정에 영향을 미치지 않는 원가를 말한다.

64 가격결정에서 인플레율을 고려한 것으로 계약 판매 및 신용판매에서 특히 고려해야 할 기준은?

① 가격 탄력성

② 가격 표시제

③ 가격 체인

④ 가격 에스컬레이션

65 다음 중 수요의 가격탄력성과 관련하여 기업의 총수입(TR)의 변화를 올바르게 설명한 것은? (단, 가격 이외의 다른 조건은 변화가 없다고 가정함)

① 수요의 가격탄력성이 단위탄력적인 경우, 가격이 오르면 총수입은 증가하고 가격이 하락하면 총수입은 감소한다.

② 수요의 가격탄력성이 완전비탄력적인 경우, 가격이 오르면 총수입은 증가하고 가격이 하락하면 총수입은 감소한다.

③ 수요의 가격탄력성이 낮은 경우 즉 비탄력적인 경우, 가격이 오르면 총수입은 감소하고 가격이 하락하면 총수입은 증가한다.

④ 수요의 가격탄력성이 탄력적인 경우, 가격이 오르면 총수입은 증가하고 가격이 하락하면 총수입은 감소한다.

66 다음 중 소비이론에 대한 설명으로 가장 적절한 것은?

① 임의보행(random walk)가설에 따르면 소비의 변화는 예측할 수 있다.

② 생애주기가설에 따르면, 소비는 일생동안 소득을 염두에 두고 결정되는 것은 아니다.

③ 절대소득가설에 따르면, 소비는 현재의 처분가능소득으로 결정된다.

④ 상대소득가설은 소비의 가역성과 소비의 상호의존성을 가정한다.

67 채권을 발행한 기업이나 국가의 부도가 발생할 경우에 원금을 돌려받을 수 있는 금융파생상품을 무엇이라고 하는가?

① KRX 300

② 리보금리

③ CDS 프리미엄

④ VIX지수

68 노동자들이 파업이나 쟁의를 지나치게 하여 국민경제를 위태롭게 할 위험이 있다고 느껴질 때 정부가 제한을 실행하는 행정조치는?

① 피케팅
② 직장폐쇄
③ 노사협의체
④ 긴급조정권

69 다음 중 국회를 대표하는 입법부의 수장은?

① 대법원장
② 국무총리
③ 국회의장
④ 국회부의장

70 다음 중 개개인의 자유로운 영역에 관해서 간섭하지 않도록 개인이 갖게 되는 헌법상의 기본권은?

① 자유권
② 평등권
③ 사회권
④ 보장권

>>> 주관식

71 사용자 측의 쟁의행위로서 사업장을 폐쇄하는 것을 무엇이라고 하는가?

72 코틀러가 제시한 제품의 수준 중 핵심편익(benefit)이나 서비스를 무엇이라고 하는가?

73 선물시장이 급변할 경우 현물시장에 대한 영향을 최소화함으로써 현물시장을 안정적으로 운용하기 위해 도입한 관리제도를 무엇이라고 하는가?

74 통상적으로 창업 후 3년이 도래했을 때 자금난에 직면해 주저앉는 현상을 의미하는 것은?

75 법률행위가 성립한 때부터 법률상 당연히 해당 효력이 발생하지 않는 것으로 확정되는 것을 무엇이라고 하는가?

IBK기업은행 필기시험

성 명

생 년 월 일							
⓪	⓪	⓪	⓪	⓪	⓪	⓪	⓪
①	①	①	①	①	①	①	①
②	②	②	②	②	②	②	②
③	③	③	③	③	③	③	③
④	④	④	④	④	④	④	④
⑤	⑤	⑤	⑤	⑤	⑤	⑤	⑤
⑥	⑥	⑥	⑥	⑥	⑥	⑥	⑥
⑦	⑦	⑦	⑦	⑦	⑦	⑦	⑦
⑧	⑧	⑧	⑧	⑧	⑧	⑧	⑧
⑨	⑨	⑨	⑨	⑨	⑨	⑨	⑨

아래에 문구를 빈칸에 정자로 기재하시오.

햇볕이 쏟아지는 가을날에 선선한 바람을 맞으며 하루를 보낸다.

필적확인란 :

직업기초능력평가				직무수행능력평가			
1	① ② ③ ④	21	① ② ③ ④	41	① ② ③ ④	56	① ② ③ ④
2	① ② ③ ④	22	① ② ③ ④	42	① ② ③ ④	57	① ② ③ ④
3	① ② ③ ④	23	① ② ③ ④	43	① ② ③ ④	58	① ② ③ ④
4	① ② ③ ④	24	① ② ③ ④	44	① ② ③ ④	59	① ② ③ ④
5	① ② ③ ④	25	① ② ③ ④	45	① ② ③ ④	60	① ② ③ ④
6	① ② ③ ④	26	① ② ③ ④	46	① ② ③ ④	61	① ② ③ ④
7	① ② ③ ④	27	① ② ③ ④	47	① ② ③ ④	62	① ② ③ ④
8	① ② ③ ④	28	① ② ③ ④	48	① ② ③ ④	63	① ② ③ ④
9	① ② ③ ④	29	① ② ③ ④	49	① ② ③ ④	64	① ② ③ ④
10	① ② ③ ④	30	① ② ③ ④	50	① ② ③ ④	65	① ② ③ ④
11	① ② ③ ④	31	① ② ③ ④	51	① ② ③ ④	66	① ② ③ ④
12	① ② ③ ④	32	① ② ③ ④	52	① ② ③ ④	67	① ② ③ ④
13	① ② ③ ④	33	① ② ③ ④	53	① ② ③ ④	68	① ② ③ ④
14	① ② ③ ④	34	① ② ③ ④	54	① ② ③ ④	69	① ② ③ ④
15	① ② ③ ④	35	① ② ③ ④	55	① ② ③ ④	70	① ② ③ ④
16	① ② ③ ④	36	① ② ③ ④	주관식			
17	① ② ③ ④	37	① ② ③ ④	71			
18	① ② ③ ④	38	① ② ③ ④	72			
19	① ② ③ ④	39	① ② ③ ④	73			
20	① ② ③ ④	40	① ② ③ ④	74			
				75			

SEOWONGAK
(주)서원각

IBK기업은행

필기시험 모의고사

- 제 4 회 -

성명		생년월일	
시험시간	120분	문항수	75문항

〈응시 전 주의사항〉

○ 문제지 해당란과 OMR답안지에 성명과 생년월일을 정확하게 기재하십시오.

○ 기재착오, 누락 등으로 인한 불이익은 응시자 본인의 책임이니 OMR 답안지 작성에 유의하십시오.

○ 필기시험의 만점은 100점으로 합니다.

(주)서원각

제4회 IBK기업은행 필기시험

>>> 직업기초능력평가

1 다음 중 ㉠과 가장 유사한 생각을 드러내고 있는 것은?

> 인터넷을 이용해 영화를 보거나 노래를 들을 때, '스트리밍(streaming)'이란 말을 접하곤 한다. 스트리밍이란 무엇일까? 공급자가 자료를 주고 수신자가 이를 받아 재생하는 과정이, 스트리밍이란 말뜻과 같이 '물 흐르듯' 이어지는 과정을 말한다. 즉, 인터넷에서 용량이 아주 큰 파일을 전송하거나 재생하는 경우가 있는데, 이때 이 과정이 끊김 없이 물 흐르듯 진행될 수 있도록 하는 기술이 바로 스트리밍이다.
>
> 이제 인터넷을 이용해 노래를 듣는 경우를 생각해 보자. 노래 한 곡의 파일 전체를 10이라고 하자. 1을 다 듣고 나면 준비되어 있던 2가 나오고 이런 과정을 쭉 이어보면 우리는 끊김 없이 1부터 10까지의 노래를 들을 수 있다. 물이 흐르는 것처럼 말이다. 인터넷을 이용해 노래를 듣는 방법은 두 가지가 있을 것이다.
>
> 하나는 1부터 10까지 일단 모두 다운로드 해 두고, 오늘 당장 듣거나 며칠 후에 듣거나, 1부터 듣거나 3부터 듣거나 하는 방법일 것이고, 다른 하나는 실시간으로 1 하나만 받아서 들으며, 듣는 시간을 이용해 2나 3을 준비해 가며 듣고 파일은 저장하지 않는 방법이다. 각각의 방법은 그 나름대로 장단점이 있다. 그런데 노래 파일을 소장할 목적이 아니라면 아마도 뒤의 경우가 더 효율적일 것이다. ㉠<u>한 번 듣고 말면 충분할 것을 통째로 내 것으로 만들 필요는 없을 것이기 때문이다</u>. 아무리 용량이 큰 파일이라도 같은 크기로 조각조각 나눠서 준비해 두면 이것을 이용하는 사람들이 가장 먼저 필요한 조각을 가져가고, 그다음 필요한 조각이 이용자에게 도달하면 자료는 물이 흐르듯이 흘러갈 것이다. 스트리밍 기술은 이런 생각에서 출발한다.

① 평생에 한 번밖에 입지 않을 웨딩드레스를 구태여 사입을 필요는 없다.

② 내년 겨울에 입기 위해 겨울이 끝날 때 싸게 파는 옷을 미리 구입해 놓을 필요는 없다.

③ 사장에게 직접 보고해도 될 사항을 굳이 과장, 부장, 상무를 거쳐 보고할 필요는 없다.

④ 집값이 오를 것이라는 기대감으로 무리하게 대출을 받아 자기 집을 장만해 둘 필요는 없다.

2 다음 글을 순서에 맞게 배열한 것은?

(가) 전 세계적으로 MRI 관련 산업의 시장규모는 매년 약 42 ~ 45억 달러씩 늘어나고 있다. 한국의 시장규모는 연간 8,000만 ~ 1억 달러씩 증가하고 있다. 현재 한국에는 약 800대의 MRI 기기가 도입돼 있다. 이는 인구 백만 명당 16대꼴로 일본이나 미국에는 미치지 못하지만 유럽이나 기타 OECD 국가들에 뒤지지 않는 보급률이다.

(나) 과거에는 질병의 '치료'를 중시하였으나 점차 질병의 '진단'을 중시하는 추세로 변화하고 있다. 조기진단을 통해 질병을 최대한 빠른 시점에 발견하고 이에 따른 명확한 치료책을 제시함으로써 뒤늦은 진단 및 오진으로 발생하는 사회적 비용을 최소화하고 질병 관리능력을 증대시키고 있다. 조기진단의 경제적 효과는 실로 엄청난데, 관련 기관의 보고서에 의하면 유방암 치료비는 말기진단 시 60,000 ~ 145,000 달러인데 비해 조기진단 시 10,000 ~ 15,000 달러로 현저한 차이를 보인다. 또한 조기진단과 치료로 인한 생존율 역시 말기진단의 경우에 비해 4배 이상 증가한 것으로 밝혀졌다.

(다) 현재 조기진단을 가능케 하는 진단영상기기로는 X-ray, CT, MRI 등이 널리 쓰이고 있으며, 이 중 1985년에 개발된 MRI가 가장 최신장비로 손꼽힌다. MRI는 다른 기기에 비해 연골과 근육, 척수, 혈관 속 물질, 뇌조직 등 체내 부드러운 조직의 미세한 차이를 구분하고 신체의 이상 유무를 밝히는 데 탁월하여 현존하는 진단기기 중에 가장 성능이 좋은 것으로 평가받고 있다. 이러한 특징으로 인해 MRI는 세포조직 내 유방암, 위암, 파킨슨병, 알츠하이머병, 다발성경화증 등의 뇌신경계 질환 진단에 많이 활용되고 있다.

① (가)(나)(다) ② (가)(다)(나)
③ (나)(다)(가) ④ (나)(가)(다)

3 다음 글의 역할에 대한 설명으로 옳은 것은?

자연은 인간 사이의 갈등을 이용하여 인간의 모든 소질을 계발하도록 한다. 사회의 질서는 이 갈등을 통해 이루어진다. 이 갈등은 인간의 반사회적 사회성 때문에 초래된다. 반사회적 사회성이란 한편으로는 사회를 분열시키려고 끊임없이 위협하고 반항하면서도, 다른 한편으로는 사회를 이루어 살려는 인간의 성향을 말한다. 이러한 성향은 분명 인간의 본성 가운데에 있다.

① 글의 논지와 주요 개념을 제시한다.
② 개념에 대해 구체적 예를 들어 설명한다.
③ 논지를 확대하고 심화한다.
④ 다른 주장과 비교하여 설명한다.

4 다음은 외국주화 환전에 대한 설명이다. 옳지 않은 것은?

1. 외국주화를 사거나 팔 경우 적용되는 환율
 • 팔 때 : 매매기준률의 50%를 적용한 환율
 • 살 때 : 매매기준률의 70%를 적용한 환율
2. 외국주화 환전 가능영업점
 • 가능 영업점 : 영업부
 • 환전 가능 외국주화 : 미국 달러, 일본 엔화, 유로화
3. 해외여행 시 주화환전 tip
 • 해외여행 전 미리 소량의 주화를 환전해 둔다.
 현지 도착 후 별도 교환절차 없이 교통비와 전화료 등으로 바로 사용이 가능하므로 들고갈 수 있을 정도의 주화는 환전하여 가져가는 것이 유용하다.
 • 주화구입 시 지폐보다 싼 환율 적용이 가능하다.
 - 예를 들면 달러 구입 시 적용되는 환율이 941.28원이라면 미국 주화로 구입할 때는 658.89원이 적용된다.
 - 10달러를 동전으로 환전 시 지폐로 바꿀 때보다 2,800원 정도 비용절감이 가능하다.
 • 입국 전 주화는 해외 현지, 면세점 등에서 다 사용하고 돌아오자.
 주화 구입 시와는 반대로 해외여행 후 남은 주화를 국내에서 환전 시 실재가치의 반 정도 밖에 받을 수 없으므로 입국하기 전에 다 사용하고 오는 것이 손해를 줄이는 방법이다.

① 국내에서 환전 시 주화를 구입할 경우 지폐를 구입할 때 보다 더 싼 환율 적용을 받을 수 있다.
② 해외여행 전 미리 소량의 주화를 환전해 두는 것이 유용하다.
③ 환전 가능 외국주화로는 미국 달러, 일본 엔화, 유로화, 중국 위안화가 있다.
④ 외국주화를 살 때는 매매기준률의 70%를 적용한 환율을 적용받는다.

5 빈칸에 들어갈 내용으로 가장 적절한 것은?

> 동물 권리 옹호론자들의 주장과는 달리, 동물과 인류의 거래는 적어도 현재까지는 크나큰 성공을 거두었다. 소, 돼지, 개, 고양이, 닭은 번성해 온 반면, 야생에 남은 그들의 조상은 소멸의 위기를 맞았다. 북미에 현재 남아 있는 늑대는 1만 마리에 불과하지만, 개는 5,000만 마리다. 이들 동물에게는 자율성의 상실이 큰 문제가 되지 않는 것처럼 보인다. 동물 권리 옹호론자들의 말에 따르면, ______________________ 하지만 개의 행복은 인간에게 도움을 주는 수단 역할을 하는 데 있다. 이런 동물은 결코 자유나 해방을 원하지 않는다.

① 가축화는 인간이 강요한 것이 아니라 동물들이 선택한 것이다.
② 동물들이 야생성을 버림으로써 비로소 인간과 공생관계를 유지해 왔다.
③ 동물을 목적이 아니라 수단으로 다루는 것은 잘못된 일이다.
④ 동물들에게 자율성을 부여할 때 동물의 개체는 더 늘어날 수 있다.

| 6~8 | 다음은 통화 정책에 대한 설명이다. 물음에 답하시오.

> 통화 정책은 중앙은행이 물가 안정과 같은 경제적 목적의 달성을 위해 이자율이나 통화량을 조절하는 것이다. 대표적인 통화 정책 수단인 '공개 시장 운영'은 중앙은행이 민간 금융기관을 상대로 채권을 매매해 금융 시장의 이자율을 정책적으로 결정한 기준 금리 수준으로 접근시키는 것이다. 중앙은행이 채권을 매수하면 이자율은 하락하고, 채권을 매도하면 이자율은 상승한다. 이자율이 하락하면 소비와 투자가 확대되어 경기가 활성화되고 물가 상승률이 오르며, 이자율이 상승하면 경기가 위축되고 물가 상승률이 떨어진다. 이와 같이 공개 시장 운영의 영향은 경제 전반에 파급된다.
>
> 중앙은행의 통화 정책이 의도한 효과를 얻기 위한 요건 중에는 '선제성'과 '정책 신뢰성'이 있다. 먼저 통화 정책이 선제적이라는 것은 중앙은행이 경제 변동을 예측해 이에 미리 대처한다는 것이다. 기준 금리를 결정하고 공개 시장 운영을 실시하여 그 효과가 실제로 나타날 때까지는 시차가 발생하는데 이를 '정책 외부 시차'라 하며, 이 때문에 선제성이 문제가 된다. 예를 들어 중앙은행이 경기 침체 국면에 들어서야 비로소 기준 금리를 인하한다면, 정책 외부 시차로 인해 경제가 스스로 침체 국면을 벗어난 다음에야 정책 효과가 발현될 수도 있다. 이 경우 경기 과열과 같은 부작용이 수반될 수 있다. 따라서 중앙은행은 통화 정책을 선제적으로 운용하는 것이 바람직하다.
>
> 또한 통화 정책은 민간의 신뢰가 없이는 성공을 거둘 수 없다. 따라서 중앙은행은 정책 신뢰성이 손상되지 않게 유의해야 한다. 그런데 어떻게 통화 정책이 민간의 신뢰를 얻을 수 있는지에 대해서는 견해 차이가 있다. 경제학자 프리드먼은 중앙은행이 특정한 정책 목표나 운용 방식을 '준칙'으로 삼아 민간에 약속하고 어떤 상황에서도 이를 지키는 ㉠'준칙주의'를 주장한다. 가령 중앙은행이 물가 상승률 목표치를 민간에 약속했다고 하자. 민간이 이 약속을 신뢰하면 물가 불안 심리가 진정된다. 그런데 물가가 일단 안정되고 나면 중앙은행으로서는 이제 경기를 부양하는 것도 고려해 볼 수 있다. 문제는 민간이 이 비일관성을 인지하면 중앙은행에 대한 신뢰가 훼손된다는 점이다. 준칙주의자들은 이런 경우에 중앙은행이 애초의 약속을 일관되게 지키는 편이 바람직하다고 주장한다.
>
> 그러나 민간이 사후적인 결과만으로는 중앙은행이 준칙을 지키려 했는지 판단하기 어렵고, 중앙은행에 준칙을 지킬 것을 강제할 수 없는 것도 사실이다. 준칙주의와 대비되는 ㉡'재량주의'에서는 경제 여건 변화에 따른 신축적인 정책 대응을 지지하며 준칙주의의 엄격한 실천은 현실적으로 어렵다고 본다. 아울러 준칙주의가 최선인지에 대해서도 물음을 던진다. 예상보다 큰 경제 변동이 있으면 사전에 정해 둔 준칙이 장애물이 될 수 있기 때문이다. 정책 신뢰성은 중요하지만, 이를 위해 중앙은행이 반드시 준칙에 얽매일 필요는 없다는 것이다.

6 윗글에서 사용한 설명 방식에 해당하지 않는 것은?

① 통화 정책의 목적을 유형별로 나누어 제시하고 있다.
② 통화 정책에서 선제적 대응의 필요성을 예를 들어 설명하고 있다.
③ 공개 시장 운영이 경제 전반에 영향을 미치는 과정을 인과적으로 설명하고 있다.
④ 관련된 주요 용어의 정의를 바탕으로 통화 정책의 대표적인 수단을 설명하고 있다.

7 윗글을 바탕으로 〈보기〉를 이해할 때 '경제학자 병'이 제안한 내용으로 가장 적절한 것은?

어떤 가상의 경제에서 20○○년 1월 1일부터 9월 30일까지 3개 분기 동안 중앙은행의 기준 금리가 4%로 유지되는 가운데 다양한 물가 변동 요인의 영향으로 물가 상승률은 아래 표와 같이 나타났다. 단, 각 분기의 물가 변동 요인은 서로 관련이 없다고 한다.

기간	1/1~3/31	4/1~6/30	7/1~9/30
	1분기	2분기	3분기
물가 상승률	2%	3%	3%

경제학자 병은 1월 1일에 위 표의 내용을 예측할 수 있었고 국민들의 생활 안정을 위해 물가 상승률을 매 분기 2%로 유지해야 한다고 주장하였다. 이를 위해 다음 사항을 고려한 선제적 통화 정책을 제안했으나 받아들여지지 않았다.

[경제학자 병의 고려 사항]

기준 금리가 4%로부터 1.5%p*만큼 변하면 물가 상승률은 위 표의 각 분기 값을 기준으로 1%p만큼 달라지며, 기준 금리 조정과 공개 시장 운영은 1월 1일과 4월 1일에 수행된다. 정책 외부 시차는 1개 분기이며 기준 금리 조정에 따른 물가 상승률 변동 효과는 1개 분기 동안 지속된다.

※ %p는 퍼센트 간의 차이를 말한다. 예를 들어 1%에서 2%로 변화하면 이는 1%p 상승한 것이다.

① 중앙은행은 기준 금리를 1월 1일에 2.5%로 인하하고 4월 1일에도 이를 2.5%로 유지해야 한다.
② 중앙은행은 기준 금리를 1월 1일에 2.5%로 인하하고 4월 1일에는 이를 4%로 인상해야 한다.
③ 중앙은행은 기준 금리를 1월 1일에 5.5%로 인상하고 4월 1일에도 이를 5.5%로 유지해야 한다.
④ 중앙은행은 기준 금리를 1월 1일에 5.5%로 인상하고 4월 1일에는 이를 4%로 인하해야 한다.

8 윗글의 ㉠과 ㉡에 대한 설명으로 가장 적절한 것은?

① ㉠에서는 중앙은행이 정책 운용에 관한 준칙을 지키느라 경제 변동에 신축적인 대응을 못해도 이를 바람직하다고 본다.
② ㉡에서는 중앙은행이 스스로 정한 준칙을 지키는 것은 얼마든지 가능하다고 본다.
③ ㉠에서는 ㉡과 달리, 정책 운용에 관한 준칙을 지키지 않아도 민간의 신뢰를 확보할 수 있다고 본다.
④ ㉡에서는 ㉠과 달리, 통화 정책에서 민간의 신뢰 확보를 중요하게 여기지 않는다.

9 제품 하나를 만드는 데 A기계와 B기계가 사용된다. A기계만을 사용하면 15일이 걸리고, B기계만을 사용하면 25일이 걸린다. 두 기계 모두 일정한 속도로 일을 진행한다고 할 때, A와 B기계를 동시에 사용하면 하루에 제품이 약 몇 % 만들어지는가?

① 9.8%
② 10.7%
③ 11.2%
④ 11.8%

10 다음 자료에 대한 설명으로 올바른 것은 어느 것인가?

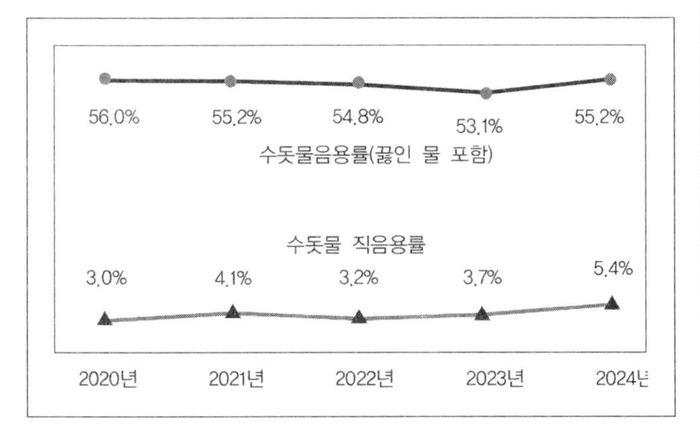

① 수돗물음용률과 수돗물 직음용률은 비교연도에 모두 동일한 증감 추세를 보이고 있다.

② 수돗물음용률은 수돗물 직음용률보다 항상 50%p 이상 많다.

③ 2022년 이후 수돗물을 끓여 마시는 사람들의 비중이 급격이 증가하였다.

④ 수돗물을 직접 마시는 사람들은 2011년 이후 증가 추세에 있다.

11 다음은 20XX년 세계 100대 은행에 포함된 국내 5개 은행의 평균 성과지표를 비교한 표이다. 국내 5개 은행 평균 자산은 세계 10대 은행 평균 자산의 약 몇 %에 해당하는가? (단, 소수점 둘째자리에서 반올림한다)

	자산 (억 달러)	세전이익 (억 달러)	ROA (%)	BIS비율 (%)	자산 대비 대출 비중(%)
세계 10대 은행 평균	23,329	303	1.3	14.6	47.9
국내 5개 은행 평균	2,838	8.1	0.2	13.6	58.9

① 약 12.2%
② 약 12.4%
③ 약 12.6%
④ 약 12.8%

12 다음은 K은행의 외화송금 수수료에 대한 규정이다. 수수료 규정을 참고할 때, 외국에 있는 친척과 〈보기〉와 같이 3회에 걸쳐 거래를 한 A씨가 지불한 총 수수료 금액은 얼마인가?

<table>
<tr><th colspan="2"></th><th>국내 간 외화송금</th><th>실시간 국내송금</th></tr>
<tr><td colspan="2" rowspan="2">외화자금
국내이체 수수료
(당·타발)</td><td>U$5,000 이하 : 5,000원
U$10,000 이하 : 7,000원
U$10,000 초과
: 10,000원</td><td>U$10,000 이하 : 5,000원
U$10,000 초과
: 10,000원</td></tr>
<tr><td colspan="2">인터넷 뱅킹 : 5,000원
실시간 이체 : 타발 수수료는 없음</td></tr>
<tr><td rowspan="4">해외로
외화
송금</td><td rowspan="2">송금
수수료</td><td colspan="2">U$500 이하 : 5,000원
U$2,000 이하 : 10,000원
U$5,000 이하 : 15,000원
U$20,000 이하 : 20,000원
U$20,000 초과 : 25,000원
* 인터넷 뱅킹 이용 시 건당 3,000~5,000원</td></tr>
<tr><td colspan="2">해외 및 중계은행 수수료를 신청인이 부담하는 경우 국외 현지 및 중계은행의 통화별 수수료를 추가로 징구</td></tr>
<tr><td>전신료</td><td colspan="2">8,000원
인터넷 뱅킹 및 자동이체 5,000원</td></tr>
<tr><td>조건변경
전신료</td><td colspan="2">8,000원</td></tr>
<tr><td colspan="2">해외/타행에서
받은 송금</td><td colspan="2">건당 10,000원</td></tr>
</table>

〈보기〉
1. 외국으로 U$3,500 송금 / 인터넷 뱅킹 최저 수수료 적용
2. 외국으로 U$600 송금 / 은행 창구
3. 외국에서 U$2,500 입금

① 32,000원
② 34,000원
③ 36,000원
④ 38,000원

13 어떤 이동 통신 회사에서는 휴대폰의 사용 시간에 따라 매월 다음과 같은 요금 체계를 적용한다고 한다.

요금제	기본 요금	무료 통화	사용 시간(1분)당 요금
A	10,000원	0분	150원
B	20,200원	60분	120원
C	28,900원	120분	90원

예를 들어, B요금제를 사용하여 한 달 동안의 통화 시간이 80분인 경우 사용 요금은 다음과 같이 계산한다.

$$20,200+120\times(80-60)=22,600\text{원}$$

B요금제를 사용하는 사람이 A요금제와 C요금제를 사용할 때 보다 저렴한 요금을 내기 위한 한 달 동안의 통화 시간은 a분 초과 b분 미만이다. 이 때, $b-a$의 값은? (단, 매월 총 사용 시간은 분 단위로 계산한다.)

① 70 ② 80

③ 90 ④ 100

14 다음은 2022년과 2025년 한국, 중국, 일본의 재화 수출액 및 수입액을 정리한 표와 무역수지와 무역특화지수에 대한 용어정리이다. 이에 대한 〈보기〉의 내용 중 옳은 것만 고른 것은?

(단위 : 억 달러)

연도	재화 \ 수출입액 \ 국가	한국 수출액	한국 수입액	중국 수출액	중국 수입액	일본 수출액	일본 수입액
2022년	원자재	578	832	741	1,122	905	1,707
	소비재	117	104	796	138	305	847
	자본재	1,028	668	955	991	3,583	1,243
2025년	원자재	2,015	3,232	5,954	9,172	2,089	4,760
	소비재	138	375	4,083	2,119	521	1,362
	자본재	3,444	1,549	12,054	8,209	4,541	2,209

[용어정리]

- 무역수지=수출액−수입액

−무역수지 값이 양(+)이면 흑자, 음(−)이면 적자이다.

- 무역특화지수= $\dfrac{\text{수출액}-\text{수입액}}{\text{수출액}+\text{수입액}}$

−무역특화지수의 값이 클수록 수출경쟁력이 높다.

〈보기〉

㉠ 2025년 한국, 중국, 일본 각각에서 원자재 무역수지는 적자이다.

㉡ 2025년 한국의 원자재, 소비재, 자본재 수출액은 2022년 비해 각각 50% 이상 증가하였다.

㉢ 2025년 자본재 수출경쟁력은 일본이 한국보다 높다.

① ㉠ ② ㉡

③ ㉠, ㉡ ④ ㉠, ㉢

15 다음은 ○○발전회사의 연도별 발전량 및 신재생에너지 공급 현황에 대한 자료이다. 이에 대한 설명으로 옳은 것만을 바르게 짝지은 것은?

〈○○발전회사의 연도별 발전량 및 신재생에너지 공급 현황〉

구분 \ 연도		2022년	2023년	2024년
발전량(GWh)		55,000	51,000	52,000
신재생에너지	공급의무율(%)	1.4	2.0	3.0
	자체공급량(GWh)	75	380	690
	인증서구입량(GWh)	15	70	160

※ 1) 공급의무율= $\dfrac{\text{공급의무량}}{\text{발전량}}\times100$

2) 이행량(GWh)=자체공급량+인증서구입량

㉠ 공급의무량은 매년 증가한다.

㉡ 2022년 대비 2024년 자체공급량의 증가율은 2022년 대비 2024년 인증서구입량의 증가율보다 작다.

㉢ 공급의무량과 이행량의 차이는 매년 증가한다.

㉣ 이행량에서 자체공급량이 차지하는 비중은 매년 감소한다.

① ㉠㉡ ② ㉠㉢

③ ㉢㉣ ④ ㉠㉡㉣

16 다음 제시된 〈표〉는 피자 판매가게의 피자 1판 주문 시 구매방식별 할인혜택과 비용을 나타낸 것이다. 이를 바탕으로 할 때 정가 12,500원의 포테이토 피자 1판을 가장 저렴하게 살 수 있는 구매방식은? (단, 구매방식은 한 가지만 선택함)

〈표〉 피자 판매가게의 구매방식별 할인혜택 및 비용

구매방식	할인혜택과 비용
스마트폰 앱	정가의 25% 할인
전화주문	정가에서 1,000원 할인 후 할인된 가격의 10% 추가 할인
회원 카드와 쿠폰	회원 카드로 정가의 10% 할인 후 할인된 가격의 15%를 쿠폰으로 추가 할인
포장 방문	정가의 30% 할인, 교통비용 1,000원 발생

① 스마트폰 앱
② 전화주문
③ 회원 카드와 쿠폰
④ 포장 방문

17 다음 표준 임대차 계약서의 일부를 보고 추론할 수 없는 내용은 어느 것인가?

[임대차계약서 계약조항]
제1조[보증금] 을(乙)은 상기 표시 부동산의 임대차보증금 및 차임(월세)을 다음과 같이 지불하기로 한다.
• 보증금 : 금○○원으로 한다.
• 계약금 : 금○○원은 계약 시에 지불한다.
• 중도금 : 금○○원은 2017년 ○월 ○일에 지불한다.
• 잔 금 : 금○○원은 건물명도와 동시에 지불한다.
• 차임(월세): 금○○원은 매월 말일에 지불한다.
제4조[구조변경, 전대 등의 제한] 을(乙)은 갑(甲)의 동의 없이 상기 표시 부동산의 용도나 구조 등의 변경, 전대, 양도, 담보제공 등 임대차 목적 외에 사용할 수 없다.
제5조[계약의 해제] 을(乙)이 갑(甲)에게 중도금(중도금 약정이 없는 경우에는 잔금)을 지불하기 전까지는 본 계약을 해제할 수 있는 바, 갑(甲)이 해약할 경우에는 계약금의 2배액을 상환하며 을(乙)이 해약할 경우에는 계약금을 포기하는 것으로 한다.
제6조[원상회복의무] 을(乙)은 존속기간의 만료, 합의 해지 및 기타 해지사유가 발생하면 즉시 원상회복하여야 한다.

① 중도금 약정 없이 계약이 진행될 수도 있다.
② 부동산의 용도를 변경하려면 갑(甲)의 동의가 필요하다.
③ 을(乙)은 계약금, 중도금, 보증금의 순서대로 임대보증금을 지불해야 한다.
④ 중도금 혹은 잔금을 지불하기 전까지만 계약을 해제할 수 있다.

18 다음에 제시된 세 개의 명제가 참이라고 할 때, 결론 A, B에 대한 판단으로 알맞은 것은?

명제 1. 강 사원이 외출 중이면 윤 사원도 외출 중이다.
명제 2. 윤 사원이 외출 중이 아니면 박 사원도 외출 중이 아니다.
명제 3. 박 사원이 외출 중이 아니면 강 사원도 외출 중이 아니다.

결론 A. 윤 사원이 외출 중이 아니면 강 사원도 외출 중이 아니다.
결론 B. 박 사원이 외출 중이면 윤 사원도 외출 중이다.

① A만 옳다.
② B만 옳다.
③ A, B 모두 옳다.
④ A, B 모두 옳지 않다.

▍19~20 ▍ 다음은 '통일대박 정기예금' 상품설명서 중 일부이다. 물음에 답하시오.

〈거래조건〉

<table>
<tr><th>구분</th><th>내용</th></tr>
<tr><td>가입대상</td><td>개인(1인 1계좌), 법인(1법인 1계좌 단, 국가 및 지방자치단체, 금융기관 제외)</td></tr>
<tr><td>계약기간</td><td>1년, 2년, 3년 단위(계약기간 연장 불가)</td></tr>
<tr><td>가입금액</td><td>(개인) 100만 원 이상 5억 원 이내
(법인) 300만 원 이상 30억 원 이내</td></tr>
<tr><td>적용금리
(연 %, 세전)</td><td>
• 기본금리
– 개인 : 큰만족실세예금 계약기간별 기본금리
– 법인 : 일반정기예금 계약기간별 기본금리
• 우대금리
– 우대금리 적용요건을 충족하고 이 예금을 만기해지하는 경우 해당 우대금리를 기본금리에 추가하여 제공
<table>
<tr><th rowspan="2">우대항목</th><th rowspan="2">우대금리 적용요건</th><th colspan="2">우대금리(%p)</th></tr>
<tr><th>개인</th><th>법인</th></tr>
<tr><td>특별
우대금리</td><td>실향민(이북 5도민 포함) 또는 새터민(탈북자) 또는 통일부 허가 법인 임직원 또는 개성공단입주기업 임직원</td><td>0.1</td><td>–</td></tr>
<tr><td>통일염원
우대금리</td><td>통일염원 활동에 참여 또는 개최(주관)한 개인 및 법인</td><td>0.1</td><td>0.1</td></tr>
<tr><td>카드거래
우대금리</td><td>이 예금 가입월부터 만기 전월말까지 K은행 체크카드를 월 평균 50만 원 이상 사용</td><td>0.2</td><td>–</td></tr>
<tr><td colspan="2">최고 우대금리</td><td></td><td></td></tr>
</table>
– "특별우대금리"는 다음의 증빙서류를 농협은행 영업점 창구에 제출하는 경우 적용 가능
<table>
<tr><th>구분</th><th>증빙서류(확인서)</th></tr>
<tr><td>실향민(이북 5도민 포함)</td><td>제적초(등)본, 이북 5도 민증 등</td></tr>
<tr><td>새터민(탈북자)</td><td>북한 이탈주민 확인서(증명서) 등</td></tr>
<tr><td>통일부허가법인 임직원</td><td>재직증명서 등</td></tr>
<tr><td>개성공단입주기업 임직원</td><td>재직증명서 등</td></tr>
</table>
</td></tr>
</table>

〈유의사항〉

- 우대금리는 이 예금을 만기해지하는 경우에만 적용된다.
- 법인은 영업점에서만 신규 가입 및 해지가 가능하다.
- "통일염원우대금리"는 고객이 통일 관련 이벤트(그림그리기, 글짓기, 행진대회, 통일단체 후원 등)에 참여/주관한 객관적인 증빙자료를 제시하는 경우 적용받는다.

19 **'통일대박 정기예금' 상품에 가입하려고 하는 새터민 병갑이가 특별우대금리를 적용받기 위해서 K은행 영업점 창구에 제출해야 하는 증빙서류로 옳은 것은?**

① 제적초(등)본

② 이북 5도 민증

③ 통일부허가법인 재직증명서

④ 북한 이탈주민 확인서(증명서)

20 **위 상품에 개인으로 가입했을 경우 최고 우대금리는 몇 %p인가?**

① 0.1%p　　② 0.2%p

③ 0.3%p　　④ 0.4%p

21 다음은 K은행에서 판매하는 '진짜사나이 적금'에 대한 설명이다. 다음 설명을 바탕으로 이 적금에 가입할 수 없는 사람은?

진짜사나이 적금

1. 상품특징
   의무복무사병의 목돈마련을 위해 높은 우대이율을 제공하는 적금상품
2. 가입대상
   현역복무사병, 전환복무사병(교정시설경비교도, 전투경찰대원, 의무경찰대원, 의무소방원), 공익근무요원 (1인 1계좌)
3. 가입기간
   1년 이상 2년 이내(월 단위)
4. 가입금액
   초입금은 1천 원 이상으로 하며 월 1천 원 이상 5만 원 이내(총 적립한도 120만 원 이내)
5. 적립방법
   자유적립
6. 금리안내
   기본이율+우대이율 최대 3.0%p
   - 기본이율 : 채움적금 기간별 기본이율 적용
   - 우대이율 항목
     - 이 적금 가입일 현재 당행 「주택청약종합저축」을 보유하거나 또는 이 적금 가입일로부터 3개월 이내 당행 「주택청약종합저축」을 신규 가입하고 이 적금 가입기간 동안 계약을 유지하는 경우 : 2.8%
     - 이 적금 가입일로부터 만기일 전월말까지 당행 요구불통장에 연속 또는 비연속으로 3회 이상 급여이체(금액무관) 실적이 있는 경우 : 0.2%
     - 이 적금 가입일 현재 당행의 신용·체크카드, 현금카드 중 1개 이상 가입하고 있는 회원 또는 이 적금 가입일로부터 3개월 이내 신규가입회원으로 이 적금의 만기일 전월말까지 회원자격을 유지하는 경우 : 0.2%
     - 당행 첫 거래 고객 : 0.2%
     - 최대 적용 우대이율 : 3.0%

① 의무소방원으로 근무 중인 준형

② 교정시설에서 경비교도로 복무 중인 종성

③ 육군에서 현역으로 근무하는 진영

④ 이제 막 해군 소위로 임관한 규현

22 A, B, C, D, E 다섯 명의 단원이 점심 식사 후 봉사활동을 하러 가야 한다. 다음의 〈조건〉을 모두 만족할 경우, 옳지 않은 주장은?

〈조건〉

- B는 C보다 먼저 봉사활동을 하러 나갔다.
- A와 B 두 사람이 동시에 가장 먼저 봉사활동을 하러 나갔다.
- E보다 늦게 봉사활동을 하러 나간 사람이 있다.
- D와 동시에 봉사활동을 하러 나간 사람은 없었다.

① E가 D보다 먼저 봉사활동을 하러 나가는 경우가 있다.

② C와 D 중, C가 먼저 봉사활동을 하러 나가는 경우가 있다.

③ E가 C보다 먼저 봉사활동을 하러 나가는 경우는 없다.

④ A의 경우 항상 C나 D보다 먼저 봉사활동을 하러 나간다.

▍23~24 ▍ 다음 자료를 읽고 이어지는 물음에 답하시오.

증여세는 타인으로부터 무상으로 재산을 취득하는 경우, 취득자에게 무상으로 받은 재산가액을 기준으로 하여 부과하는 세금이다. 특히, 증여세 과세대상은 민법상 증여뿐만 아니라 거래의 명칭, 형식, 목적 등에 불구하고 경제적 실질이 무상 이전인 경우 모두 해당된다. 증여세는 증여받은 재산의 가액에서 증여재산 공제를 하고 나머지 금액(과세표준)에 세율을 곱하여 계산한다.

증여재산 − 증여재산공제액 = 과세표준
과세표준 × 세율 = 산출세액

증여가 친족 간에 이루어진 경우 증여받은 재산의 가액에서 다음의 금액을 공제한다.

증여자	공제금액
배우자	6억 원
직계존속	5천만 원
직계비속	5천만 원
기타친족	1천만 원

수증자를 기준으로 당해 증여 전 10년 이내에 공제받은 금액과 해당 증여에서 공제받을 금액의 합계액은 위의 공제금액을 한도로 한다.
또한, 증여받은 재산의 가액은 증여 당시의 시가로 평가되며, 다음의 세율을 적용하여 산출세액을 계산하게 된다.

〈증여세 세율〉

과세표준	세율	누진공제액
1억 원 이하	10%	-
1억 원 초과~5억 원 이하	20%	1천만 원
5억 원 초과~10억 원 이하	30%	6천만 원
10억 원 초과~30억 원 이하	40%	1억 6천만 원
30억 원 초과	50%	4억 6천만 원

※ 증여세 자진신고 시 산출세액의 7% 공제함

23 위의 증여세 관련 자료를 참고할 때, 다음 〈보기〉와 같은 세 가지 경우에 해당하는 증여재산 공제액의 합은 얼마인가?

〈보기〉
- 아버지로부터 여러 번에 걸쳐 1천만 원 이상 재산을 증여받은 경우
- 성인 아들이 아버지와 어머니로부터 각각 1천만 원 이상 재산을 증여받은 경우
- 아버지와 삼촌으로부터 1천만 원 이상 재산을 증여받은 경우

① 5천만 원
② 6천만 원
③ 1억 5천만 원
④ 1억 6천만 원

24 성년인 김부자 씨는 아버지로부터 1억 7천만 원의 현금을 증여받게 되어, 증여세 납부 고지서를 받기 전 스스로 증여세를 납부하고자 세무사를 찾아 갔다. 세무사가 계산해 준 김부자 씨의 증여세 납부액은 얼마인가?

① 1,400만 원
② 1,302만 원
③ 1,280만 원
④ 1,255만 원

【25 ~ 26】 다음은 A체육시설 이용에 관한 자료이다. 물음에 답하시오.

〈체육시설 대관 안내〉

• 체육시설 전용사용료

구분	체육경기	체육경기 외	비고
평일	100,000	200,000	• 평일 주간기준 사용료임 • 조기 및 야간은 주간사용료의 50%를 가산한 금액(유료입장은 제외) • 토·일·공휴일은 평일사용료의 50%를 가산한다.
유료입장	입장수입액의 20%	입장수입액의 20%	

• 부속시설 사용료

구분		기준	사용료
전기	조명	1일	실사용료 + 기본시설사용료 (기본시설사용료 : 탁구경기장 100,000원, 체육관 50,000원)
	일반	1일	실사용료
조명	블랙라이트	1대	2,500원
	무빙라이트	1대	5,000원
냉난방	냉방	1일	35,000원
	난방	1일	35,000원
음향	음향설비	1일	30,000원 + 마이크 수 × 5,000원
집기	집기사용료	1개당	• 탁자 : 개당 3,000원 • 의자 : 개당 500원 • 노트북 및 빔 프로젝터 : 개당 20,000원 • 일반 비품 : 개당 500원
수도료		1일	실사용료
사물함		1일	개당 5,000원

25 평일에 체육경기 외의 목적으로 체육시설을 이용하려고 한다. 오후 9시에 시설을 이용하려고 할 때, 부과되는 사용료로 적절한 것은?

① 30만 원　　② 35만 원
③ 40만 원　　④ 45만 원

26 S스포츠재단은 체육관을 대여하고자 한다. 이용 내역이 다음과 같을 때, 부속시설 사용료는?

• 기본시설 : 체육관
• 대여 기간 : 1일
• 냉방 시설 이용
• 무빙라이트 대여 : 5대
• 탁자 대여 : 20개
• 의자 대여 : 60개

① 17만 원　　② 18만 원
③ 19만 원　　④ 20만 원

27 다음 표는 어떤 렌터카 회사에서 제시한 차종별 자동차 대여료이다. C동아리 학생 10명이 차량을 대여하여 9박 10일간의 전국일주를 계획하고 있다. 다음 중 가장 경제적인 차량 임대 방법을 고르면?

구분	대여 기간별 1일 요금			대여 시간별 요금	
	1 ~ 2일	3 ~ 6일	7일 이상	6시간	12시간
소형(4인승)	75,000	68,000	60,000	34,000	49,000
중형(5인승)	105,000	95,000	84,000	48,000	69,000
대형(8인승)	182,000	164,000	146,000	82,000	119,000
SUV(7인승)	152,000	137,000	122,000	69,000	99,000
승합(15인승)	165,000	149,000	132,000	75,000	108,000

① 승합차량 1대를 대여한다.
② 소형차 3대를 대여한다.
③ 중형차 2대를 대여한다.
④ 소형차 1대와 SUV 1대를 대여한다.

28 다음은 국민연금 보험료를 산정하기 위한 소득월액 산정 방법에 대한 설명이다. 다음 설명을 참고할 때, 김갑동 씨의 신고 소득월액은 얼마인가?

> 소득월액은 입사(복직) 시점에 따른 근로자간 신고 소득월액 차등이 발생하지 않도록 입사(복직) 당시 약정되어 있는 급여 항목에 대한 1년치 소득총액에 대하여 30일로 환산하여 결정하며, 다음과 같은 계산 방식을 적용한다.
> - 소득월액 = 입사(복직) 당시 지급이 약정된 각 급여 항목에 대한 1년간 소득총액 ÷ 365 × 30

> 〈김갑동 씨의 급여 내역〉
> - 기본급 : 1,000,000원
> - 교통비 : 월 100,000원
> - 고정 시간외 수당 : 월 200,000원
> - 분기별 상여금 : 기본급의 100%(1, 4, 7, 10월 지급)
> - 하계휴가비(매년 7월 지급) : 500,000원

① 1,645,660원
② 1,652,055원
③ 1,668,900원
④ 1,727,050원

29 물적자원은 자연자원과 인공자원으로 구분된다. 이러한 물적자원을 바르게 관리하는 방법으로 볼 수 없는 것은?

① 언제 발생할지 모르는 재난 상황을 대비해 복구용 장비를 준비해 둔다.
② 희소성이 있는 자원의 향후 판매 가치를 높이기 위하여 일부 수량의 사용을 자제한다.
③ 긴급한 사용이 예상되는 물건은 개수가 부족하지 않게 충분히 구비한다.
④ 꼭 필요한 상황을 대비하여 항상 최소 물량은 확보해 둔다.

30 J회사 관리부에서 근무하는 L씨는 소모품 구매를 담당하고 있다. 2025년 5월 중에 다음 조건 하에서 A4용지와 토너를 살 때, 총 비용이 가장 적게 드는 경우는? (단, 2025년 5월 1일에는 A4용지와 토너는 남아 있다고 가정하며, 다 썼다는 말이 없으면 그 소모품들은 남아있다고 가정한다)

> - A4용지 100장 한 묶음의 정가는 1만 원, 토너는 2만 원이다. (A4용지는 100장 단위로 구매함)
> - J회사와 거래하는 ◇◇오피스는 매달 15일에 전 품목 20% 할인 행사를 한다.
> - ◇◇오피스에서는 5월 5일에 A사 카드를 사용하면 정가의 10%를 할인해 준다.
> - 총 비용이란 소모품 구매가격과 체감비용(소모품을 다 써서 느끼는 불편)을 합한 것이다.
> - 체감비용은 A4용지와 토너 모두 하루에 500원이다.
> - 체감비용을 계산할 때, 소모품을 다 쓴 당일은 포함하고 구매한 날은 포함하지 않는다.
> - 소모품을 다 쓴 당일에 구매하면 체감비용은 없으며, 소모품이 남은 상태에서 새 제품을 구입할 때도 체감비용은 없다.

① 3일에 A4용지만 다 써서, 5일에 A사 카드로 A4용지와 토너를 살 경우
② 13일에 토너만 다 써서 당일 토너를 사고, 15일에 A4용지를 살 경우
③ 10일에 A4용지와 토너를 다 써서 15일에 A4용지와 토너를 같이 살 경우
④ 3일에 A4용지만 다 써서 당일 A4용지를 사고, 13일에 토너를 다 써서 15일에 토너만 살 경우

31 다음의 워크시트에서 추리영역이 90점 이상인 사람의 수를 구하고자 할 때, [D8] 셀에 입력할 수식으로 옳은 것은?

	A	B	C	D	E	F
1	이름	언어영역	수리영역	추리영역		
2	김철수	72	85	91		추리영역
3	김영희	65	94	88		>=90
4	안영이	95	76	91		
5	이윤희	92	77	93		
6	채준수	94	74	95		
7						
8	추리영역 90점 이상인 사람의 수			4		
9						

① =DSUM(A1:D6, 4, F2:F3)

② =DSUM(A1:D6, 3, F2:F3)

③ =DCOUNT(A1:D6, 3, F2:F3)

④ =DCOUNT(A1:D6, 4, F2:F3)

32 다음 워크시트에서 연봉이 3천만원 이상인 사원들의 총 연봉액을 구하는 함수식으로 옳은 것은?

	A	B
1	사원	연봉
2	한길동	25,000,000
3	이미순	30,000,000
4	소순미	18,000,000
5	김동준	26,000,000
6	김사라	27,000,000
7	나미수	19,000,000
8	전진연	40,000,000
9	김연지	26,000,000
10	채지수	31,000,000

① =SUMIF(B2:B10, ">30000000")

② =SUMIF(B2:B10, ">=30000000")

③ =SUMIF(A2:A10, ">=30000000")

④ =SUM(B2:B10, ">=30000000")

33 다음 워크시트에서 영업2부의 보험실적 합계를 구하고자 할 때, [G2] 셀에 입력할 수식으로 옳은 것은?

	A	B	C	D	E	F	G
1	성명	부서	성별	보험실적		부서	보험실적 합계
2	윤진주	영업1부	여	13		영업2부	
3	임성민	영업2부	남	12			
4	김옥순	영업1부	여	15			
5	김은지	영업3부	여	20			
6	최준오	영업2부	남	8			
7	윤한성	영업3부	남	9			
8	하은영	영업2부	여	11			
9	남영호	영업1부	남	17			

① =DSUM(A1:D9, 3, F1:F2)

② =DSUM(A1:D9, "보험실적", F1:F2)

③ =DSUM(A1:D9, "보험실적", F1:F3)

④ =SUM(A1:D9, "보험실적", F1:F2)

34 다음 중 '자료', '정보', '지식'의 관계에 대한 설명으로 옳지 않은 것은?

① 객관적 실제의 반영이며, 그것을 전달할 수 있도록 기호화한 것을 자료라고 한다.

② 특정 상황에서 그 가치가 평가된 데이터를 정보와 지식이라고 말한다.

③ 데이터를 집적하고 체계화하여 장래의 일반적인 사항에 대비해 보편성을 갖도록 한 것을 지식이라고 한다.

④ 업무 활동을 통해 알게 된 세부 데이터를 컴퓨터로 일목요연하게 정리해 둔 것을 지식이라고 볼 수 있다.

35 다음 글에서 알 수 있는 '정보'의 특징으로 적절하지 않은 것은?

> 천연가스 도매요금이 인상될 것이라는 전망과 그 예측에 관한 정보는 가스사업자에게나 유용한 것이지 일반 대중에게 직접적인 영향을 주는 정보는 아니다. 관련된 일을 하거나 특별한 이유가 있어서 찾아보는 경우를 제외하면 이러한 정보에 관심을 갖게 되는 사람들이 있을까?

① 우리가 필요로 하는 정보의 가치는 여러 가지 상황에 따라서 아주 달라질 수 있다.

② 정보의 가치는 우리의 요구, 사용 목적, 그것이 활용되는 시기와 장소에 따라서 다르게 평가된다.

③ 정보는 비공개 정보보다는 반공개 정보가, 반공개 정보보다는 공개 정보가 더 큰 가치를 가질 수 있다.

④ 원하는 때에 제공되지 못하는 정보는 정보로서의 가치가 없어지게 될 것이다.

36 다음 중 '조직의 구분'에 대한 설명으로 옳지 않은 것은?

① 대학이나 병원 등은 비영리조직이다.

② 가족 소유의 상점은 소규모 조직이다.

③ 코카콜라와 같은 기업은 대규모 영리조직이다.

④ 종교단체는 비공식 비영리조직이다.

37 다음 글의 빈칸에 들어갈 적절한 말은 어느 것인가?

> 하나의 조직이 조직의 목적을 달성하기 위해서는 이를 관리, 운영하는 활동이 요구된다. 이러한 활동은 조직이 수립한 목적을 달성하기 위하여 계획을 세우고 실행하고 그 결과를 평가하는 과정이다. 직업인은 조직의 한 구성원으로서 자신이 속한 조직이 어떻게 운영되고 있으며, 어떤 방향으로 흘러가고 있는지, 현재 운영체제의 문제는 무엇이고 생산성을 높이기 위해 어떻게 개선되어야 하는지 등을 이해하고 자신의 업무 영역에 맞게 적용하는 (   )이 요구된다.

① 체제이해능력

② 경영이해능력

③ 업무이해능력

④ 자기개발능력

38 다음 중 밑줄 친 ㈎와 ㈏에 대한 설명으로 적절하지 않은 것은?

> 하조직 내에서는 ㈎개인이 단독으로 의사결정을 내리는 경우도 있지만 집단이 의사결정을 하기도 한다. 조직에서 여러 문제가 발생하면 직업인은 의사결정과정에 참여하게 된다. 이때 조직의 의사결정은 ㈏집단적으로 이루어지는 경우가 많으며, 여러 가지 제약요건이 존재하기 때문에 조직의 의사결정에 적합한 과정을 거쳐야 한다. 조직의 의사결정은 개인의 의사결정에 비해 복잡하고 불확실하다. 따라서 대부분 기존의 결정을 조금씩 수정해 나가는 방향으로 이루어진다.

① ㈎는 의사결정을 신속히 내릴 수 있다.

② ㈎는 결정된 사항에 대하여 조직 구성원이 수월하게 수용하지 않을 수도 있다.

③ ㈏는 ㈎보다 효과적인 결정을 내릴 확률이 높다.

④ ㈏는 의사소통 기회가 저해될 수 있다.

39 다음은 어느 어린이 사진관의 SWOT 분석이다. 주어진 전략 중 가장 적절한 것은?

강점 (Strength)	• 경영자의 혁신적인 마인드 • 인근의 유명 산부인과 및 조리원의 증가로 좋은 입지 확보 • 차별화된 시설과 내부 인테리어
약점 (Weakness)	• 회원관리능력의 부족 • 내부 회계능력의 부족
기회 (Opportunity)	• 아이에 대한 관심과 투자의 증가 • 사진 시장 규모의 확대
위협 (Threat)	• 낮은 출산율 • 스스로 아이 사진을 찍는 수준 높은 아마추어들의 증가

내부 / 외부	강점(Strength)	약점(Weakness)
기회 (Opportunity)	① 좋은 인테리어를 활용하여 부모가 직접 사진을 찍을 수 있도록 공간을 대여해 줌	② 회원관리를 전담하는 상담직원을 채용하여 부모들의 투자를 유도
위협 (Threat)	③ 인근에 새로 생긴 산부인과와 조리원에 집중적으로 마케팅하여 소비자 확보	④ 저렴한 가격정책을 내세워 소비자 확보

40 다음 그림과 같은 형태의 조직체계를 유지하고 있는 기업에 대한 설명으로 적절한 것은?

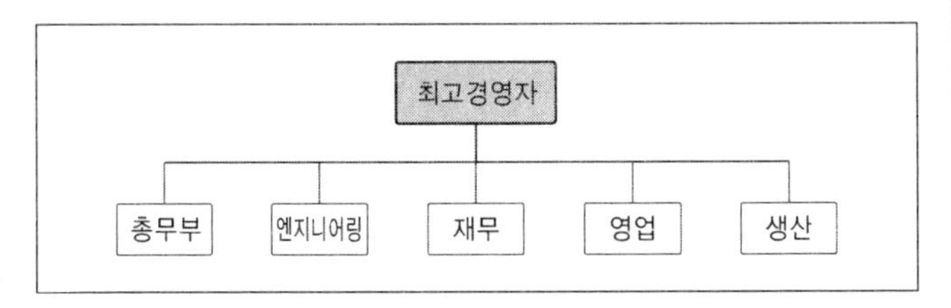

① 다양한 프로젝트를 수행해야 할 필요성이 커짐에 따라 조직 간의 유기적인 협조체제를 구축하였다.

② 의사결정 권한이 분산되어 더욱 전문적인 업무 처리가 가능하다.

③ 각 부서 간 내부 경쟁을 유발할 수 있다.

④ 조직 내 내부 효율성을 확보할 수 있는 조직 구조이다.

>>> 직무수행능력평가

41 포드에 대한 설명으로 가장 옳지 않은 것은?

① 부품의 규격화를 이루었다.

② 이동조립법을 도입하였다.

③ 차별적 성과급제를 도입하였다.

④ 동시관리를 가능하게 하였다.

42 다음 중 합명회사의 특성으로 보기 가장 어려운 것은?

① 소유 및 경영이 분리되어 있지 않다.

② 2인 이상의 무한책임사원으로 구성되어 있다.

③ 자금의 조달이 상당히 용이하다.

④ 친인척 간 조직되는 인적 회사이다.

43 리더십 이론 중 1980년대 조직의 전략을 책임지는 최초경영층에 초점을 둔 4가지 유형의 전략적 리더십 이론이 등장하였다. 이에 대한 설명으로 틀린 것은?

① 현상 수호형(Status −Quo Guardian)은 과거의 성공을 유지하고 지키려는 스타일이다.

② 과정 관리형(Process Manager)은 급진적 변화에 대해서 매우 부정적이며 조직 안정에 기반을 둔 점진적 변화를 추구한다.

③ 참여적 혁신형(Participative Innovator)은 현상 수호형과는 정반대로 외적으로는 도전적이고 혁신적인 전략을 추구하나 조직 내적으로는 참여적이고 개방적인 문화를 유지하는 유형을 말한다.

④ 통제적 혁신형(High Innovator)은 내적으로는 강한 문화와 통제를 위한 제도를 중시하고 외적으로도 폐쇄적인 전략을 추구한다.

44 다음 중 직장 내 훈련(on-the-job training;OJT)에 관한 설명으로 옳지 않은 것은?

① 많은 종업원에게 통일된 훈련을 시킬 수 있다.
② 종업원의 개인적 능력에 따른 훈련이 가능하다.
③ 상사와 동료 간에 이해와 협조 정신을 강화시킨다.
④ 고급 기기 등의 실습이 필요한 경우 적용이 곤란하다.

45 직무관리에 대한 내용으로 가장 바르지 않은 것은?

① 직무평가의 방법으로는 서열법, 분류법, 점수법 등이 있다.
② 직무확대는 수평적 측면에서 작업의 수를 증가시킨 것을 말한다.
③ 직무명세서는 직무수행에 필요한 지식, 기술, 자격요건 등이 포함된다.
④ 직무설계는 직무평가에 의해 실시된다.

46 다음 중 일반적인 소비자의 신제품 수용단계를 순서대로 바르게 나열한 것은?

① 관심→인지→평가→시용→수용
② 인지→관심→평가→시용→수용
③ 인지→시용→평가→관심→수용
④ 관심→인지→시용→평가→수용

47 다음 중 설문지가 완성되면 피조사자들에게 그 의미가 제대로 전달되는지, 응답상의 어려움은 없는지 등의 형식적인 측면의 문제를 점검하기 위하여 조사대상자의 일부를 대상으로 본 조사 전에 실시하는 조사를 무엇이라고 하는가?

① 실험조사
② 사전조사
③ 사후조사
④ 표본조사

48 다음 가격할인 형태 중에서 신모델 구입 시 구모델을 반환했을 시에 그만큼 가격을 할인해주는 방법으로 가장 적절한 것은?

① 현금할인
② 수량할인
③ 계절할인
④ 공제

49 다음이 설명하고 있는 점포형태는?

> 단일 제품영역에 초점을 맞추어 다양하고 풍부한 상품을 저렴한 가격으로 판매하는 것이 특징이며, 전문할인점이라고 한다.

① 카테고리 킬러
② 슈퍼마켓
③ 백화점
④ 할인점

50 발달된 정보기술을 이용하여 다양한 고객 정보를 효과적으로 획득하고 분석하며 신규고객의 확보보다 이탈 방지, 즉 고객유지에 비중을 두는 마케팅을 무엇이라고 하는가?

① 게릴라 마케팅
② 데이터베이스 마케팅
③ 인다이렉트 마케팅
④ 네트워크 마케팅

51 다음 중 측정의 신뢰도와 타당도에 관한 설명으로 가장 옳지 않은 것은?

① 타당도는 측정하고자 하는 개념이나 속성을 정확히 측정하였는가의 정도를 의미한다.
② 신뢰도는 측정치와 실제치가 얼마나 일관성이 있는지를 나타내는 정도이다.
③ 타당성이 있는 측정은 항상 신뢰성이 있으며, 신뢰성이 없는 측정은 타당도가 보장되지 않는다.
④ 타당도 측정 시 외적 타당도만 중심으로 해야 한다.

52 다음 중 경영전략의 수립단계를 순서대로 바르게 나열한 것은?

① 사업 포트폴리오의 분석 → 기업사명의 정의 → 기업목표의 설정 → 성장전략의 수립
② 기업사명의 정의 → 사업 포트폴리오의 분석 → 기업목표의 설정 → 성장전략의 수립
③ 기업사명의 정의 → 기업목표의 설정 → 사업 포트폴리오의 분석 → 성장전략의 수립
④ 사업 포트폴리오의 분석 → 기업목표의 설정 → 기업사명의 정의 → 성장전략의 수립

53 다음 중 품질경영에서 제품의 4가지 품질 차원에 해당하지 않는 것은?

① 설계품질
② 적합품질
③ 사후품질
④ 가용성

54 다음 중 크로스도킹(cross-docking)에 관한 설명으로 가장 적절하지 않은 것은?

① 이 방식은 월마트에 의해 처음으로 도입된 혁신적인 물류시스템으로서 대규모 소매업체에서 사용되고 있다.
② 비용 절감과 함께 물류의 효율성을 증대시킨다.
③ 입고 및 출고를 위한 모든 작업의 긴밀한 동기화를 필요로 한다.
④ 주로 재고를 저장할 목적으로 필요성이 증대되고 있다.

55 다음 중 제조업체의 유통집약도를 결정하는 요인으로 가장 거리가 먼 것은?

① 다른 조건이 동일하다면 편의품의 경우 유통집약도 증가는 시장점유율과 매출의 증대로 이어진다.
② 시장 포괄도를 높이기 위해 취급점포수를 확대할 경우 제품의 고급이미지와 고급품 포지셔닝을 해치게 되므로 제한적 유통시스템이 요구된다.
③ 표적시장이 특수하고 범위가 좁을수록 제조업체는 시장특성에 적합한 중간상들로 하여금 판매상을 제한하는 전략이 필요하다.
④ 중간상들에 대한 통제력 강화를 원하는 제조업체일수록 집중적 유통을 선택한다.

56 아래에 설명한 내용으로 가장 적절한 것은?

> 고객이 특정회사의 제품이나 서비스를 처음 구매한 시점부터 현재까지 누적적으로 그 기업에 기여해 준 가치를 말한다.

① 기업 이미지
② 고객기여가치
③ 고객생애가치
④ 기업파산가치

57 다음 중 생산현장의 '자동화' 중 유연성의 수준이 가장 높은 것은?

① 그룹 테크놀러지
② 유연생산시스템
③ 고정자동화
④ 유연자동화

58 전략적 이익모형(SPM)에 관한 설명으로 가장 올바르지 않은 것은?

① 총자산이익률은 유통기업의 영업활동 효율성을 잘 나타내는 지표로서 총자산회전율과 순매출이익률을 곱하여 산출한다.
② 레버리지 비율은 기업이 장단기 차입금에 의존하고 있는 정도를 나타내는 것으로서, 비율이 높을수록 차입금 보다 자기 자본에 대한 의존도가 높고 재무구조가 안정되어 있음을 의미하므로 성장 가능성은 낮다.
③ 순매출이익률은 영업활동의 원가대비 가격의 효과성을 의미하고 당기순이익을 순매출로 나눈 비율이다.
④ 소매업에서 자산회전율이 향상하더라도 투자수익률이 크게 영향을 받지 않으나, 자산회전율을 통한 투자수익률의 제고는 바람직할 수 있다.

59 다음 중 손익분기점 분석에 대한 설명으로 가장 바르지 않은 항목은?

① 손익분기점에서의 손익은 0이다.
② 손익분기점 분석에서는 비용을 고정비와 변동비로 나누어 매출액과의 관계를 분석한다.
③ 손익분기점 분석을 통해 목표이익을 얻기 위한 매출액을 계산할 수 있다.
④ 손익분기점 판매량 = 총변동비 / (단위당 판매가 - 단위당 고정비)

60 다음 중 재무상태표의 기본요소에 대한 내용으로 가장 적절하지 않은 것은?

① 자산은 과거의 거래나 사건의 결과로서 현재 기업 실체에 의해 지배되며 미래에 경제적 효익을 창출할 것으로 기대되는 자원이다.
② 부채는 과거의 거래나 사건의 결과로서 현재 기업 실체가 부담하고 미래에 자원의 유출 또는 사용이 예상되는 의무이다.
③ 재무상태표에 표시되는 자본의 총액은 발행주식의 시가총액으로 자본잉여금의 발생금액 및 이익잉여금의 총액에 의해 결정된다.
④ 기업 실체의 재무상태에 대한 정보를 제공하는 재무상태표의 기본요소는 자산, 부채 및 자본이다.

61 다음 중 대손충당금 설정 대상에 해당하는 계정과목으로 가장 적절한 것은?

① 받을어음
② 지급어음
③ 미지급금
④ 선수금

62 다음 중 자본에 대한 설명으로 옳지 않은 것은?

① 자본금은 발행주식 수에 액면가액을 곱한 금액이다.
② 주식발행초과금과 감자차익은 자본잉여금이다.
③ 자본조정에는 주식할인발행차금, 감자차손 등이 있다.
④ 주식배당과 무상증자는 순자산의 증가가 발생한다.

63 다음 중 금융자산의 제거에 대한 설명으로 옳지 않은 것은?

① 금융자산의 정형화된 매도 시 당해 금융자산을 매매일 또는 결제일에 제거한다.
② 금융자산의 현금흐름에 대한 계약상 권리가 소멸한 경우에는 당해 금융자산을 제거한다.
③ 금융자산의 현금흐름에 대한 계약상 권리를 양도하고 위험과 보상의 대부분을 이전하면 당해 금융자산을 제거한다.
④ 금융자산의 현금흐름에 대한 계약상 권리는 양도하였지만 양도자가 매도 후에 미리 정한 가격으로 당해 금융자산을 재매입하기로 한 경우에는 당해 금융자산을 제거한다.

64 유통점의 전략이나 성과에 영향을 미치는 상품의 탄력성에 대한 설명으로 가장 옳은 설명은?

① 소득이 증가함에 따라 수요량도 증가하면 수요의 소득탄력성은 0보다 작다.
② 상품 A의 가격이 상승하여 상품 B의 판매량이 증가하는 경우, 교차탄력성은 0보다 크므로 상품 A와 상품 B는 보완관계이다.
③ 상품이 열등재인 경우에 그 상품의 수요곡선은 음(-)의 기울기를 갖는다.
④ 수요의 가격탄력성이 탄력적일 경우, 가격이 상승하면 총매출액은 감소하고 가격이 하락하면 총매출액은 증가한다.

65 수요함수 P=10-Q이고, 가격이 2일 때 수요의 가격탄력성은 얼마인가?

① 0
② 0.25
③ 0.5
④ 1

66 세계 각국의 국제금융거래에 기준금리로 사용되어 세계금융시장의 상태를 판단할 수 있는 금리는?

① 블랙스완
② 리보금리
③ 사이드카
④ 다우존스 금리

67 저렴한 인건비 또는 제품 판매 시장을 찾아 해외로 진출한 기업들이 다시 본국으로 되돌아오는 현상을 무엇이라고 하는가?

① 오프쇼어링
② 리쇼어링
③ 아웃소싱
④ 인소싱

68 다음 중 헌법개정 절차의 순서로 가장 옳은 것은?

① 제안 → 공고 → 국민투표 → 국회의결 → 공포
② 제안 → 국민투표 → 공고 → 국회의결 → 공포
③ 제안 → 공고 → 국회의결 → 국민투표 → 공포
④ 제안 → 국민투표 → 국회의결 → 공고 → 공포

69 다음 중 국회의원이 임기 중에 사망 등의 사유로 인해 궐원 또는 궐위가 생긴 때에 하게 되는 선거는?

① 보궐선거
② 지방선거
③ 헌법소원
④ 선거공영제

70 다음 중 집을 팔더라도 대출금 또는 세입자 전세금을 다 갚지 못하는 주택을 의미하는 것은?

① 푸어 주택
② 깡통 주택
③ 일반 주택
④ 셰어 주택

>>> 주관식

71 설계 담당자, 생산 전문가, 마케팅 전문가, 품질 전문가들이 공동작업을 통해 제품과 서비스를 설계하고 해당 생산공정을 설계하는 것을 무엇이라고 하는가?

72 표준 프로세스들을 사용하여 많은 양의 제품을 처리하기 위해 작업장 및 부서 등을 일렬로 배열하는 배치하는 방식은 무엇인가?

73 대표적인 주가 30개를 대상으로 산술평균한 지수를 무엇이라고 하는가?

74 생산활동에 직접적으로 참여하지는 않으나, 생산활동에 간접적으로 기여하는 자본을 무엇이라고 하는가?

75 기업경영에 대한 전문지식과 능력을 가진 경영자를 무엇이라고 하는가?

IBK기업은행 필기시험

성 명

생 년 월 일							
⓪	⓪	⓪	⓪	⓪	⓪	⓪	⓪
①	①	①	①	①	①	①	①
②	②	②	②	②	②	②	②
③	③	③	③	③	③	③	③
④	④	④	④	④	④	④	④
⑤	⑤	⑤	⑤	⑤	⑤	⑤	⑤
⑥	⑥	⑥	⑥	⑥	⑥	⑥	⑥
⑦	⑦	⑦	⑦	⑦	⑦	⑦	⑦
⑧	⑧	⑧	⑧	⑧	⑧	⑧	⑧
⑨	⑨	⑨	⑨	⑨	⑨	⑨	⑨

아래에 문구를 빈칸에 정자로 기재하시오.

햇볕이 쏟아지는 가을날에 선선한 바람을 맞으며 하루를 보낸다.

필적확인란 :

직업기초능력평가										직무수행능력평가									
1	①	②	③	④	21	①	②	③	④	41	①	②	③	④	56	①	②	③	④
2	①	②	③	④	22	①	②	③	④	42	①	②	③	④	57	①	②	③	④
3	①	②	③	④	23	①	②	③	④	43	①	②	③	④	58	①	②	③	④
4	①	②	③	④	24	①	②	③	④	44	①	②	③	④	59	①	②	③	④
5	①	②	③	④	25	①	②	③	④	45	①	②	③	④	60	①	②	③	④
6	①	②	③	④	26	①	②	③	④	46	①	②	③	④	61	①	②	③	④
7	①	②	③	④	27	①	②	③	④	47	①	②	③	④	62	①	②	③	④
8	①	②	③	④	28	①	②	③	④	48	①	②	③	④	63	①	②	③	④
9	①	②	③	④	29	①	②	③	④	49	①	②	③	④	64	①	②	③	④
10	①	②	③	④	30	①	②	③	④	50	①	②	③	④	65	①	②	③	④
11	①	②	③	④	31	①	②	③	④	51	①	②	③	④	66	①	②	③	④
12	①	②	③	④	32	①	②	③	④	52	①	②	③	④	67	①	②	③	④
13	①	②	③	④	33	①	②	③	④	53	①	②	③	④	68	①	②	③	④
14	①	②	③	④	34	①	②	③	④	54	①	②	③	④	69	①	②	③	④
15	①	②	③	④	35	①	②	③	④	55	①	②	③	④	70	①	②	③	④
16	①	②	③	④	36	①	②	③	④	주관식									
17	①	②	③	④	37	①	②	③	④	71									
18	①	②	③	④	38	①	②	③	④	72									
19	①	②	③	④	39	①	②	③	④	73									
20	①	②	③	④	40	①	②	③	④	74									
										75									

SEOWONGAK
(주)서원각

IBK기업은행

필기시험 모의고사

- 제 5 회 -

성명		생년월일	
시험시간	120분	문항수	75문항

〈응시 전 주의사항〉

○ 문제지 해당란과 OMR답안지에 성명과 생년월일을 정확하게 기재하십시오.

○ 기재착오, 누락 등으로 인한 불이익은 응시자 본인의 책임이니 OMR 답안지 작성에 유의하십시오.

○ 필기시험의 만점은 100점으로 합니다.

(주)서원각

제5회 IBK기업은행 필기시험

>>> 직업기초능력평가

1 다음 ㉠에 들어갈 말로 가장 적절한 것은?

(가) 사람들은 좋은 그림을 보거나 음악을 들으면 쉽게 감동을 느끼지만 과학 이론을 대하면 복잡한 논리와 딱딱한 언어 때문에 매우 어렵다고 느낀다. 그래서 흔히 과학자는 논리적 분석과 실험을 통해서 객관적 진리를 규명하고자 노력하고, 예술가는 직관적 영감에 의존해서 주관적인 미적 가치를 추구한다고 생각한다. 이러한 통념이 아주 틀린 것은 아니지만, 돌이켜 보면 많은 과학상의 발견들은 직관적 영감 없이는 이루어질 수 없었던 것들이었다.

(나) 아인슈타인은 누구에게나 절대적 진리로 간주되었던 시간과 공간의 불변성을 뒤엎고, 상대성 이론을 통해 시간과 공간도 변할 수 있다는 것을 보여 주었다. 정형화된 사고의 틀을 깨는 이러한 발상의 전환은 직관적 영감에서 나온 것으로, 과학의 발견에서 직관적 영감이 얼마나 큰 역할을 하는지 잘 보여 준다. 그 밖에도 뉴턴은 떨어지는 사과에서 만유인력을 발견하였고, 갈릴레이는 피사의 대사원에서 기도하던 중 천장에서 흔들리는 램프를 보고 진자의 원리를 발견하였다. 그리고 아르키메데스는 목욕탕 안에서 물체의 부피를 측정하는 원리를 발견하고 "유레카! 유레카!"를 외치며 집으로 달려갔던 것이다. 이렇게 볼 때 과학의 발견이 '1퍼센트의 영감과 99퍼센트의 노력'에 의해서 이루어진다는 말은 (㉠   )

(다) 그렇다면 이와 같은 영감은 어디에서 오는 것일까? 사람들은 대체로 과학자들이 논리적 분석과 추리를 통해서 새로운 발견을 하게 된다고 소박하게 믿고 있지만, 상당 부분 그 발견의 밑거름은 직관적 영감이고, 그것은 흔히 언어가 끝나는 곳에서 나온다. 대부분의 위대한 과학자들은 예술가와 마찬가지로 발견의 결정적인 순간에는 논리가 아니라 의식의 심연으로부터 솟아나는, 말로 표현하기 어려운 미적 감각에 이끌린다고 고백한다. 문제와 오랜 씨름을 한 끝에 마음의 긴장과 갈등이 절정에 다다른 순간, 새로운 비전이 환상처럼 나타난다는 것이다. 과학의 발견은 이러한 영감을 논리적으로 분석하고 언어로 기술하여 체계화한 것이다.

① 과학적 발견의 어려움을 잘 표현하고 있다.
② 영감과 노력의 상호 작용을 나타내기에는 미흡하다.
③ 과학자들의 천재성을 보여주기에는 충분하지 못하다.
④ 과학의 발견에서 직관적 영감의 역할을 과소평가한 것이다.

2 **다음은 A 공단 공개채용에 관한 유의사항의 일부이다. 다음 내용을 근거로 할 때, A 공단이 유의사항의 내용에 부합하는 행동이라고 볼 수 없는 것은?**

가. 모든 응시자는 1인 1분야만 지원할 수 있습니다.
나. 응시지원자는 지역제한 등 응시자격을 미리 확인하고 입사지원서를 접수하여야 하며, 입사지원서의 기재사항 누락·오입력, 장애인·자격증·취업지원대상자 등 가산점수가산비율 기재 착오 및 연락불능 등으로 발생되는 불이익은 일체 응시자 책임으로 합니다.
다. 입사지원서 작성내용은 추후 증빙서류 제출 및 관계기관에 조회할 예정이며, 추후 허위사실(응시자격, 임용결격사유 등)이 발견될 때에는 합격 또는 임용을 취소합니다.
라. 지원자 및 단계별 합격자는 우리공단 홈페이지를 통해 공고되는 내용을 정확히 숙지하여야 하며, 이를 준수하지 않아 발생하는 불이익은 본인 책임입니다.
마. 입사지원서 접수결과, 지원자가 채용예정인원 수와 같거나 미달하더라도 적격자가 없는 경우 선발하지 않을 수 있습니다.
바. 최종합격자 중에서 신규임용후보자 등록을 하지 않거나 신체검사에 불합격한 자 또는 공단 인사규정 제14조에 의한 임용결직자, 비위면직자는 합격이 취소되며 예비합격자를 최종합격자로 선발할 수 있습니다.
사. 각종 자격 및 증빙과 관련된 서류는 필기시험 합격자에 한해 접수할 예정이며, 「채용절차의 공정화에 관한 법률」에 따라 최종합격자 발표일 이후 180일 이내에 반환청구 할 수 있습니다. 다만, 채용홈페이지 또는 전자우편으로 제출된 경우나 응시자가 우리 공단의 요구 없이 자발적으로 제출한 경우에는 반환하지 않습니다.
아. 채용관련 인사 청탁 등 채용비리 또는 기타 부정합격 확인 시 채용이 취소될 수 있습니다.

※ 1) 입사지원서(자기소개서 포함) 작성 시, 출신 학교(출신 학교를 유추할 수 있는 학교메일), 가족관계 등 개인을 식별할 수 있는 내용은 일체 기재하지 마시기 바랍니다.
2) 자격사항 기재 시 직무와 관련된 국가기술 및 국가전문자격만 기재하시기 바랍니다.

① 동일한 응시자가 행정직과 기계직에 동시 응시 한 사실이 뒤늦게 발견되어 임의로 행정직 응시 관련 사항을 일체 무효처리 하였다.
② 응시자격이 불충분함에도 합격을 한 사실이 확인된 甲을 채용 취소 처리하였다.
③ 토목직에 5명 채용이 계획되어 있었고, 10명이 지원하였으나 4명만 선발하였다.
④ 최종합격자 중 신규임용후보자 자격을 상실한 자가 있어 불합격자 중 임의의 인원을 추가 선발하였다.

3 **다음은 일일환율동향에 대한 설명이다. 밑줄 친 단어의 의미로 옳지 않은 것은?**

1. 산유국의 감산 합의가 이루어지지 않으며 유가 및 뉴욕 증시가 하락하고 위험회피 심리가 강화되었다.
2. 따라서 환율은 상승 압력 속에 1,150원 재진입 시도가 가능할 것으로 보이며 대기 중인 외국인의 배당금 역송금 수요도 하단 지지력으로 작용할 것이다.
3. 그러나 G20 회의 결과 달러 약세 전망이 높아지고 있고 한국은행 총재도 재차 금리인하에 대해 매파적 스탠스 확인을 함에 따라 1,150원 선에서는 상승 탄력이 둔화될 것으로 보인다.

① 산유국 : 자국의 영토 및 영해에서 원유를 생산하는 나라
② 증시 : 증명하여 내보임
③ 배당금 : 주식 소유자에게 주는 회사의 이익 분배금
④ G20 : 세계경제 현안을 논의하고 해결점을 모색하기 위해 세계경제의 큰 축을 맡고 있는 20개 국가의 정상이나 재무장관, 중앙은행총재가 갖는 모임

4 **다음의 업무제휴협약서를 보고 이해한 내용을 기술한 것 중 가장 적절하지 않은 것을 고르면?**

〈업무제휴협약〉

㈜○○○과 ★★ CONSULTING(이하 ★★)는 상호 이익 증진을 목적으로 신의성실의 원칙에 따라 다음과 같이 업무협약을 체결합니다.

1. 목적
   양사는 각자 고유의 업무영역에서 최선을 다하고 영업의 효율적 진행과 상호 관계의 증진을 통하여 상호 발전에 기여하고 편의를 적극 도모하고자 한다.
2. 업무내용
   ① ㈜○○○의 A제품 관련 홍보 및 판매
   ② ★★ 온라인 카페에서 A제품 안내 및 판매
   ③ A제품 관련 마케팅 제반 정보 상호 제공
   ④ A제품 판매에 대한 합의된 수수료 지급
   ⑤ A제품 관련 무료 A/S 제공
3. 업체상호사용
   양사는 업무제휴의 목적에 부합하는 경우에 한하여 상대의 상호를 마케팅에 사용 가능하나 사전에 협의된 내용을 변경할 수 없다.
4. 공동마케팅
   양사는 상호 이익 증진을 위하여 공동으로 마케팅을 할 수 있다. 공동마케팅을 필요로 할 경우 그 일정과 방법을 상호 협의하여 진행하여야 한다.
5. 협약기간
   본 협약의 유효기간은 1년으로 하며, 양사는 매년 초 상호 합의에 의해 유효기간을 1년 단위로 연장할 수 있고 필요시 업무제휴 내용의 변경이 가능하다.
6. 기타사항
   ① 양사는 본 협약의 권리의무를 타인에게 양도할 수 없다.
   ② 양사는 상대방의 상호, 지적재산권 및 특허권 등을 절대 보장하며 침해할 수 없다.
   ③ 양사는 업무제휴협약을 통해 알게 된 정보에 대해 정보보안을 요청할 경우, 대외적으로 비밀을 유지하여야 한다.

2025년 1월 1일

㈜○○○	★★ CONSULTING
대표이사 김XX	대표이사 이YY

① 해당 문서는 두 회사의 업무제휴에 대한 전반적인 사항을 명시하기 위해 작성되었다.

② ★★은 자사의 온라인 카페에서 ㈜○○○의 A제품을 판매하고 이에 대해 합의된 수수료를 지급 받는다.

③ ★★은 업무 제휴의 목적에 부합하는 경우에 ㈜○○○의 상호를 마케팅에 사용할 수 있으며 사전에 협의된 내용을 변경할 수 있다.

④ 협약기간에 대한 상호 합의가 없다면, 본 계약은 2025년 12월 31일부로 만료된다.

┃5~6┃ 다음은 환율과 오버슈팅에 대한 설명이다. 물음에 답하시오.

외국 통화에 대한 자국 통화의 교환 비율을 의미하는 환율은 장기적으로 한 국가의 생산성과 물가 등 기초 경제 여건을 반영하는 수준으로 수렴된다. 그러나 단기적으로 환율은 이와 괴리되어 움직이는 경우가 있다. 만약 환율이 예상과는 다른 방향으로 움직이거나 또는 비록 예상과 같은 방향으로 움직이더라도 변동 폭이 예상보다 크게 나타날 경우 경제 주체들은 과도한 위험에 노출될 수 있다. 환율이나 주가 등 경제 변수가 단기에 지나치게 상승 또는 하락하는 현상을 오버슈팅(overshooting)이라고 한다. 이러한 오버슈팅은 물가 경직성 또는 금융 시장 변동에 따른 불안 심리 등에 의해 촉발되는 것으로 알려져 있다. 여기서 물가 경직성은 시장에서 가격이 조정되기 어려운 정도를 의미한다.

물가 경직성에 따른 환율의 오버슈팅을 이해하기 위해 통화를 금융 자산의 일종으로 보고 경제 충격에 대해 장기와 단기에 환율이 어떻게 조정되는지 알아보자. 경제에 충격이 발생할 때 물가나 환율은 충격을 흡수하는 조정 과정을 거치게 된다. 물가는 단기에는 장기 계약 및 공공요금 규제 등으로 인해 경직적이지만 장기에는 신축적으로 조정된다. 반면 환율은 단기에서도 신축적인 조정이 가능하다. 이러한 물가와 환율의 조정 속도 차이가 오버슈팅을 초래한다. 물가와 환율이 모두 신축적으로 조정되는 장기에서의 환율은 구매력 평가설에 의해 설명되는데, 이에 의하면 장기의 환율은 자국 물가 수준을 외국 물가 수준으로 나눈 비율로 나타나며, 이를 균형 환율로 본다. 가령 국내 통화량이 증가하여 유지될 경우 장기에서는 자국 물가도 높아져 장기의 환율은 상승한다. 이때 통화량을 물가로 나눈 실질 통화량은 변하지 않는다.

그런데 단기에는 물가의 경직성으로 인해 구매력 평가설에 기초한 환율과는 다른 움직임이 나타나면서 오버슈팅이 발생할 수 있다. 가령 국내 통화량이 증가하여 유지될 경우, 물가가 경직적이어서 ㉠실질 통화량은 증가하고 이에 따라 시장 금리는 하락한다. 국가 간 자본 이동이 자유로운 상황에서, ㉡시장 금리 하락은 투자의 기대 수익률 하락으로 이어져, 단기성 외국인 투자 자금이 해외로 빠져나가거나 신규 해외 투자 자금 유입을 위축시키는 결과를 초래한다. 이 과정에서 자국 통화의 가치는 하락하고 ㉢환율은 상승한다. 통화량의 증가로 인한 효과는 물가가 신축적인 경우에 예상되는 환율 상승에, 금리 하락에 따른 자금의 해외 유출이 유발하는 추가적인 환율 상승이 더해진 것으로 나타난다. 이러한 추가적인 상승 현상이 환율의 오버슈팅인데, 오버슈팅의 정도 및 지속성은 물가 경직성이 클수록 더 크게 나타난다. 시간이 경과함에 따라 물가가 상승하여 실질 통화량이 원래 수준으로 돌아오고 해외로 유출되었던 자금이 시장 금리의 반등으로 국내로 복귀하면서, 단기에 과도하게 상승했던 환율은 장기에는 구매력 평가설에 기초한 환율로 수렴된다.

5 **위 내용을 바탕으로 A국 경제 상황에 대한 경제학자 甲의 견해를 추론한 것으로 적절하지 않은 것은?**

A국 경제학자 甲은 자국의 최근 경제 상황을 다음과 같이 진단했다.

금융 시장 불안의 여파로 A국의 주식, 채권 등 금융 자산의 가격 하락에 대한 우려가 확산되면서 안전 자산으로 인식되는 B국의 채권에 대한 수요가 증가하고 있다. 이로 인해 외환 시장에서는 A국에 투자되고 있던 단기성 외국인 자금이 B국으로 유출되면서 A국의 환율이 급등하고 있다.

B국에서는 해외 자금 유입에 따른 통화량 증가로 B국의 시장 금리가 변동할 것으로 예상된다. 이에 따라 A국의 환율 급등은 향후 다소 진정될 것이다. 또한 양국 간 교역 및 금융 의존도가 높은 현실을 감안할 때, A국의 환율 상승은 수입품의 가격 상승 등에 따른 부작용을 초래할 것으로 예상되지만 한편으로는 수출이 증대되는 효과도 있다. 그러므로 정부는 시장 개입을 가능한 한 자제하고 환율이 시장 원리에 따라 자율적으로 균형 환율 수준으로 수렴되도록 두어야 한다.

① A국에 환율의 오버슈팅이 발생한 상황에서 B국의 시장 금리가 하락한다면 오버슈팅의 정도는 커질 것이다.

② A국에 환율의 오버슈팅이 발생하였다면 이는 금융 시장 변동에 따른 불안 심리에 의해 촉발된 것으로 볼 수 있다.

③ A국에 환율의 오버슈팅이 발생할지라도 시장의 조정을 통해 환율이 장기에는 균형 환율 수준에 도달할 수 있을 것이다.

④ A국의 환율 상승이 수출을 증대시키는 긍정적인 효과도 동반하므로 A국의 정책 당국은 외환 시장 개입에 신중해야 한다.

6 **다음에 제시된 그래프의 세로축 a, b, c는 ㉠~㉢과 하나씩 대응된다. 이를 바르게 짝지은 것은?**

다음 그래프들은 국내 통화량이 t 시점에서 증가하여 유지된 경우 예상되는 ㉠~㉢의 시간에 따른 변화를 순서 없이 나열한 것이다.

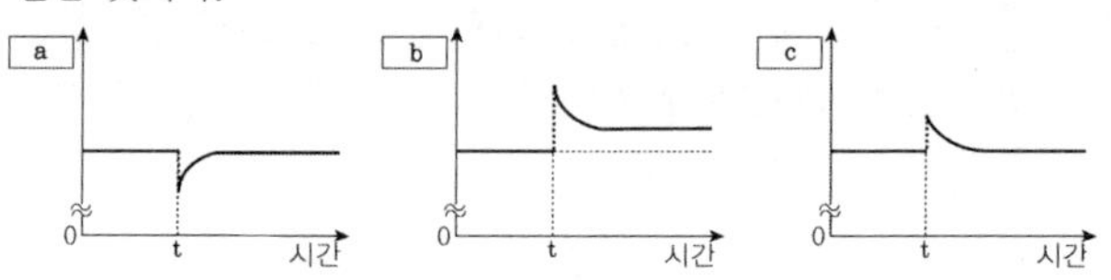

(단, t 시점 근처에서 그래프의 형태는 개략적으로 표현하였으며, t 시점 이전에는 모든 경제 변수들의 값이 일정한 수준에서 유지되어 왔다고 가정한다. 장기 균형으로 수렴되는 기간은 변수마다 상이하다.)

	㉠	㉡	㉢
①	a	c	b
②	b	a	c
③	b	c	a
④	c	a	b

【7~8】 다음은 해시 함수에 대한 설명이다. 물음에 답하시오.

온라인을 통한 통신, 금융, 상거래 등은 우리에게 편리함을 주지만 보안상의 문제도 안고 있는데, 이런 문제를 해결하기 위하여 암호 기술이 동원된다. 예를 들어 전자 화폐의 일종인 비트코인은 해시 함수를 이용하여 화폐 거래의 안전성을 유지한다. 해시 함수란 입력 데이터 x에 대응하는 하나의 결과 값을 일정한 길이의 문자열로 표시하는 수학적 함수이다. 그리고 입력 데이터 x에 대하여 해시 함수 H를 적용한 수식을 H(x) = k라 할 때, k를 해시 값이라 한다. 이때 해시 값은 입력 데이터의 내용에 미세한 변화만 있어도 크게 달라진다. 현재 여러 해시 함수가 이용되고 있는데, 해시 값을 표시하는 문자열의 길이는 각 해시 함수마다 다를 수 있지만 특정 해시 함수에서의 그 길이는 고정되어 있다.

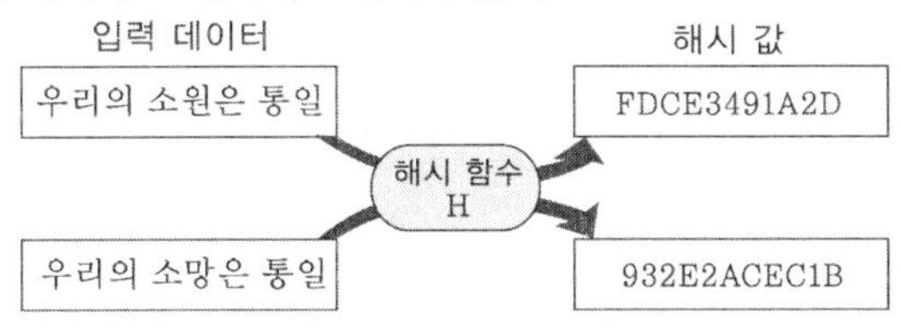

[해시 함수의 입·출력 동작의 예]

이러한 특성을 갖고 있기 때문에 해시 함수는 데이터의 내용이 변경되었는지 여부를 확인하는 데 이용된다. 가령, 상호 간에 동일한 해시 함수를 사용한다고 할 때, 전자 문서와 그 문서의 해시 값을 함께 전송하면 상대방은 수신한 전자 문서에 동일한 해시 함수를 적용하여 결과 값을 얻은 뒤 전송받은 해시 값과 비교함으로써 문서가 변경되었는지 확인할 수 있다.

그런데 해시 함수가 ㉠ 일방향성과 ㉡ 충돌회피성을 만족시키면 암호 기술로도 활용된다. 일방향성이란 주어진 해시 값에 대응하는 입력 데이터의 복원이 불가능하다는 것을 말한다. 특정 해시 값 k가 주어졌을 때 H(x) = k를 만족시키는 x를 계산하는 것이 매우 어렵다는 것이다. 그리고 충돌회피성이란 특정 해시 값을 갖는 서로 다른 데이터를 찾아내는 것이 현실적으로 불가능하다는 것을 의미한다. 서로 다른 데이터 x, y에 대해서 H(x)와 H(y)가 각각 도출한 값이 동일하면 이것을 충돌이라 하고, 이때의 x와 y를 충돌쌍이라 한다. 충돌회피성은 이러한 충돌쌍을 찾는 것이 현재 사용할 수 있는 모든 컴퓨터의 계산 능력을 동원하더라도 그것을 완료하기가 사실상 불가능하다는 것이다.

해시 함수는 온라인 경매에도 이용될 수 있다. 예를 들어 ○○ 온라인 경매 사이트에서 일방향성과 충돌회피성을 만족시키는 해시 함수 G가 모든 경매 참여자와 운영자에게 공개되어 있다고 하자. 이때 각 입찰 참여자는 자신의 입찰가를 감추기 위해 논스*의 해시 값과, 입찰가에 논스를 더한 것의 해시 값을 함께 게시판에 게시한다. 해시 값 게시 기한이 지난 후 각 참여자는 본인의 입찰가와 논스를 운영자에게 전송하고 운영자는 최고 입찰가를 제출한 사람을 낙찰자로 선정한다. 이로써 온라인 경매 진행 시 발생할 수 있는 다양한 보안상의 문제를 해결할 수 있다.

* 논스 : 입찰가를 추측할 수 없게 하기 위해 입찰가에 더해지는 임의의 숫자

7 위 내용의 '해시 함수'에 대한 이해로 적절하지 않은 것은?

① 전자 화폐를 사용한 거래의 안전성을 위해 해시 함수가 이용될 수 있다.
② 특정한 해시 함수는 하나의 입력 데이터로부터 두 개의 서로 다른 해시 값을 도출하지 않는다.
③ 입력 데이터 x를 서로 다른 해시 함수 H와 G에 적용한 H(x)와 G(x)가 도출한 해시 값은 언제나 동일하다.
④ 입력 데이터 x, y에 대해 특정한 해시 함수 H를 적용한 H(x)와 H(y)가 도출한 해시 값의 문자열의 길이는 언제나 동일하다.

8 윗글의 ㉠과 ㉡에 대하여 추론한 내용으로 가장 적절한 것은?

① ㉠을 지닌 특정 해시 함수를 전자 문서 x, y에 각각 적용하여 도출한 해시 값으로부터 x, y를 복원할 수 없다.
② 입력 데이터 x, y에 특정 해시 함수를 적용하여 도출한 문자열의 길이가 같은 것은 해시 함수의 ㉠ 때문이다.
③ ㉡을 지닌 특정 해시 함수를 전자 문서 x, y에 각각 적용하여 도출한 해시 값의 문자열의 길이는 서로 다르다.
④ 입력 데이터 x, y에 특정 해시 함수를 적용하여 도출한 해시 값이 같은 것은 해시 함수의 ㉡ 때문이다.

9 다음 자료를 참고할 때, 산림율이 가장 큰 국가부터 순서대로 알맞게 나열된 것은 어느 것인가? (모든 수치는 반올림하여 소수 첫째 자리까지 표시함)

(단위 : 만 명, 명/km^2)

국가	인구수	인구밀도	산림 인구밀도
갑	1,200	24	65
을	1,400	36	55
병	2,400	22	30
정	3,500	40	85

※ 1) 인구밀도 = 인구수 ÷ 국토 면적
2) 산림 인구밀도 = 인구수 ÷ 산림 면적
3) 산림율 = 산림 면적 ÷ 국토 면적 × 100

① 병 – 을 – 정 – 갑
② 을 – 병 – 정 – 갑
③ 병 – 을 – 갑 – 정
④ 병 – 정 – 을 – 갑

10 5곳의 커피 프랜차이즈에 대한 한국 소비자의 선호도를 조사하고 정리하였다. 조사는 541명의 동일 소비자를 대상으로 1차 방문과 2차 방문을 통하여 이루어졌다. 이 자료에 대한 설명으로 옳은 것을 〈보기〉에서 모두 고르면?

〈표〉 커피 프랜차이즈에 대한 소비자 선호도 조사

1차 방문	2차 방문					총계(명)
	A	B	C	D	E	
A	93	17	44	7	10	171
B	9	46	11	0	9	75
C	17	11	155	9	12	204
D	6	4	9	15	2	36
E	10	4	12	2	27	55
총계	135	82	231	33	60	541

〈보기〉
㉠ 대부분의 소비자들은 그들의 취향에 맞는 커피 프랜차이즈를 꾸준하게 선택하고 있다.
㉡ 1차 방문에서 A를 방문한 소비자가 2차 방문에서 C를 방문하는 경우가 그 반대의 경우보다 더 적다.
㉢ 전체적으로 C를 방문하는 소비자가 제일 많다.

① ㉠
② ㉠㉡
③ ㉠㉢
④ ㉡㉢

11 동근이는 동료들과 함께 공원을 산책하였다. 공원에는 동일한 크기의 벤치가 몇 개 있다. 한 벤치에 5명씩 앉았더니 4명이 앉을 자리가 없어서 6명씩 앉았더니 남는 자리 없이 딱 맞았다. 동근이는 몇 명의 동료들과 함께 공원을 갔는가?

① 16명
② 20명
③ 24명
④ 38명

12 다음 표에 대한 설명으로 옳지 않은 것은?

〈표 1〉 국내 통화량 변화 추이

(단위 : 조원, %)

구분	2017년	2018년	2019년	2020년	2021년	2022년	2023년	2024년
본원통화	56.4	64.8	67.8	74.5	80.1	88.3	104.3	106.2
(증가율)	(8.7)	(14.9)	(4.6)	(9.9)	(7.5)	(10.2)	(18.1)	(1.8)
M1	316.4	330.6	389.4	427.8	442.1	470.0	515.6	531.3
(증가율)	(−14.7)	(4.5)	(17.8)	(9.9)	(3.3)	(6.3)	(9.7)	(3.0)
M2	1,273	1,425	1,566	1,660	1,751	1,835	1,920	2,016
(증가율)	(10.8)	(12.0)	(9.9)	(6.0)	(5.5)	(4.8)	(4.6)	(5.0)
통화승수	22.6	22.0	23.1	22.3	21.9	20.8	18.4	19.0
GDP 대비 M2	122.1	129.1	136.1	131.2	131.4	133.3	134.5	138.7

〈표 2〉 국내 외국인투자 변동 추이

(단위 : 억 달러, %)

구분	2017년	2018년	2019년	2020년	2021년	2022년	2023년	2024년
외인투자	7,824	6,065	7,302	8,282	8,405	9,554	9,967	10,519
직접투자 (비중)	1,219 (15.6)	947.2 (15.6)	1,219 (16.7)	1,355 (16.4)	1,351 (16.1)	1,578 (16.5)	1,745 (17.5)	1,811 (17.2)
증권투자 (비중)	4,566 (58.4)	2,521 (41.6)	3,915 (53.6)	4,891 (59.1)	4,770 (56.8)	5,781 (60.5)	6,160 (61.8)	6,471 (61.5)
파생금융상품 (비중)	49.1 (0.6)	753.2 (12.4)	326.0 (4.5)	273.6 (3.3)	290.7 (3.5)	309.1 (3.2)	261.8 (2.6)	246.6 (2.3)
GDP 대비 외인투자 비중	69.7	60.6	80.9	75.7	69.9	78.2	76.4	79.2

① 2024년 M2(광의통화)는 전년 대비 약 5.0% 증가하였다.

② 2024년 국내 외국인투자 규모는 전년 대비 약 5.5% 상승하였다.

③ 2024년 M1(협의통화)은 전년 대비 약 3.0% 증가하였다.

④ 2024년 GDP 대비 M2의 비율은 2017년에 비해 13.6%p 상승하였다.

13 다음은 국내 5대 은행의 당기순이익 및 당기순이익 점유비 추이를 나타낸 표이다. 2025년 A은행의 당기순이익 점유비는 전년 대비 약 몇 %p 감소하였는가?

(단위 : 억원, %)

구분	2023년	2024년	2025년
A은행(점유비)	2,106(4.1)	1,624(4.7)	1,100( )
B은행(점유비)	12,996(25.8)	8,775(25.6)	5,512(21.3)
C은행(점유비)	13,429(26.6)	3,943(11.5)	5,024(19.4)
D은행(점유비)	16,496(32.7)	13,414(39.1)	8,507(32.9)
E은행(점유비)	5,434(10.8)	6,552(19.1)	5,701(22.1)

① 약 0.1%p
② 약 0.2%p
③ 약 0.3%p
④ 약 0.4%p

14 다음은 2023~2025년 동안 ○○지역의 용도별 물 사용량 현황을 나타낸 표이다. 이에 대한 설명으로 옳지 않은 것을 모두 고른 것은?

(단위 : m^3, %, 명)

용도 \ 구분 \ 연도	2023		2024		2025	
	사용량	비율	사용량	비율	사용량	비율
생활용수	136,762	56.2	162,790	56.2	182,490	56.1
가정용수	65,100	26.8	72,400	25.0	84,400	26.0
영업용수	11,000	4.5	19,930	6.9	23,100	7.1
업무용수	39,662	16.3	45,220	15.6	47,250	14.5
욕탕용수	21,000	8.6	25,240	8.7	27,740	8.5
농업용수	45,000	18.5	49,050	16.9	52,230	16.1
공업용수	61,500	25.3	77,900	26.9	90,300	27.8
총 사용량	243,262	100.0	289,740	100.0	325,020	100.0
사용인구	379,300		430,400		531,250	

※ 1명당 생활용수 사용량(m^3/명) $= \frac{\text{생활용수 총 사용량}}{\text{사용인구}}$

> ㉠ 총 사용량은 2024년과 2025년 모두 전년대비 15% 이상 증가하였다.
> ㉡ 1명당 생활용수 사용량은 매년 증가하였다.
> ㉢ 농업용수 사용량은 매년 증가하였다.
> ㉣ 가정용수와 영업용수 사용량의 합은 업무용수와 욕탕용수 사용량의 합보다 매년 크다.

① ㉠, ㉡　　② ㉡, ㉢
③ ㉡, ㉣　　④ ㉠, ㉡, ㉣

15 다음은 우리나라의 시 · 군 중 20XX년 경지 면적, 논 면적, 밭 면적 상위 5개 시 · 군에 대한 자료이다. 이에 대한 설명 중 옳은 것을 모두 고르면?

(단위 : ha)

구분	순위	시 · 군	면적
경지 면적	1	해남군	35,369
	2	제주시	31,585
	3	서귀포시	31,271
	4	김제시	28,501
	5	서산시	27,285
논 면적	1	김제시	23,415
	2	해남군	23,042
	3	서산시	21,730
	4	당진시	21,726
	5	익산시	19,067
밭 면적	1	제주시	31,577
	2	서귀포시	31,246
	3	안동시	13,231
	4	해남군	12,327
	5	상주시	11,047

※ 경지 면적 = 논 면적 + 밭 면적

> ㉠ 해남군의 논 면적은 해남군 밭 면적의 2배 이상이다.
> ㉡ 서귀포시의 논 면적은 제주시 논 면적보다 크다.
> ㉢ 서산시의 밭 면적은 김제시 밭 면적보다 크다.
> ㉣ 상주시의 밭 면적은 익산시 논 면적의 90% 이하이다.

① ㉡, ㉢　　② ㉡, ㉣
③ ㉠, ㉢, ㉣　　④ ㉡, ㉢, ㉣

16 다음은 한 외국계 은행의 연도별 임직원 현황에 관한 자료이다. 이에 대한 설명 중 옳은 것을 모두 고르면?

구분 \ 연도		2023	2024	2025
국적	한국	9,566	10,197	9,070
	중국	2,636	3,748	4,853
	일본	1,615	2,353	2,749
	대만	1,333	1,585	2,032
	기타	97	115	153
	계	15,247	17,998	18,857
고용형태	정규직	14,173	16,007	17,341
	비정규직	1,074	1,991	1,516
	계	15,247	17,998	18,857
연령	20대 이하	8,914	8,933	10,947
	30대	5,181	7,113	6,210
	40대 이상	1,152	1,952	1,700
	계	15,247	17,998	18,857
직급	사원	12,365	14,800	15,504
	간부	2,801	3,109	3,255
	임원	81	89	98
	계	15,247	17,998	18,857

㉠ 매년 일본, 대만 및 기타 국적 임직원 수의 합은 중국 국적 임직원 수보다 많다.
㉡ 매년 전체 임직원 중 20대 이하 임직원이 차지하는 비중은 50% 이상이다.
㉢ 2024년과 2025년에 전년대비 임직원수가 가장 많이 증가한 국정은 모두 중국이다.
㉣ 2024년에 국적이 한국이면서 고용형태가 정규직이고 직급이 사원인 임직원은 5,000명 이상이다.

① ㉠, ㉡
② ㉠, ㉢
③ ㉡, ㉣
④ ㉠, ㉢, ㉣

17 다음 명제가 모두 참일 때, 거짓말 하는 사람을 고르면?

• 대회에 참가하는 팀은 총 6팀이다.
• 각 팀은 다른 모든 팀과 한 번씩 경기를 한다.
• C팀의 최종성적은 3승 2패이다.
• C팀과의 경기를 제외한 5팀 간의 경기는 모두 무승부이다.
• 기존의 승점제는 승리시 2점, 무승부시 1점, 패배시 0점을 부여한다.
• 새로운 승점제는 승리시 3점, 무승부시 1점, 패배시 0점을 부여한다.

㉠ 유성 : 기존의 승점제를 적용시, 모든 팀은 4점 이상을 얻는다.
㉡ 수리 : 새로운 승점제를 적용시, 모든 팀은 5점 이상을 얻는다.
㉢ 정치 : C팀과의 경기에서 승리한 팀은 2팀이다.
㉣ 병수 : 새로운 승점제를 적용시, C팀이 1위이다.

① 유성
② 수리
③ 정치
④ 병수

▌18~19▐ H공사 홍보팀에 근무하는 이 대리는 사내 홍보 행사를 위해 행사 관련 준비를 진행하고 있다. 다음을 바탕으로 물음에 답하시오.

〈행사장 도면〉

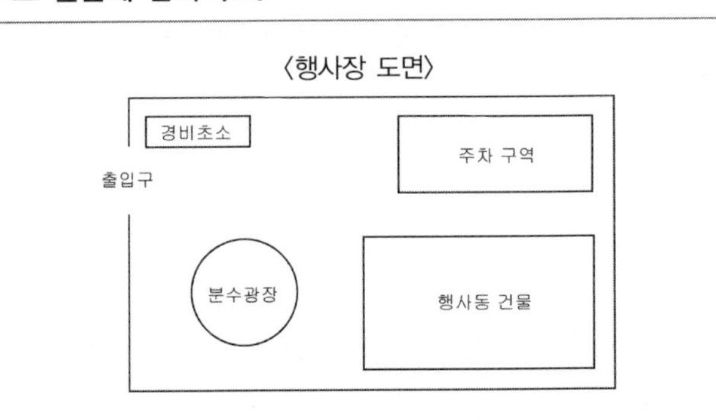

〈행사 장소〉
행사동 건물 1층 회의실

〈추가 예상 비용〉
- 금연 표지판 설치
  - 단독 입식 : 45,000원
  - 게시판 : 120,000원
- 쓰레기통 설치
  - 단독 설치 : 25,000원/개
  - 벤치 2개 + 쓰레기통 1개 : 155,000원
- 안내 팸플릿 제작

구분	단면	양면
2도 인쇄	5,000원/100장	10,000원/100장
5도 인쇄	1,300원/100장	25,000원/100장

18 행사를 위해 홍보팀에서 추가로 설치해야 할 물품이 다음과 같을 때, 추가 물품 설치에 필요한 비용은 총 얼마인가?

- 금연 표지판 설치
  - 분수대 후면 1곳
  - 주차 구역과 경비초소 주변 각 1곳
  - 행사동 건물 입구 1곳

  ※ 실외는 게시판 형태로 설치하고 행사장 입구에는 단독 입식 형태로 설치
- 쓰레기통
  - 분수광장 금연 표지판 옆 1곳
  - 주차 구역과 경비초소 주변 각 1곳

  ※ 분수광장 쓰레기통은 벤치와 함께 설치

① 550,000원
② 585,000원
③ 600,000원
④ 610,000원

19 이 대리는 추가 비용을 정리하여 팀장에게 보고하였다. 이를 검토한 팀장은 다음과 같이 별도의 지시사항을 전달하였다. 팀장의 지시사항에 따른 팸플릿의 총 인쇄에 소요되는 비용은 얼마인가?

"이 대리, 아무래도 팸플릿을 별도로 준비하는 게 좋겠어. 한 800명 정도 참석할 거 같으니 인원수대로 준비하고 2도 단면과 5도 양면 인쇄를 반씩 섞도록 하게."

① 99,000원
② 100,000원
③ 110,000원
④ 120,000원

20 다음은 거주자가 지급증빙서류를 제출하지 않은 경우의 해외 송금에 대한 설명이다. 옳지 않은 것은?

> 1. 필요서류
> • 연간 미화 5만불 이하의 지급
> 실명확인증표(주민등록증, 운전면허증, 여권, 사업자등록증 등)
> • 연간 미화 5만불 초과의 지급
> – 실명확인증표(주민등록증, 운전면허증, 여권, 사업자등록증 등)
> – 지급확인서
> – 거래 또는 행위 사실을 확인할 수 있는 서류
> – 거주자의 관할세무서장이 발급한 납세증명서
> – 받는 분의 실체를 확인할 수 있는 서류
> 2. 송금한도 등
> • 한도 제한 없음(단, 인터넷 송금 거래 시 건별 1만불 이내로 제한)
> • 지급인별 연간 송금합계금액이 미화 1만불 초과할 경우 국세청장, 건당 미화 2천불을 초과하는 경우에는 관세청장 및 금융감독원장 통보대상임
> • 건당 미화 2천불 이하의 지급은 거래외국환은행지정, 국세청장(관세청장, 금융감독원장 포함) 통보대상 및 연간 지급한도 관리대상에서 제외된다.
> 3. 송금을 보내는 방법
> 은행 영업점을 거래외국환은행으로 지정하고 송금 가능

종류	내용
전신송금 (T/T)	은행이 고객 요청에 따라 해외 환거래은행과 전신을 통해 받는 분 계좌에 입금하는 가장 일반적인 방법으로 긴급한 자금의 송금에 편리함
송금수표 (D/D)	은행에서 수표를 발급받아 고객이 직접 받는 분에게 전달하는 경우로 소액송금에 편리한 방법

① 연간 미화 5만불 초과의 지급일 경우 거주자의 관할세무서장이 발급한 납세증명서가 필요하다.

② 전신송금은 은행이 고객 요청에 따라 해외 환거래은행과 전신을 통해 받는 분 계좌에 입금하는 가장 일반적인 방법으로 긴급한 자금의 송금에 편리하다.

③ 건당 미화 2천불을 초과하는 경우에는 국세청장과 금융감독원장 통보대상이 된다.

④ 위 해외 송금의 경우 인터넷 송금 거래 시 건별 1만불 이내로 제한된다.

21 다음은 '외국인우대통장' 상품설명서 중 거래조건에 대한 내용이다. 우대조건을 충족시키지 못한 사람은 누구인가?

〈거래조건〉

<table>
<tr><th>구분</th><th>내용</th></tr>
<tr><td>가입자격</td><td>외국인(1인 1계좌)</td></tr>
<tr><td>대상예금</td><td>저축예금</td></tr>
<tr><td>적용금리
(세전)</td><td>연 0.1%</td></tr>
<tr><td>이자지급방식</td><td>해당 예금의 결산일 익일에 지급</td></tr>
<tr><td>우대서비스</td><td>전월말 기준 우대조건 2가지 이상을 충족하는 고객을 대상으로 이번 달 11일부터 다음 달 10일까지 면제(이 통장으로 거래 시) 및 우대
• 신규 및 전환일로부터 다음 다음 달 10일까지 조건 없이 우대내용 ①, ② 면제
<table>
<tr><th>우대조건</th><th>우대내용</th></tr>
<tr><td>① 이 통장에 월 50만 원 이상 급여이체 실적이 있는 경우
② 이 통장의 월 평균 잔액이 50만 원 이상인 경우
③ 건당 미화 500불 상당액 이상의 외화송금 또는 건당 미화 500불 상당액 이상의 환전 실적이 있는 경우
④ 당행을 외국환지정은행으로 등록한 경우
⑤ 외국인우대적금 전월 납입 실적이 있는 경우</td><td>① 당행 인터넷(스마트)·텔레·모바일 뱅킹 타행 이체 수수료 면제
② 당행 CD/ATM기 당행 이체 및 출금 수수료 면제
③ 해외송금수수료 60% 우대
④ 외화현찰환전환율 수수료 50% 우대</td></tr>
</table>
• 우대내용 ①, ②는 이 통장 거래 시 월 20회(합산) 이내에서 면제
• 우대내용 ③, ④는 이 통장 실명확인번호로 창구거래 시에만 횟수 제한 없이 면제</td></tr>
<tr><td>계약의 해지</td><td>영업점에서 해지 가능</td></tr>
</table>

① 외국인우대통장에 월 30만 원의 급여이체 실적이 있는 외국인 A씨
② 외국인우대통장의 월 평균 잔액이 65만원인 외국인 B씨
③ 건당 미화 700불의 외화송금 실적이 있는 외국인 C씨
④ 농협은행을 외국환지정은행으로 등록한 외국인 D씨

▌22~23▐ 다음은 '진짜사나이 적금'의 상품설명서 중 일부이다. 물음에 답하시오.

〈거래조건〉

구분	내용	
가입자격	신규 임관 군 간부(장교, 부사관, 군의관, 법무관, 공중보건의 등) (* 신규 임관 기준 : 군 신분증의 임관일로부터 익년 도말까지)	
예금종류	자유로우대적금	
가입기간	12개월 이상 24개월 이내(월 단위)	
적립방식	자유적립식	
가입금액	초입금 및 매회 입금 1만원 이상, 1인당 월 20만원 이내 자유적립	
기본금리 (연 %, 세전)	자유로우대적금 가입기간별 금리에 따름	
우대금리 (%p, 세전)	아래 우대조건을 만족하는 경우 가입일 현재 기본금리에 가산하여 만기해지 시 적용	
	세부조건	우대금리
	이 적금 가입기간 중 만기 전월까지 "6개월 이상" 농협은행에 급여이체 시	0.2
	가입월부터 만기 전월까지 기간 중 농협은행 채움카드(개인 신용·체크) 월 평균 20만 원 이상 이용 시	0.2
	만기일 전월말 기준으로 농협은행의 주택청약종합저축(청약저축 포함) 가입 시	0.2

22 다음 중 위 적금에 가입할 수 없는 사람은?

① 육군 장교로 임관한 권 소위
② 공군에 입대한 전 이병
③ 군의관으로 임관한 빈 소위
④ 해병대 부사관으로 임관한 송 하사

23 다음 중 위 적금의 우대금리를 받을 수 있는 사람은?

① 적금 가입기간 중 만기 전월까지 5개월 동안 농협은행에 급여이체를 한 철재
② 적금 만기 후 농협은행의 주택청약종합저축에 가입한 정호
③ 가입월부터 만기 전월까지의 기간 중 농협은행 채움카드로 월 평균 10만 원을 이용한 대근
④ 적금 가입기간 중 만기 전월까지 7개월 동안 농협은행에 급여이체를 한 문식

24 다음은 운동별 평가표와 레슨 시간표이다. 명수의 선택 기준이 다음과 같을 때, 선택할 운동으로 적절한 것은?

〈운동별 평가표〉

	테니스	줄넘기	조깅	수영
난이도	상	중	중	상
칼로리 소모	210(kcal)	195(kcal)	220(kcal)	235(kcal)
소요 시간	30분	40분	1시간	50분

〈레슨 시간표〉

	테니스	줄넘기	조깅	수영
오전	10:00 ~ 10:30	9:00 ~ 9:40	9:00 ~ 10:00	10:00 ~ 10:50
오후	4:00 ~ 4:30	8:00 ~ 8:40	6:00 ~ 7:00	5:00 ~ 5:50

〈명수의 선택 기준〉

㉠ 난이도는 중급 정도면 좋을 것 같아
㉡ 칼로리 소모는 150kcal은 넘어야 해
㉢ 소요시간은 40분이 넘지 않았으면 좋겠어
㉣ 레슨은 저녁 7시 이후에 받고 싶어

① 테니스 ② 줄넘기
③ 조깅 ④ 수영

25 서울시 유료 도로에 대한 자료이다. 산업용 도로 3km의 건설비는 얼마가 되는가?

분류	도로수	총길이	건설비
관광용 도로	5	30km	30억
산업용 도로	7	55km	300억
산업관광용 도로	9	198km	400억
합계	21	283km	730억

① 약 5.5억 원 ② 약 11억 원
③ 약 16.5억 원 ④ 약 22억 원

26 표준 업무시간이 80시간인 업무를 각 부서에 할당해 본 결과, 다음과 같은 표를 얻었다. 어느 부서의 업무효율이 가장 높은가?

부서명	투입인원(명)	개인별 업무시간(시간)	회의	
			횟수(회)	소요시간(시간/회)
A	2	41	3	1
B	3	30	2	2
C	4	22	1	4
D	3	27	2	1

※ 1) 업무효율 = $\frac{\text{표준 업무시간}}{\text{총 투입시간}}$
2) 총 투입시간은 개인별 투입시간의 합임.
개인별 투입시간 = 개인별 업무시간 + 회의 소요시간
3) 부서원은 업무를 분담하여 동시에 수행할 수 있음.
4) 투입된 인원의 업무능력과 인원당 소요시간이 동일하다고 가정함.

① A ② B
③ C ④ D

27 다음은 A카페의 커피 판매정보에 대한 자료이다. 한 잔만을 더 판매하고 영업을 종료한다고 할 때, 총이익이 정확히 64,000원이 되기 위해서 판매해야 하는 메뉴는?

(단위 : 원, 잔)

메뉴 \ 구분	판매가격(1잔)	현재까지 판매량	한 잔당 재료				
			원두(200)	우유(300)	바닐라(100)	초코(150)	캐러멜(250)
아메리카노	3,000	5	○	×	×	×	×
카페라떼	3,500	3	○	○	×	×	×
바닐라라떼	4,000	3	○	○	○	×	×
카페모카	4,000	2	○	○	×	○	×
캐러멜라떼	4,300	6	○	○	○	×	○

※ 메뉴별 이익=(메뉴별 판매가격－메뉴별 재료비) × 메뉴별 판매량
※ 총이익은 메뉴별 이익의 합이며, 다른 비용은 고려하지 않음.
※ A카페는 5가지 메뉴만을 판매하며, 메뉴별 1잔 판매가격과 재료비는 변동 없음.
※ ○ : 해당 재료 한 번 사용, × : 해당 재료 사용하지 않음.

① 아메리카노
② 카페라떼
③ 바닐라라떼
④ 카페모카

28 다음은 S공사의 지역본부 간 인사이동과 관련된 자료이다. 이에 대한 〈보고서〉의 내용 중 옳지 않은 것은?

〈2024년 직원 인사이동 현황〉

전출 \ 전입	A지역본부	B지역본부	C지역본부	D지역본부
A지역본부		190명	145명	390명
B지역본부	123명		302명	260명
C지역본부	165명	185명		110명
D지역본부	310명	220명	130명	

※ 인사이동은 A～D지역본부 간에서만 이루어진다.
※ 2024년 인사이동은 2024년 1월 1일부터 12월 31일까지 발생하며 동일 직원의 인사이동은 최대 1회로 제한된다.
※ 위 표에서 190은 A지역본부에서 B지역본부로 인사이동하였음을 의미한다.

〈2024～2025년 지역본부별 직원 수〉

지역본부 \ 연도	2024년	2025년
A지역본부	3,232명	3,105명
B지역본부	3,120명	3,030명
C지역본부	2,931명	(　　)명
D지역본부	3,080명	(　　)명

※ 직원 수는 매년 1월 1일 0시를 기준으로 한다.
※ 직원 수는 인사이동에 의해서만 변하며, 신규로 채용되거나 퇴사한 직원은 없다.

〈보고서〉

S공사의 지역본부 간 인사이동을 파악하기 위해 ① 2024년의 전입·전출을 분석한 결과 총 2,530명이 근무지를 이동한 것으로 파악되었다. S공사의 4개 지역본부 가운데 ② 전출직원 수가 가장 많은 지역본부는 A이다. 반면, ③ 전입직원 수가 가장 많은 지역본부는 A, B, D로부터 총 577명이 전입한 C이다. 2024년 인사이동 결과, ④ 2025년 직원이 가장 많은 지역본부는 D이며, 2024년과 2025년의 직원 수 차이가 가장 큰 지역본부는 A이다.

29 회계팀에서 업무를 시작하게 된 길동이는 각종 내역의 비용이 어느 항목으로 분류되어야 하는지 정리 작업을 하고 있다. 다음 중 길동이가 나머지와 다른 비용으로 분류해야 하는 것은?

① 구매부 자재 대금으로 지불한 U$7,000

② 상반기 건물 임대료 및 관리비

③ 임직원 급여

④ 계약 체결을 위한 영업부 직원 출장비

30 다음 (가)~(라)에 제시된 자원관리의 기본 과정들을 순서에 맞게 재배열한 것은?

(가) 확보된 자원을 활용하여 계획에 맞는 업무를 수행해 나가야 한다. 물론 계획에 얽매일 필요는 없지만 최대한 계획대로 수행하는 것이 바람직하다. 불가피하게 수정해야 하는 경우는 전체 계획에 미칠 수 있는 영향을 고려하여야 할 것이다.

(나) 자원을 실제 필요한 업무에 할당하여 계획을 세워야 한다. 여기에서 중요한 것은 업무나 활동의 우선순위를 고려하는 것이다. 최종적인 목적을 이루는 데 가장 핵심이 되는 것에 우선순위를 두고 계획을 세울 필요가 있다. 만약, 확보한 자원이 실제 활동 추진에 비해 부족할 경우 우선순위가 높은 것에 중심을 두고 계획하는 것이 바람직하다.

(다) 실제 상황에서 그 자원을 확보하여야 한다. 수집 시 가능하다면 필요한 양보다 좀 더 여유 있게 확보할 필요가 있다. 실제 준비나 활동을 하는 데 있어서 계획과 차이를 보이는 경우가 빈번하기 때문에 여유 있게 확보하는 것이 안전할 것이다.

(라) 업무를 추진하는 데 있어서 어떤 자원이 필요하며, 또 얼마만큼 필요한지를 파악하는 단계이다. 자원의 종류에는 크게 시간, 예산, 물적자원, 인적자원으로 나누어지지만 실제 업무 수행에서는 이보다 더 구체적으로 나눌 필요가 있다. 구체적으로 어떤 활동을 할 것이며, 이 활동에 어느 정도의 시간, 돈, 물적·인적자원이 필요한지를 파악한다.

① (다) - (라) - (나) - (가)

② (라) - (다) - (가) - (나)

③ (가) - (다) - (나) - (라)

④ (라) - (다) - (나) - (가)

31 다음 조건을 만족할 때, 민 대리가 설정해 둔 비밀번호는?

- 민 대리가 설정한 비밀번호는 0~9까지의 숫자를 이용한 4자리수이며, 같은 수는 연달아 한 번 반복된다.
- 4자리의 수를 모두 더한 수는 11이며, 모두 곱한 수는 20보다 크다.
- 4자리의 수 중 가장 큰 수와 가장 작은 수는 5만큼의 차이가 난다.
- 비밀번호는 첫 번째 자릿수인 1을 시작으로 오름차순으로 설정하였다.

① 1127　　② 1226

③ 1235　　④ 1334

32 다음의 워크시트에서 2학년의 평균점수를 구하고자 할 때 [F5] 셀에 입력할 수식으로 옳은 것은?

	A	B	C	D	E	F
1	이름	학년	점수			
2	윤성희	1학년	100			
3	이지연	2학년	95			
4	유준호	3학년	80		학년	평균점수
5	송민기	2학년	80		2학년	
6	유시준	1학년	100			
7	임정순	4학년	85			
8	김정기	2학년	95			
9	신길동	4학년	80			

① =DAVERAGE(A1:C9,3,E4:E5)

② =DAVERAGE(A1:C9,2,E4:E5)

③ =DAVERAGE(A1:C9,3,E4:E4)

④ =DMAX(A1:C9,3,E4:E5)

33 다음 중 아래 시트에서 야근일수를 구하기 위해 [B9] 셀에 입력할 수식으로 옳은 것은?

	A	B	C	D	E
1			4월 야근 현황		
2	날짜	도준영	전아롱	이진주	강석현
3	4월15일		V		V
4	4월16일	V		V	
5	4월17일	V	V	V	
6	4월18일		V	V	V
7	4월19일	V		V	
8	4월20일	V			
9	야근일수				
10					

① =COUNTBLANK(B3:B8)

② =COUNT(B3:B8)

③ =COUNTA(B3:B8)

④ =SUM(B3:B8)

34 다음 시트에서 수식 '=COUNTIFS(B2:B12,B3,D2:D12,D2)'의 결과 값은?

	A	B	C	D
1	성명	소속	근무연수	직급
2	윤한성	영업팀	3	대리
3	김영수	편집팀	4	대리
4	이준석	전산팀	1	사원
5	강석현	총무팀	5	과장
6	이진수	편집팀	3	대리
7	이하나	편집팀	10	팀장
8	전아미	영상팀	5	과장
9	임세미	편집팀	1	사원
10	김강우	영업팀	7	팀장
11	이동진	영업팀	1	사원
12	김현수	편집팀	4	대리
13				

① 1　　② 2

③ 3　　④ 4

35 T회사에서 근무하고 있는 N씨는 엑셀을 이용하여 작업을 하고자 한다. 엑셀에서 바로 가기 키에 대한 설명이 다음과 같을 때 괄호 안에 들어갈 내용으로 알맞은 것은?

> 통합 문서 내에서 (㉠) 키는 다음 워크시트로 이동하고 (㉡) 키는 이전 워크시트로 이동한다.

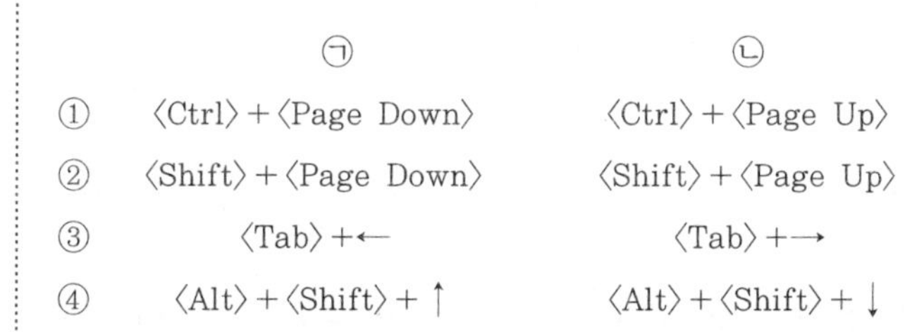

	㉠	㉡
①	〈Ctrl〉+〈Page Down〉	〈Ctrl〉+〈Page Up〉
②	〈Shift〉+〈Page Down〉	〈Shift〉+〈Page Up〉
③	〈Tab〉+←	〈Tab〉+→
④	〈Alt〉+〈Shift〉+↑	〈Alt〉+〈Shift〉+↓

36 다음 조직의 경영자에 대한 정의를 참고할 때, 경영자의 역할로 적절하지 않은 것은?

> 조직의 경영자는 조직의 전략, 관리 및 운영활동을 주관하며, 조직구성원들과 의사결정을 통해 조직이 나아갈 방향을 제시하고 조직의 유지와 발전에 대해 책임을 지는 사람이며, 조직의 변화방향을 설정하는 리더이며, 조직구성원들이 조직의 목표에 부합된 활동을 할 수 있도록 이를 결합시키고 관리하는 관리자이다.

① 대외 협상을 주도하기 위한 자문위원을 선발한다.

② 외부환경 변화를 주시하며 조직의 변화 방향을 설정한다.

③ 우수한 인재를 뽑기 위한 구체적이고 개선된 채용 기준을 마련한다.

④ 미래전략을 연구하기 위해 기획조정실과의 회의를 주도한다.

37 다음은 조직문화의 구성 요소를 나타낸 7S 모형이다. ⓐ와 ⓑ에 들어갈 요소를 옳게 짝지은 것은?

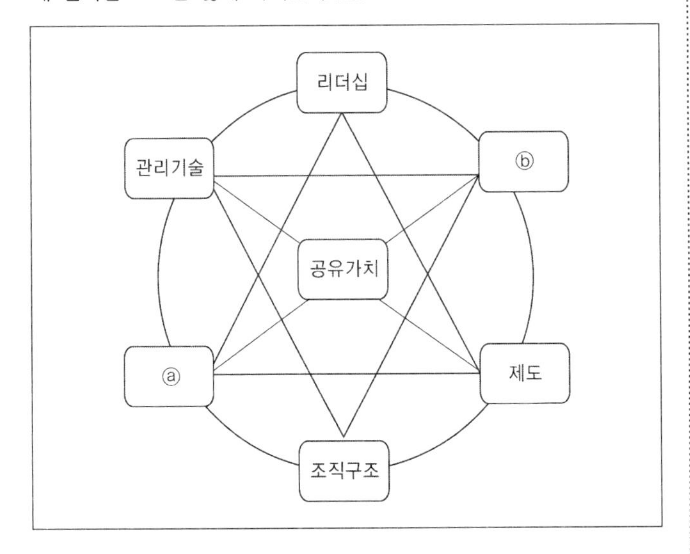

	ⓐ	ⓑ
①	구성원	전략
②	구성원	만족도
③	용이성	단절성
④	전략	응답성

38 다음 설명의 빈칸에 들어갈 말이 순서대로 바르게 짝지어진 것은?

> (　　)은(는) 상대 기업의 경영권을 획득하는 것이고, (　　)은(는) 두 개 이상의 기업이 결합하여 법률적으로 하나의 기업이 되는 것이다. 최근에는 금융적 관련을 맺거나 또는 전략적인 관계까지 포함시켜 보다 넓은 개념으로 사용되고 있다. 기업은 이를 통해서 시장 지배력을 확대하고 경영을 다각화시킬 수 있으며 사업 간 시너지 효과 등을 거둘 수 있다. 이러한 개념이 발전하게 된 배경은 기업가 정신에 입각한 사회 공헌 실현 등 경영 전략적 측면에서 찾을 수 있다. 그러나 대상 기업의 대주주와 협상 · 협의를 통해 지분을 넘겨받는 형태를 취하는 우호적인 방식이 있는 반면 기존 대주주와의 협의 없이 기업 지배권을 탈취하는 적대적인 방식도 있다.

① 인수, 제휴　　② 인수, 합작
③ 인수, 합병　　④ 합병, 인수

39 다음은 조직의 유형에 대한 설명이다. 옳은 것을 모두 고른 것은?

> (가) 조직은 영리성을 기준으로 공식조직과 비공식조직으로 구분할 수 있다.
> (나) 조직은 비공식조직으로부터 공식조직으로 발전해왔다.
> (다) 정부조직은 비영리조직에 속한다.
> (라) 비공식조직 내에서 인간관계를 지향하면서 공식조직이 생성되기도 한다.
> (마) 기업과 같이 이윤을 목적으로 하는 조직을 공식조직이라 한다.

① (가)(라)
② (나)(다)
③ (나)(마)
④ (다)(라)

40 다음은 SWOT분석을 통해 A제품의 무역업체가 실시한 환경 분석결과이다. 이에 대응하는 전략을 적절하게 분석한 것은?

구분	내용
강점 (Strength)	• 해외 조직 관리 경험 풍부 • 자사 해외 네트워크 및 유통망 다수 확보
약점 (Weakness)	• 순환 보직으로 잦은 담당자 교체 • 브랜드 이미지 관리에 따른 업무 융통성 부족
기회 (Opportunity)	• 현지에서 친숙한 자사 이미지 • 현지 정부의 우대 혜택 및 세제 지원 약속
위협 (Threat)	• 일본 경쟁업체와의 본격 경쟁체제 돌입 • 위안화 환율 불안에 따른 환차손 우려

내/외부환경 구분	강점(Strength)	약점(Weakness)
기회 (Opportunity)	① 세제 혜택을 통하여 환차손 리스크 회피 모색	② 타 해외 조직의 운영 경험을 살려 업무 융통성 벤치마킹
위협 (Threat)	③ 다양한 유통채널을 통하여 경쟁체제 우회 극복	④ 해외 진출 경험으로 축적된 우수 인력 투입으로 잦은 담당자 교체로 인한 업무 누수 방지

>>> 직무수행능력평가

41 아래의 보기에 제시된 내용에 가장 부합하는 것은?

> • 업무집행을 담당하는 무한책임사원과 출자만 담당하는 유한책임사원으로 구성된 형태의 회사이다.
> • 무한책임사원 및 유한책임사원이 자금을 출자해 구성된다.

① 주식회사
② 합명회사
③ 합자회사
④ 유한회사

42 다음과 같은 요인들의 상호작용을 통해서 나타날 수 있는 리더십 이론으로 가장 적절한 것은?

> • 리더와 구성원 관계가 좋다 또는 나쁘다.
> • 과업구조가 높다 또는 낮다.
> • 직위권력이 강하다 또는 약하다.

① 리더십 특성이론
② 리더십 관계이론
③ 리더십 상황이론
④ 리더－구성원 교환이론

43 다음 중 샤인(Schein)의 모형에서 인간의 4가지 유형으로 바르지 않은 것은?

① 자기실현인
② 문화인
③ 경제인
④ 복잡인

44 다음 중 일반적인 CRM의 필요성에 대한 내용으로 바르지 않은 사항은?

① 계속적으로 고객에게 서비스를 제공하기 위한 관리방안을 마련하기 위해 필요로 하게 되었다.
② 고객에 관한 정보가 급변하기 때문에 고객을 어떻게 세분화하고 목표고객을 어떻게 정할 것인가에 대한 해결방안을 도출해 내기 위함이다.
③ 소수의 전문부서에서 고객 관련 업무에 대해 책임을 지고 활동에 전념하기 위해 필요로 하게 되었다.
④ 기존 고객을 유지하기 위해서는 고객의 요구를 파악하는 것이 중요하게 대두되었다.

45 다음 중 소비자들이 필요로 하지만 해당 제품의 구입을 위해 많은 시간을 보내거나 노력을 경주할 의사가 없는 제품은?

① 편의품
② 선매품
③ 전문품
④ 비탐색품

46 다음 중 그레이프 바인에 관한 내용으로 옳지 않은 것은?

① 정보를 교환하는 과정에서 대인 간 접촉을 통해 사회적인 만족을 제공한다.
② 비밀경로가 상당히 활성화되게 되면 공식적인 경로에 혼선을 빚게 할 수 있다.
③ 부정확한 정보의 유통가능성은 전혀 없다.
④ 비적시적인 정보가 유통되기 쉽다.

47 다음 중 소비자의 합리적인 구매의사결정 과정에 대한 설명 중 가장 올바르지 않은 것은?

① 구매과정은 구매자가 문제 혹은 욕구를 인식함으로써 시작된다.
② 욕구가 발생되는 소비자는 대안을 평가하게 되는데, 대안의 평가기준은 개인적, 상업적, 공공적, 경험적 원천으로부터 제공받는다.
③ 최근 구매자가 구매과정에서 인터넷을 통해 정보를 탐색하는 경향이 많아지고 있다.
④ 구매의사결정단계에서 소비자는 선택 집합 내의 상표들 중에서 선호하는 것을 선택하고, 가장 선호하는 상표를 구매할 의도를 갖는다.

48 포지셔닝 분석 방법 중 제품 및 서비스가 가지고 있는 속성에 대해 고객이 선호하는 형태를 측정함으로써 해당 고객이 어떤 제품을 선택할 것인지 예측하는 기법을 무엇이라고 하는가?

① 컨조인트 분석방법
② 잠재고객 의견조사법
③ 소비자 설문조사법
④ 다차원 척도법

49 다음 중 그 성격이 다른 하나는 무엇인가?

① 도매상인
② 직송도매상
③ 진열도매상
④ 트럭도매상

50 특정 상품의 가격을 저렴하게 책정함으로써 소비자들을 점포로 유인하여 다른 제품의 매출을 증가시키는 가격전략은 무엇이라고 하는가?

① 유통업자상표 가격전략
② 재판매가격 유지전략
③ 손실유도전략
④ 가격층전략

51 제품이 소비자에 의하여 어떤 제품이라고 정의되는 방식을 의미하며, 경쟁 브랜드에 비하여 차별적으로 받아들일 수 있도록 고객들의 마음속에 위치시키는 노력을 무엇이라고 하는가?

① 제품 포지셔닝
② 제품 가격설정
③ 제품 촉진
④ 제품 브랜딩

52 SCOR 모델(supply chain operations reference model)에서 수요와 공급의 균형을 맞추는 프로세스로 가장 적절한 것을 고르면?

① 회수(return)
② 생산(make)
③ 계획(plan)
④ 구매(source)

53 다음 중 재고회전율에 대한 설명으로 가장 옳지 않은 것은?

① 재고회전율은 재고의 평균회전속도이다.
② 재고회전율이 높으면 품절 현상을 초래할 위험이 있다.
③ 재고량과 재고회전율은 서로 정비례한다.
④ 재고회전율이 낮으면 보관비용의 증대를 가져올 수 있다.

54 제품의 라이프사이클이 점점 짧아지고 제조기술 등이 급변함에 따라 급증하고 있는 간접비를 합리적인 기준으로 직접비로 전환하는 것으로 투입자원이 제품이나 서비스 등으로 변환하는 과정을 명확하게 밝혀 제품 또는 서비스의 원가를 계산하는 방식을 무엇이라고 하는가?

① Gross Margin Return On Labor
② Gross Margin Return On Selling area
③ Direct Product Profitability
④ Activity Based Costing

55 다음 중 무점포 소매의 형태에 해당하지 않는 것은?

① 텔레마케팅
② 방문판매
③ 홈쇼핑
④ 편의점

56 A 기업의 영업 결과 보고서에 따르면 A 기업에서 생산하는 우유의 연간 총이익은 1,000,000원, 순매출액은 5,000,000원, 평균 재고액(원가기준)은 200,000원이다. 이들 자료를 토대로 A 기업 우유의 GMROI(재고총이익률)은 얼마인가?

① 250%

② 300%

③ 400%

④ 500%

57 다음 재고관리 기법 중 정기 발주 시스템의 특징으로 가장 적절하지 않은 것은?

① 정확한 구입예산을 세울 필요가 있는 품목에 유용하다.

② 조달기간이 긴 품목에 유리하다.

③ 비교적 고가의 품목에 유용하게 사용된다.

④ 수요의 변동이 큰 재고에 유용하다.

58 아래의 내용이 의미하는 것으로 가장 적절한 것은?

> 이는 계획 기간 내에 변화하는 수요를 가장 경제적으로 충족시킬 수 있도록 기업이 보유한 생산 능력의 범위 내에서 생산수준, 고용수준, 재고수준, 하청수준 등을 결정하게 된다.

① 자재소요계획

② 총괄생산계획

③ 재고기록철

④ 월생산계획

59 다음 중 유형자산의 감가상각에 관한 내용으로 가장 바르지 않은 것은?

① 유형자산의 감가상각방법은 자산의 미래경제적 효익이 소비되는 형태를 반영한다.

② 유형자산의 감가상각은 자산이 사용가능한 때부터 시작한다.

③ 유형자산에 내재된 미래경제적 효익이 다른 자산을 생산하는데 사용되는 경우 유형자산의 감가상각액은 해당자산 원가의 일부가 된다.

④ 정액법으로 감가상각하는 경우, 감가상각이 완전히 이루어지기 전이라도 유형자산이 가동되지 않거나 유휴상태가 되면 감가상각을 중단해야 한다.

60 다음 중 유형자산의 취득원가를 구성하는 항목으로 보기 가장 어려운 것은?

① 재산세

② 취득세

③ 설치비

④ 정상적인 사용을 위한 시운전비

61 다음 중 충당부채, 우발부채 및 우발자산에 대한 설명으로 옳지 않은 것은?

① 충당부채로 인식되기 위해서는 과거 사건으로 인한 의무가 기업의 미래행위와 독립적이어야 한다. 따라서 불법적인 환경오염으로 인한 범칙금이나 환경정화비용의 경우에는 충당부채로 인식한다.

② 충당부채는 부채로 인식하는 반면, 우발부채와 우발자산은 부채와 자산으로 인식하지 않는다.

③ 당초에 다른 목적으로 인식된 충당부채를 어떤 지출에 대하여 사용하게 되면 다른 두 사건의 영향이 적절하게 표시되지 않으므로 당초 충당부채에 관련된 지출에 대해서만 그 충당부채를 사용한다.

④ 재무제표는 재무제표이용자들의 현재 및 미래 의사결정에 유용한 정보를 제공하는데 그 목적이 있다. 따라서 미래 영업을 위하여 발생하게 될 원가에 대해서 충당부채로 인식한다.

62 아래의 자료를 이용하여 추정기말상품재고액을 계산하면?

• 기초상품재고액	₩ 350,000	• 당기상품 매입액	₩ 2,000,000
• 당기상품매출액	₩ 3,000,000	• 매출총이익률	40%

① ₩500,000

② ₩550,000

③ ₩600,000

④ ₩650,000

63 다음 중 감가상각에 대한 설명으로 틀린 것은?

① 자산이 사용 가능한 때부터 감가상각을 시작한다.

② 정액법은 내용연수 동안 매년 일정한 상각액을 인식하는 방법이다.

③ 자본적 지출액은 감가상각비를 계산하는 데 있어서의 고려 대상이 아니다.

④ 정률법으로 감가상각하는 경우 기말 장부가액은 우하향 그래프의 곡선 형태를 나타낸다.

64 다음은 경영학 및 경제학과 관련한 설명이다. 이 중 가장 옳지 않은 것은?

① 경영학적인 관점에서 시장분석을 할 경우 수요와 공급에 영향을 미치는 중요한 요소로서 가격뿐만 아니라 제품의 품질, 시장의 발달단계, 소비자의 문화적 · 심리적인 요소 등이 있다.

② 거시경제학의 주요연구대상으로는 성장이론, 무역이론, 화폐이론, 경기순환이론 등을 들 수 있다.

③ 경영학적인 관점에서의 시장분석에서 가격은 단지 여러 가지 중요한 영향요소의 하나일 뿐이다.

④ 거시경제학에서는 가격이 수요와 공급에 어떻게 영향을 미치는가 혹은 수요와 공급이 가격에 어떻게 영향을 미치는가에 대하여 분석하는 것이다.

65 최근 정보통신기술의 발전은 제조업뿐만 아니라 유통업에 이르기까지 미치는 파급효과가 매우 크다. 과거의 산업혁명에 비유하여 '정보통신기술의 혁명'이라고 표현되기도 한다. 다음 중 전통적인 경제법칙과 구별되는 디지털 경제법칙에서의 생산함수를 가장 잘 표현한 것을 고른 것은?

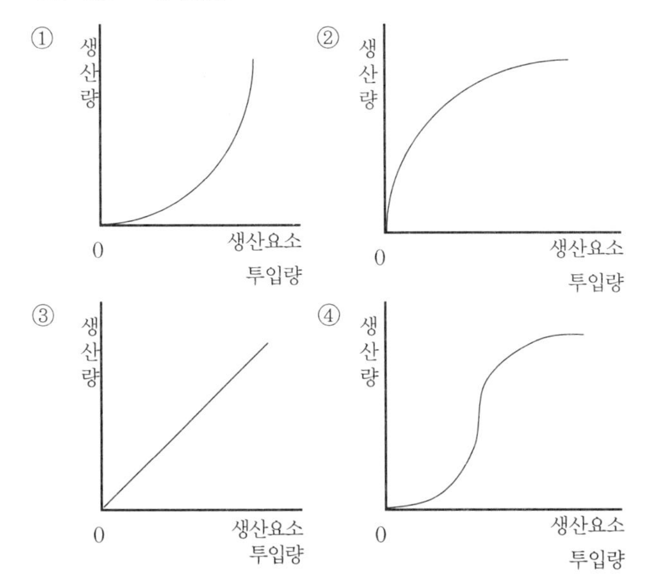

66 대출금리를 정할 때 대출자의 신용도에 따라 기준금리에 더하는 가산금리를 무엇이라고 하는가?

① 스프레드

② 액면분할

③ 풋옵션

④ 콜옵션

67 경쟁에서는 이겼지만 승리를 하기 위해 많은 비용을 들임으로써 오히려 위험에 빠지게 되거나 또는 더 큰 후유증을 겪게 되는 것을 무엇이라고 하는가?

① 승자의 저주

② 패자의 저주

③ 스파게티볼 효과

④ 초두 효과

68 다음 중 브릭스(BRICs)에 해당하지 않는 국가는 어디인가?

① 인도네시아

② 중국

③ 브라질

④ 인도

69 가격 및 물량을 사전에 정해 놓고 특정 주체에게 일정한 지분을 묶어 일괄매각하는 방식을 무엇이라고 하는가?

① 블록 세일

② 오버 세일

③ 에코 세일

④ 웨저 세일

70 환경적 요인에 의해 발생한 인플레이션을 무엇이라고 하는가?

① 애그 플레이션

② 디플레이션

③ 인플레이션

④ 에코 플레이션

>>> 주관식

71 품질확인이나 불량이 없다는 것을 보증하는데 있어 들게 되는 활동 비용을 무엇이라고 하는가?

72 일정 시간 동안 실제로 달성한 생산량을 의미하는 것은?

73 계속적인 경고로써 위험요인을 충분히 인지할 수 있음에도 이를 쉽게 간과하는 것을 무엇이라고 하는가?

74 자신들만의 표준만을 무조건적으로 고집함으로써 세계 시장의 흐름에 발맞추지 못하고 고립되는 현상을 무엇이라고 하는가?

75 유럽 지역에서 매출을 올리는 전세계 1000대 IT 기업들을 대상으로 매출을 기준으로 징수하는 세금을 무엇이라고 하는가?

IBK기업은행 필기시험

성 명

생 년 월 일							
⓪	⓪	⓪	⓪	⓪	⓪	⓪	⓪
①	①	①	①	①	①	①	①
②	②	②	②	②	②	②	②
③	③	③	③	③	③	③	③
④	④	④	④	④	④	④	④
⑤	⑤	⑤	⑤	⑤	⑤	⑤	⑤
⑥	⑥	⑥	⑥	⑥	⑥	⑥	⑥
⑦	⑦	⑦	⑦	⑦	⑦	⑦	⑦
⑧	⑧	⑧	⑧	⑧	⑧	⑧	⑧
⑨	⑨	⑨	⑨	⑨	⑨	⑨	⑨

아래에 문구를 빈칸에 정자로 기재하시오.

햇볕이 쏟아지는 가을날에 선선한 바람을 맞으며 하루를 보낸다.

필적확인란 :

직업기초능력평가									
1	①	②	③	④	21	①	②	③	④
2	①	②	③	④	22	①	②	③	④
3	①	②	③	④	23	①	②	③	④
4	①	②	③	④	24	①	②	③	④
5	①	②	③	④	25	①	②	③	④
6	①	②	③	④	26	①	②	③	④
7	①	②	③	④	27	①	②	③	④
8	①	②	③	④	28	①	②	③	④
9	①	②	③	④	29	①	②	③	④
10	①	②	③	④	30	①	②	③	④
11	①	②	③	④	31	①	②	③	④
12	①	②	③	④	32	①	②	③	④
13	①	②	③	④	33	①	②	③	④
14	①	②	③	④	34	①	②	③	④
15	①	②	③	④	35	①	②	③	④
16	①	②	③	④	36	①	②	③	④
17	①	②	③	④	37	①	②	③	④
18	①	②	③	④	38	①	②	③	④
19	①	②	③	④	39	①	②	③	④
20	①	②	③	④	40	①	②	③	④

직무수행능력평가									
41	①	②	③	④	56	①	②	③	④
42	①	②	③	④	57	①	②	③	④
43	①	②	③	④	58	①	②	③	④
44	①	②	③	④	59	①	②	③	④
45	①	②	③	④	60	①	②	③	④
46	①	②	③	④	61	①	②	③	④
47	①	②	③	④	62	①	②	③	④
48	①	②	③	④	63	①	②	③	④
49	①	②	③	④	64	①	②	③	④
50	①	②	③	④	65	①	②	③	④
51	①	②	③	④	66	①	②	③	④
52	①	②	③	④	67	①	②	③	④
53	①	②	③	④	68	①	②	③	④
54	①	②	③	④	69	①	②	③	④
55	①	②	③	④	70	①	②	③	④

주관식
71
72
73
74
75

SEOWONGAK
(주)서원각

IBK기업은행

필기시험 모의고사

제1회~제3회

- 정답 및 해설 -

(주)서원각

제1회 IBK기업은행 필기시험 정답 및 해설

>>> 직업기초능력평가

1 ③

제시된 지문은 공문서의 한 종류인 보도자료에 해당3문단에서 신대륙 건설 의지는 헨리 7세 국왕 때며, 17세기 들어 본격적인 영토 확장에 나섰음을 알 수 있다.

2 ④

작자는 오래된 물건의 가치를 단순히 기능적 편리함 등의 실용적인 면에 두지 않고 그것을 사용해온 시간, 그 동안의 추억 등에 두고 있으며 그렇기 때문에 오래된 물건이 아름답다고 하였다.

3 ②

인간은 매체를 사용하여 타인과 소통하는데 그 매체는 음성 언어에서 문자로 발전했으며 책이나 신문, 라디오나 텔레비전, 영화, 인터넷 등으로 발전해 왔다. 매체의 변화는 사람들 간의 소통양식은 물론 문화 양식에까지 영향을 미친다. 현대에는 음성, 문자, 이미지, 영상, 음악 등이 결합된 매체 환경이 생기고 있다. 이 글에서는 텔레비전 드라마가 인터넷, 영화, 인쇄매체 등과 연결되어 복제되는 형상을 낳기도 하고 수용자의 욕망이 매체에 드러난다고 언급한다. 즉 디지털 매체 시대의 독자는 정보를 수용하기도 하지만 생산자가 될 수도 있음을 언급하고 있다고 볼 수 있다.

4 ③

위 글은 생선을 조리하는 방법에 대해 나타나있지만 ㉢은 조선시대의 풍습에 대한 내용이다.

5 ②

② 수요와 공급 중 보다 탄력적인 쪽이 세금을 더 적게 부담한다.

6 ④

④ 세 번째 문단에서 알 수 있듯이 세금을 구입자에게 부과할 경우 공급 곡선은 이동하지 않는다.

7 ③

③ 공정한 보험에서는 보험료율과 사고 발생 확률이 같아야 하므로 A와 B에서의 보험료가 서로 같다면 A의 보험금이 2배이다. 따라서 A와 B에서의 보험금에 대한 기댓값은 서로 같다.

① A에서 보험료를 두 배로 높이면 보험금과 보험금에 대한 기댓값이 모두 두 배가 된다.

② B에서 보험금을 두 배로 높이면 보험료와 보험금에 대한 기댓값이 모두 두 배가 된다.

④ A와 B에서의 보험금이 서로 같다면 사고 발행 확률이 2배인 B에서의 보험료가 A에서의 보험료의 두 배이다.

8 ④

① 중대한 과실로 인해 알지 못한 경우에는 보험 가입자가 고지 의무를 위반했어도 보험사의 해지권은 배제되며 보험금은 돌려받을 수 없다.

② 이미 보험금을 지급했더라도 계약을 해지할 수 있고 보험금에 대한 반환을 청구할 수 있다.

③ 보험 가입자의 잘못보다 보험사의 잘못에 더 책임을 둔다.

9 ③

- A의 소금의 양은 $120 \times 0.3 = 36g$
- B의 소금물의 양을 x라 할 때, 들어있는 소금의 양은 $x \times 0.4 = 0.4x$
- A와 B를 섞었을 때의 농도는

$\frac{36+0.4x}{120+x} \times 100 = 34\%$, $\therefore x = 80$

따라서 B의 소금물의 양 ㉠은 $80g$이다.

10 ①

- ㉡ = ㉠ × 0.4 = 80 × 0.4 = 32
- ㉣ = ㉢ × 0.34 = (소금물A + 소금물B) × 0.34 = (120 + 80) × 0.34 = 68

따라서 32 + 68 = 100

11 ③

A사는 대규모기업에 속하므로 양성훈련의 경우 총 필요 예산인 1억 3,000만 원의 60%를 지원받을 수 있다. 따라서 1억 3,000만 원 × 0.6 = 7,800만 원이 된다.

12 ②

② 2024년 3분기 중국 상하이종합 지수는 전분기 대비 약 15.70% 상승하였다.

13 ③

2025년 1월 7일 코스닥 지수 : 561.32

2024년 12월 30일 코스닥 지수 : 542.97

2024년 12월 30일 코스닥 지수를 100%로 봤을 때 2025년 1월 7일 코스닥 지수는 103.37956 … %이므로 약 3.38% 상승했음을 알 수 있다.

14 ④

④ 가구주 연령이 40대인 귀촌 가구는 2022~2024년 기간 동안 약 123.1% 증가하였다.

15 ④

④ 보고서에 따르면 농어촌의 57개 지역과 대도시의 14개 지역은 기초노령연금 수급률이 80%를 넘었다고 하였다. 그러나 그래프 상에서 기초노령연금 수급률이 80%를 넘는 대도시는 없는 것으로 나타났다.

16 ④

㉠ 2014년에 '갑'이 x원어치의 주식을 매수한 뒤 같은 해에 동일한 가격으로 전량 매도했다고 하면, 주식을 매수할 때의 주식거래 비용은 $0.1949x$원이고 주식을 매도할 때의 주식거래 비용은 $0.1949x + 0.3x = 0.4949x$원으로 총 주식거래 비용의 합은 $0.6898x$원이다. 이 중 증권사 수수료는 $0.3680x$원으로 총 주식거래 비용의 50%를 넘는다.

㉢ 금융투자협회의 2024년 수수료율은 0.0008%로 2021년과 동일하다.

17 ①

첫 번째와 두 번째 조건을 정리해 보면, 세 사람은 모두 각기 다른 건물에 연구실이 있으며, 오늘 갔던 서점도 서로 겹치지 않는 건물에 있다.

세 번째 조건에서 최 교수와 김 교수는 오늘 문학관 서점에 가지 않았다고 하였으므로 정 교수가 문학관 서점에 간 것을 알 수 있다. 즉, 정 교수는 홍보관에 연구실이 있고 문학관 서점에 갔다.

네 번째 조건에서 김 교수는 정 교수가 오늘 갔던 서점이 있는 건물에 연구실이 있다고 하였으므로 김 교수의 연구실은 문학관에 있고, 따라서 최 교수는 경영관에 연구실이 있다.

두 번째 조건에서 자신의 연구실이 있는 건물이 아닌 다른 건물에 있는 서점에 갔었다고 했으므로, 김 교수가 경영관 서점을 갔고 최 교수가 홍보관 서점을 간 것이 된다. 이를 표로 나타내면 다음과 같다.

교수	정 교수	김 교수	최 교수
연구실	홍보관	문학관	경영관
서점	문학관	경영관	홍보관

18 ②

- 甲 : 디자인 점수가 가장 높은 핸드크림은 D사 핸드크림이다.
- 丙 : 가격 점수가 가장 높은 핸드크림은 C사 핸드크림이다.
- 乙 : 인지도 점수가 가장 높으면서 다음으로 지속성이 높은 핸드크림은 E사 핸드크림이다.
- 戊 : 합계가 제일 높은 핸드크림은 A사 핸드크림이다.

19 ④

승 · 무 · 패를 따지면 가능한 점수는 140점이다.

승	무	패	총점
30	0	0	30 × 5 = 150
29	1	0	(29 × 5) + 1 = 146
29	0	1	(29 × 5) − 1 = 144
28	2	0	(28 × 5) + (1 × 2) = 142
28	1	1	(28 × 5) + 1 − 1 = 140
28	0	2	(28 × 5) − (1 × 2) = 138

20 ②

실제 전투능력을 정리하면 경찰(3), 헌터(4), 의사(2), 사무라이(8), 폭파전문가(2)이다.

이를 토대로 탈출 통로의 좀비수와 처치 가능 좀비수를 계산해 보면

- 동쪽 통로 11마리 좀비
  폭파전문가(2), 사무라이(8)하면 10마리의 좀비를 처치 가능
- 서쪽 통로 7마리 좀비
  헌터(4), 경찰(3)하면 7마리의 좀비 모두 처치 가능
- 남쪽 통로 11마리 좀비
  헌터(4), 폭파전문가(2) 6마리의 좀비 처치 가능
- 북쪽 통로 9마리 좀비
  경찰(3), 의사(2)−전투력 강화제(1) 6마리의 좀비 처치 가능

21 ①

다음과 같은 배치로 생각할 수 있다. A와 D는 서로 붙어 있다.

Ⓐ

Ⓓ Ⓒ

Ⓔ ◯

Ⓑ

22 ②

㈎ 충전시간 당 통화시간은 A모델 6.8H > D모델 5.9H > B모델 4.8H > C모델 4.0H 순이다. 음악재생시간은 D모델 > A모델 > C모델 > B모델 순으로 그 순위가 다르다. (X)

㈏ 충전시간 당 통화시간이 5시간 이상인 것은 A모델 6.8H과 D모델 5.9H이다. (O)

㈐ 통화 1시간을 감소하여 음악재생 30분의 증가 효과가 있다는 것은 음악재생에 더 많은 배터리가 사용된다는 것을 의미하므로 A모델은 음악재생에, C모델은 통화에 더 많은 배터리가 사용된다. (X)

㈑ B모델은 통화시간 1시간 감소 시 음악재생시간 30분이 증가한다. 현행 12시간에서 10시간으로 통화시간을 2시간 감소시키면 음악재생시간이 1시간 증가하여 15시간이 되므로 C모델과 동일하게 된다. (O)

23 ③

두 개의 제품 모두 무게가 42g 이하여야 하므로 B모델은 제외된다. K씨는 충전시간이 짧고 통화시간이 길어야 한다는 조건만 제시되어 있으므로 나머지 세 모델 중 A모델이 가장 적절하다.

친구에게 선물할 제품은 통화시간이 16시간이어야 하므로 통화시간을 더 늘릴 수 없는 A모델은 제외되어야 한다. 나머지 C모델, D모델은 모두 음악재생시간을 조절하여 통화시간을 16시간으로 늘릴 수 있으며 이때 음악재생시간 감소는 C, D모델이 각각 8시간(통화시간 4시간 증가)과 6시간(통화시간 3시간 증가)이 된다. 따라서 두 모델의 음악재생 가능시간은 15 − 8 = 7시간, 18 − 6 = 12시간이 된다. 그런데 일주일 1회 충전하여 매일 1시간씩의 음악을 들을 수 있으면 된다고 하였으므로 7시간 이상의 음악재생시간이 필요하지는 않으며, 7시간만 충족될 경우 고감도 스피커 제품이 더 낫다고 요청하고 있다. 따라서 D모델보다 C모델이 더 적절하다는 것을 알 수 있다.

24 ②

맨 오른쪽에 서 있던 것은 영수이고, 민지는 맨 왼쪽에 있지 않았으므로, 경호, 민지, 영수의 순으로 서 있었다는 것을 알 수 있다. 5층에서 영수가 내리고 엘리베이터가 다시 올라갈 때 경호는 맨 왼쪽에 서 있게 된다.

25 ③

- 영업팀 : 영어 능통자 → 미국에 5년 동안 거주한 丁
  대인관계 원만한 자 → 폭넓은 대인관계를 가진 乙
- 인사팀 : 논리 활용 프로그램 사용 적합자 → 컴퓨터 활용능력 2급 자격증을 보유하고 논리적 · 수학적 사과력이 우수한 丙
- 홍보팀 : 홍보 관련 업무 적합자, 외향적 성격 소유자 → 광고학을 전공하고 융통성 있는 사고를 하는 戊, 서비스업 관련 아르바이트 경험이 많은 甲

따라서 보기 ③과 같은 인력 배치가 자질과 능력에 따른 적재적소에 인력을 배치한 것이 된다.

26 ③

업무단계별 총 처리비용을 계산하면 다음과 같다.

업무단계	처리비용(원)
접수확인	(신입 20건 + 경력 18건 + 인턴 16건) × 500원 = 27,000원
인적성(Lv1)평가	신입 20건 × 2,000원 = 40,000원
인적성(Lv2)평가	(신입 20건 + 경력 18건) × 1,000원 = 38,000원
직무능력평가	인턴 16건 × 1,500원 = 24,000원
합격여부통지	(신입 20건 + 경력 18건 + 인턴 16건) × 400원 = 21,600원

따라서 총 처리비용이 두 번째로 큰 업무단계는 인적성(Lv2)평가이다.

27 ②

주어진 비용 항목 중 원재료비, 장비 및 시설비, 출장비, 인건비는 직접비용, 나머지는 간접비용이다.

- 직접비용 총액 : 4억 2백만 원 + A
- 간접비용 총액 : 6천만 원 + B

간접비용이 전체 직접비용의 30%를 넘지 않게 유지하여야 하므로,

(4억 2백만 원 + A) × 0.3 ≧ 6천만 원 + B

따라서 보기 중 ②와 같이 출장비에 8백만 원, 광고료에 6천만 원이 책정될 경우에만, 직접비용 총계는 4억 1천만 원, 간접비용 총계는 1억 2천만 원이므로 팀장의 지시사항을 준수할 수 있다.

28 ③

시간 관리를 효율적으로 하기 위하여 (나), (마), (사)는 다음과 같이 수정되어야 한다.

(나) 시간 배정을 계획하는 일이므로 무리한 계획을 세우지 말고, 실현 가능한 것만을 계획하여야 한다.

(마) 시간계획은 유연하게 해야 한다. 시간계획은 그 자체가 중요한 것이 아니고, 목표달성을 위해 필요한 것이다.

(사) 꼭 해야만 할 일을 끝내지 못했을 경우에는 차기 계획에 반영하여 끝내도록 하는 계획을 세우는 것이 바람직하다.

29 ③

A는 주택소유자로서 소득인정액이 중위소득의 40%이므로 중위소득 35% 이상 43% 미만에 해당하여 총 보수비용의 80%를 지원받는다. A주택은 지붕의 수선이 필요하므로 주택보수비용 지원 내용에 따라 950만 원이 지원된다.

따라서 A가 지원받을 수 있는 주택보수비용의 최대 액수는 950만 원의 80%인 760만 원이 된다.

30 ③

③ 이동 후 인원수가 감소한 부서는 37명 → 31명으로 바뀐 관리팀뿐이다.

① 영업팀은 1명 증가, 생산팀은 5명 증가, 관리팀은 6명 감소로 관리팀의 인원수 변화가 가장 크다.

② 이동 전에는 영업팀 > 관리팀 > 생산팀 순으로 인원수가 많았으나, 이동 후에는 영업팀 > 생산팀 > 관리팀 순으로 바뀌었다.

④ 가장 많은 인원이 이동해 온 부서는 영업팀(9+10=19)과 생산팀(7+12=19)이며, 관리팀으로 이동해 온 인원은 11+5=16명이다.

31 ②

한 셀에 두 줄 이상 입력하려고 하는 경우 줄을 바꿀 때는 〈Alt〉+〈Enter〉를 눌러야 한다.

32 ③

$n=0,\ S=1$

$n=1,\ S=1+1^2$

$n=2,\ S=1+1^2+2^2$

…

$n=7,\ S=1+1^2+2^2+\cdots+7^2$

∴ 출력되는 S의 값은 141이다.

33 ④

구하고자 하는 값은 “생산부 사원”의 승진시험 점수의 평균이다. 주어진 조건에 따른 평균값을 구하는 함수는 AVERAGEIF와 AVERAGEIFS인데 조건이 1개인 경우에는 AVERAGEIF, 조건이 2개 이상인 경우에는 AVERAGEIFS를 사용한다.

[=AVERAGEIFS(E3:E20,B3:B20,“생산부”,C3:C20,‘ ‘사원”)]

34 ②

(나) 부분의 선택 – 처리 과정이 잘못되었다.

‘구슬 개수 나누기 2의 나머지
= 0’ → (참) → 정답을 ‘짝수’로 정하기

‘구슬 개수 나누기 2의 나머지
= 0’ → (거짓) → 정답을 ‘홀수’로 정하기

35 ③

버블 정렬은 서로 이웃한 데이터들을 비교하여 가장 큰 데이터를 가장 뒤로 보내는 정렬이다.

㉠ 1회전

<table>
<tr><td colspan="2">9↔6</td><td>7</td><td>3</td><td>5</td></tr>
<tr><td>6</td><td colspan="2">9↔7</td><td>3</td><td>5</td></tr>
<tr><td>6</td><td>7</td><td colspan="2">9↔3</td><td>5</td></tr>
<tr><td>6</td><td>7</td><td>3</td><td colspan="2">9↔5</td></tr>
<tr><td>6</td><td>7</td><td>3</td><td>5</td><td>9</td></tr>
</table>

㉡ 2회전

<table>
<tr><td>6</td><td colspan="2">7↔3</td><td>5</td><td>9</td></tr>
<tr><td>6</td><td>3</td><td colspan="2">7↔5</td><td>9</td></tr>
<tr><td>6</td><td>3</td><td>5</td><td>7</td><td>9</td></tr>
</table>

㉢ 3회전

<table>
<tr><td colspan="2">6↔3</td><td>5</td><td>7</td><td>9</td></tr>
<tr><td>3</td><td colspan="2">6↔5</td><td>7</td><td>9</td></tr>
<tr><td>3</td><td>5</td><td>6</td><td>7</td><td>9</td></tr>
</table>

36 ②

② “유럽에서의 한방 원료 등을 이용한 ‘Korean Therapy’ 관심 증가”라는 기회를 이용하여 “아시아 외 시장에서의 존재감 미약”이라는 약점을 보완하는 WO전략에 해당한다.

37 ④

브레인스토밍이란 여러 사람이 한 가지의 문제를 놓고 아이디어를 비판 없이 제시하여 그중 최선책을 찾는 방법으로 아이디어가 많을수록 좋다.

38 ②

가족 소유의 상점은 조직규모를 기준으로 소규모 조직에 해당된다.

39 ④

인력수급계획 및 관리, 교육체계 수립 및 관리는 인사부에서 담당하는 업무의 일부이다.

40 ①

조직체제 구성요소

㉠ **조직목표**: 조직이 달성하려는 장래의 상태로 조직이 존재하는 정당성과 합법성을 제공한다. 전체 조직의 성과, 자원, 시장, 인력개발, 혁신과 변화, 생산성에 대한 목표가 포함된다.

㉡ **조직구조**: 조직 내의 부문 사이에 형성된 관계로 조직목표를 달성하기 위한 조직구성원들의 상호작용을 보여준다. 조직구조는 결정권의 집중정도, 명령계통, 최고경영자의 통제, 규칙과 규제의 정도에 따라 달라지며 구성원들의 업무나 권한이 분명하게 정의된 기계적 조직과 의사결정권이 하부 구성원들에게 많이 위임되고 업무가 고정적이지 않은 유기적 조직으로 구분될 수 있다. 조직의 구성은 조직도를 통해 쉽게 파악할 수 있는데, 이는 구성원들의 임무, 수행하는 과업, 일하는 장소 등을 파악하는데 용이하다.

㉢ **조직문화**: 조직이 지속되게 되면서 조직구성원들 간에 공유되는 생활양식이나 가치로 조직구성원들의 사고와 행동에 영향을 미치며 일체감과 정체성을 부여하고 조직이 안정적으로 유지되게 한다. 최근 조직문화에 대한 중요성이 부각되면서 긍정적인 방향으로 조성하기 위한 경영층의 노력이 이루어지고 있다.

㉣ **조직의 규칙과 규정**: 조직의 목표나 전략에 따라 수립되어 조직구성원들의 활동범위를 제약하고 일관성을 부여하는 기능을 하는 것으로 인사규정, 총무규정, 회계규정 등이 있다. 특히 조직이 구성원들의 행동을 관리하기 위하여 규칙이나 절차에 의존하고 있는 공식화 정도에 따라 조직의 구조가 결정되기도 한다.

>>> 직무수행능력평가

41 ④

확증비용은 대리인이 자신이 하는 경영활동 및 의사활동 등이 주주들의 이익을 위한 것임을 증명하는데 있어 소요되는 비용을 말한다.

42 ③

아담스의 공정성 이론은 동기부여의 과정이론에 해당한다.

43 ③

시장의 성장률은 높지만 해당 기업의 시장 점유율이 낮은 사업은 의문표(question mark) 영역에 포함된다. 시장 점유율을 증가시키기 위해 많은 비용이 소모될 뿐만 아니라 시장의 성장률이 높기에 점유율을 유지하는데도 많은 비용이 필요하다. 때문에 경영자는 자금과 마케팅 투자를 통해 Star 방향으로 전환시킬 것인지 시장을 포기할 것인지 결정하게 된다. 시장이 매력적이고 경쟁사 대비 지속적인 차별화가 가능하다면 투자가 이루어져야 할 것이고, 시장의 매력도가 낮거나 경쟁사와 차별화 시킬 만한 자원이 없다면 정리하는 것이 바람직하다.

44 ②

내부 모집은 외부모집에 비해 과대경쟁이 유발되고, 사내에 파벌이 조성될 수 있다.

45 ③

MOT(Moments of Truth)는 고객이 서비스 품질에 대한 강한 인상을 가지게 되는 시점을 의미한다. 바로 어느 한 순간에 고객의 인정을 받을 수도 있고 반대로 고객의 신뢰를 잃을 수도 있기 때문에 기업은 고객과의 접점의 순간을 정확하게 파악하고 있어야 한다.

46 ③

CRM은 고객획득보다는 고객유지에 더욱 중점을 둔다.

47 ①

잠재적 수요의 경우에는 개발적 마케팅 전략을 사용한다.

48 ③

③ 준거가격은 소비자가 제품에 대해 가격이 비싼지 또는 저렴한지를 판단하는 데 있어 기준으로 삼는 가격을 의미한다.

① 단수가격은 제품가격을 100원, 1,000원 등으로 하지 않고 95원, 990원 등의 단수를 붙여 판매하는 것을 의미한다.

② 이중요율은 가격의 체계가 기본요금 및 사용요금의 두 가지로 이루어진 것을 의미한다.

④ 유보가격은 소비자가 특정의 상품에 대해 구매를 하기 위해서 지불할 수 있는 최대 금액을 의미한다.

49 ②

전속적 유통은 소비자가 제품구매를 하는 데 있어 열성적으로 정보탐색을 하고 이러한 제품을 판매하는 점포에까지 가서 기꺼이 구매에 드는 수고로움을 감수하는 특성을 가진 전
문품에 적합한 전략이며, 편의품의 경우에는 집약적 유통에 해당한다.

50 ①

동시공학은 여러 부서의 전문가들로 구성된 팀을 통해 제품개발과정을 구성하는 다양한 활동을 동시에 수행하고자 하는 것으로 생산공정을 통합하고 모든 작업을 동시에 진행시키는 것을 의미한다.

51 ③

총괄생산계획에는 재고수준, 고용수준, 하도급, 산출량 등이 포함된다.

52 ④

파이프라인 수송은 포장 작업이 필요 없고, 단위 당 수송비용이 저렴하다는 이점이 있는 반면에 수송할 수 있는 대상물이 극히 한정되어 있으며 지리적 유연성도 제한되어 있다는 문제점이 있다.

53 ①

① 수익관리는 고객 집단별로 적기에 가격을 차별화하여 고정된 공급 용량으로 수익을 최대화하는 것을 의미한다.

② 약정 시스템은 고객에게 특정 서비스 시간을 할당하는 것을 말한다.

③ 주문적체는 제조업체가 미래에 인도하기로 약속한 고객의 주문을 쌓아둔 것을 말한다.

④ 보완적 제품은 비슷한 자원을 활용하면서도 수요주기가 다른 제품이나 서비스를 말한다.

54 ①

린 시스템의 5S로는 정리(sort), 정돈(straighten), 청소(shine or sweep), 습관화(sustain), 청결(표준화)(standardize) 등이 있다.

55 ③

SWOT 분석은 다음과 같은 의미를 지니고 있다.

㉠ 강점(Strength) : 회사가 소유하고 있는 장점

㉡ 약점(Weakness) : 회사가 가지고 있는 약점

㉢ 기회(Opportunity) : 외부환경의 기회(시장이나 환경적 측면에서 매출이나 수익성 향상의 기회)

㉣ 위협(Threat) : 외부환경의 위협(매출이나 수익성 악화의 위협

56 ①

2차 자료는 현재의 조사목적에 도움을 줄 수 있는 기존의 모든 자료를 말하므로 기존에 만들어진 모든 자료를 의미한다. 신디케이트 자료는 2차 자료로 활용되는 자료로서 이는 다른 말로 상업자료(commercial data)라고도 하며 외부의 독립적인 조사기관들이 영리를 목적으로 특정한 자료를 수집하여 특정한 기업이나 기관으로 판매하는 상업적인 자료를 말한다.

57 ③

① 제품(product)에 대한 설명이다.

② 가격(price)에 대한 설명이다.

④ 유통(place)에 대한 설명이다.

58 ④

선물은 미래의 특정 시점에 정해진 가격으로 특정 자산을 사고팔기로 현재 시점에서 약정한 계약을 의미한다.

59 ②

차입금은 부채계정에 해당한다.

60 ②

손익계산서의 총비용과 총수익을 비교하여 당기순손익을 구하는 방법은 손익법이며, 재산법은 기초자본 및 기말자본을 비교해서 당기순이익을 계산하는 방법이다.

61 ④

선급금은 당좌자산에 해당한다.

62 ①

기업의 정상적인 영업활동의 결과로써 재고자산은 제조와 판매를 통해 매출원가로 대체된다. 하지만, 재고자산이 외부 판매 이외의 용도로 사용될 경우에는 '타계정대체'라 하며 이때는 매출원가가 증가하지 않는다.

63 ②

선급비용은 유동자산에 해당한다.

64 ①

② 다수의 기업이 존재하고, 시장 진입과 퇴출이 자유롭고, 시장에 대한 정보가 완전하다. 완전경쟁시장에서 상품은 동질적인데 반하여 독점적 경쟁시장에서의 상품은 차별화되어 있다.

③ 소수의 생산자, 기업이 시장을 장악하고 비슷한 상품을 생산하며 같은 시장에서 경쟁하는 시장 형태를 의미한다.

④ 하나의 기업이 한 산업을 지배하는 시장 형태를 의미한다.

65 ②

보호무역의 정책수단에는 관세와 비관세장벽(NTB)이 있다. 보조금 지급, 수량제한, 수출자율규제(VER) 등은 비관세수단에 포함되는 보호무역 수단이다.

66 ②

피셔효과는 '명목이자율=실질이자율+인플레이션율'로 나타내며 장기간에 인플레이션율이 상승하면 명목이자율에 직접 반영되어 실질이자율에는 아무런 영향이 없게 된다.

67 ②

BIS비율은 국제결제은행(BIS)이 정한 각 은행의 자기자본비율을 의미한다. 은행, 종합금융사, 신용금고 등 일반금융회사의 건전성 및 안정성 등을 판단하는 국제기준으로 통한다.

68 ①

토빈세(Tobin Tax)는 단기성 외환거래에 부과하는 세금으로, 국제투기자본의 무분별한 자본시장 왜곡을 막기 위해 단기 외환거래에 부과하는 세금을 의미한다.

69 ③

곰의 포옹은 사전 경고 없이 매수자가 목표 기업의 경영진에 편지를 보내 매수제의를 하고 신속한 의사결정을 요구하는 M&A 방법이다.

70 ④

스필오버 효과는 물이 넘쳐흘러 인근의 메마른 논까지 혜택을 보게 된다는 것으로 어느 한 영역에서 일어난 경제 현상 또는 한 국가에서 취한 정책의 영향 및 혜택이 타 영역이나 지역 등으로 퍼져나가는 현상을 의미한다.

>>> 주관식

71 다각화

다각화는 이전 사업의 확장만으로는 더 이상 자사의 목표를 추구할 수 없을 경우 또는 다각화 기회의 이득이 기존 사업의 확장 이득보다 더 크다고 전망될 경우에 추진하는 것으로써 한 기업이 다른 여러 산업에 참여하는 것으로 기존의 업종에서 다른 업종으로 진출하여 사업영역을 확대하는 것을 의미한다.

72 재무상태표

재무상태표는 일정 시점 현재 기업의 재무상태(자산, 부채, 자본)를 나타내는 보고서를 말한다.

73 주가수익비율(PER : Price Earning Ratio)

주가수익비율(PER : Price Earning Ratio)은 주가가 해당 회사 1주당 수익의 몇 배가 되는지를 나타내는 지표로써, 주가를 주당 순이익(EPS)으로 나누어 계산한다.

74 로우볼 전략

로우볼 전략은 낮은 변동성을 보이는 주식에 분산투자하는 전략으로 이는 위험은 낮고 수익은 높일 수 있는 투자방법이라 할 수 있다.

75 조세피난처

조세피난처는 법인의 실제 소득의 상당 부분에 대해 과세하지 않는 국가 또는 지역인데, 대신 이들 국가 또는 지역 등은 계좌유지수수료나 법인설립수수료를 받는다.

제2회 IBK기업은행 필기시험 정답 및 해설

>>> 직업기초능력평가

1 ③

화자는 한 번에 두 가지 이상의 일을 하는 것은 마음에게 흩어지라고 지시하는 것이라고 언급한다. 또한 글의 중후반부에서 당신이 하는 모든 일은 당신의 온전한 주의를 받을 가치가 있는 것이어야 한다고 강조한다. 따라서 이 글의 중심 내용은 '자신이 하는 일에 전적으로 주의를 집중하라'가 적절하다.

2 ①

① 매우 다정하고 허물없는 친구사이

② 자나 깨나 잊지 못함

③ 끊임없는 노력과 끈기 있는 인내로 성공하고야 만다는 뜻

④ 멀리 떠나온 자식이 어버이를 사모하여 그리는 정

3 ③

'이제 더 이상 대중문화를 무시하고 엘리트 문화지향성을 가진 교육을 하기는 힘든 시기에 접어들었다.'가 이 글의 핵심문장이라고 볼 수 있다. 따라서 대중문화의 중요성에 대해 말하고 있는 ③이 정답이다.

4 ③

㈎에서 과학자가 설계의 문제점을 인식하고도 노력하지 않았기 때문에 결국 우주왕복선이 폭발하고 마는 결과를 가져왔다고 말하고 있다. ㈏에서는 자신이 개발한 물질의 위험성을 알리고 사회적 합의를 도출하는 데 협조해야 한다고 말하고 있다. 두 글을 종합해 보았을 때 공통적으로 말하고자 하는 바는 '과학자로서의 윤리적 책무를 다해야 한다'라는 것을 알 수 있다.

5 ③

③ 받을 연금과 내는 보험료의 비율이 누구나 일정하여 보험료 부담이 공평한 것은 적립방식이다. 부과방식은 현재 일하고 있는 사람들에게서 거둔 보험료를 은퇴자에게 사전에 정해진 금액만큼 연금을 지급하는 것으로, 노인 인구가 늘어날 경우 젊은 세대의 부담이 증가할 수 있다고 언급하고 있다.

6 ④

④ 확정급여방식의 경우 나중에 얼마의 연금을 받을지 미리 정해놓고 보험료를 납부하는 것으로 기금 운용 과정에서 발생하는 투자의 실패를 연금 관리자가 부담하게 된다. 따라서 투자 수익이 부실한 경우에도 가입자가 보험료를 추가로 납부해야 하는 문제는 발생하지 않는다.

7 ③

[A]에서 채소 중개상은 배추 가격이 선물 가격 이상으로 크게 뛰어오르면 많은 이익을 챙길 수 있다는 기대에서 농민이 우려하는 가격 변동에 따른 위험 부담을 대신 떠맡는 데 동의한 것이다. 즉, 선물 거래 당사자인 채소 중개상에게 가격 변동에 따른 위험 부담이 전가된 것이라고 할 수 있다.

8 ①

① ㉠과 ㉡ 모두 가격 변동의 폭에 따라 손익의 규모가 달라진다.

9 ③

작년 일반 성인입장료를 x원이라고 할 때, A시민 성인입장료는 $0.6x$ 원이다.

각각 5,000원씩 할인하면

$(x-5{,}000):(0.6x-5{,}0000)=5:2$ 이므로 외항과 내항을 곱하여 계산한다.

$5(0.6x-5{,}000)=2(x-5{,}000)$

$3x-25{,}000=2x-10{,}000$

$x=15{,}000$

∴ 올해 일반 성인입장료는 5,000원 할인된 10,000원이다.

10 ④

외국계기업은 11.8%와 4.1%를 보이고 있어 7.7%p의 가장 큰 차이를 나타내고 있음을 알 수 있다.

11 ③

③ 두 표 모두 향후 구매를 '늘리겠다.'고 응답한 비율은 41.2%로 '줄이겠다.'라고 응답한 비율(29.4%)과 '유지하겠다.'라고 응답한 비율(29.4%)보다 높은 것으로 나타났다.

12 ①

$$\frac{647{,}314-665{,}984}{665{,}984}\times 100=-2.88 ≒ -2.9$$

13 ①

① 2023년 4분기, 2024년 1분기에 각각 GDP 성장률이 하락하였다.

14 ①

2025년 전체 지원자 수를 x라 하면, $27:270=100:x$

$\therefore x=1{,}000$

2024년의 전체 지원자 수도 1,000명이므로 건축공학과 지원자 수는 $1{,}000\times\frac{242}{1{,}000}=242$

$270-242=28$(명)

15 ④

A~D의 효과성과 효율성을 구하면 다음과 같다.

구분	효과성		효율성	
	산출/목표	효과성 순위	산출/투입	효율성 순위
A	$\frac{500}{(가)}$	3	$\frac{500}{200+50}=2$	2
B	$\frac{1{,}500}{1{,}000}=1.5$	2	$\frac{1{,}500}{(나)+200}$	1
C	$\frac{3{,}000}{1{,}500}=2$	1	$\frac{3{,}000}{1{,}200+(다)}$	3
D	$\frac{(라)}{1{,}000}$	4	$\frac{(라)}{300+500}$	4

- A와 D의 효과성 순위가 B보다 낮으므로 $\frac{500}{(가)}$, $\frac{(라)}{1{,}000}$의 값은 1.5보다 작고 $\frac{500}{(가)} > \frac{(라)}{1{,}000}$가 성립한다.

• 효율성 순위가 1순위인 B는 2순위인 A의 값보다 커야 하므로 $\frac{1,500}{(나)+200} > 2$이다.

• C와 D의 효율성 순위가 A보다 낮으므로 $\frac{3,000}{1,200+(다)}$, $\frac{(라)}{300+500}$의 값은 2보다 작고 $\frac{3,000}{1,200+(다)} > \frac{(라)}{300+500}$가 성립한다.

따라서 이 조건을 모두 만족하는 값을 찾으면 ㈎, ㈏, ㈐, ㈑에 들어갈 수 있는 수치는 ④이다.

16 ④

④ 2021 ~ 2024년 동안 게임 매출액이 음원 매출액의 2배 이상인 경우는 2021년 한 번 뿐이며, 그 외의 기간 동안에는 모두 2배에 미치지 못하고 있다.

① 게임은 2022년에, 음원은 2020년에, SNS는 2021년과 2023년에 각각 전년대비 매출액이 감소한 반면, 영화는 유일하게 매년 매출액이 증가하고 있다.

② 2024년 SNS 매출액은 341백만 원으로 전년도의 104백만 원의 3배 이상이나 되는 반면, 다른 콘텐츠의 매출액은 전년도의 2배에도 미치지 못하고 있으므로 SNS의 전년대비 매출액 증가율이 가장 크다.

③ 영화 매출액의 비중을 일일이 계산하지 않더라도 매년 영화 매출액은 전체 매출액의 절반에 육박하고 있다는 점을 확인한다면 전체의 40% 이상을 차지한다는 것도 쉽게 알 수 있다.

17 ③

첫 번째와 두 번째 규칙에 따라 두 사람의 점수 총합은 4 × 20 + 2 × 20 = 120점이 된다. 이 때 두 사람 중 점수가 더 낮은 사람의 점수를 x점이라고 하면, 높은 사람의 점수는 120 − x점이 되므로 $120 - x = x + 12$가 성립한다.

따라서 $x = 54$이다.

18 ②

경수는 일반기업체에 정규직으로 입사한 지 1년 이상 되었으며 연 소득도 2,000만 원 이상이므로 '샐러리맨 우대대출' 상품이 적당하다.

19 ①

개발자 채용을 위해 브레인스토밍 방식을 활용하고 있다. 丙은 乙이 제시하는 아이디어를 줄곧 비판하고 있다. 丁은 최대한 많은 아이디어, 그리고 丙의 아이디어와 자신의 아이디어를 결합하여 제시하고 있다.

20 ④

㉠ a를 '을'팀이 맡는 경우 : 4개의 프로젝트를 맡은 팀이 2팀이라는 조건에 어긋난다. 따라서 a를 '을'팀이 맡을 수 없다.

갑	c, d, e	0→3개
을	a, b	1→3개
병		2→3개
정		2→3개
무		3→4개

㉡ f를 '갑'팀이 맡는 경우 : a, b를 '병'팀 혹은 '정'팀이 맡게 되는데 4개의 프로젝트를 맡은 팀이 2팀이라는 조건에 어긋난다. 따라서 f를 '갑'팀이 맡을 수 없다.

갑	f	0→1개
을	c, d, e	1→4개
병	a, b	2→4개
정		2→3개
무		3→4개

㉢ a, b를 '갑'팀이 맡는 경우 : 기존에 수행하던 프로젝트를 포함해서 2개의 프로젝트를 맡게 된다.

갑	a, b	0→2개
을	c, d, e	1→4개
병		2→3개
정		2→3개
무		3→4개

21 ②

C의 진술이 참이면 C는 출장을 간다. 그러나 C의 진술이 참이면 A는 출장을 가지 않고 A의 진술은 거짓이 된다. A의 진술이 거짓이 되면 그 부정은 참이 된다. 그러므로 D, E 두 사람은 모두 출장을 가지 않는다. 또한 D, E의 진술은 거짓이 된다.

D의 진술이 거짓이 되면 실제 출장을 가는 사람은 2명 미만이 된다. 그럼 출장을 가는 사람은 한 사람 또는 한 사람도 없는 것이 된다.

E의 진술이 거짓이 되면 C가 출장을 가고 A는 안 간다. 그러므로 E의 진술도 거짓이 된다.

그러면 B의 진술도 거짓이 된다. D, A는 모두 출장을 가지 않는다. 그러면 C만 출장을 가게 되고 출장을 가는 사람은 한 사람이다.

만약 C의 진술이 거짓이라면 출장을 가는 사람은 2명 미만이어야 한다. 그런데 이미 A가 출장을 간다고 했으므로 B, E의 진술은 모두 거짓이 된다. B 진술의 부정은 D가 출장을 가지 않고 A도 출장을 가지 않는 것이므로 거짓이 된다. 그러면 B의 진술도 참이 되어 B가 출장을 가야 한다. 그러면 D의 진술이 거짓인 경가 존재하자 않게 되므로 모순이 된다. 그럼 D의 진술이 참인 경우를 생각하면 출장을 가는 사람은 A, D 이므로 이미 출장 가는 사람은 2명 이상이 된다. 그러면 B, D의 진술의 진위여부를 가리기 어려워진다.

22 ④

④ 대학로점 손님은 마카롱을 먹지 않은 경우에도 알레르기가 발생했고, 강남점 손님은 마카롱을 먹고도 알레르기가 발생하지 않았다. 따라서 대학로점, 홍대점, 강남점의 사례만을 고려하면 마카롱이 알레르기 원인이라고 볼 수 없다.

23 ③

보기 ③의 패스워드는 권장규칙에 어긋나는 패턴이 없으므로 가장 적절하다고 볼 수 있다.

① CVBN은 키보드 상에서 연속한 위치에 존재하는 문자들의 집합이다.

② 숫자가 제일 앞이나 제일 뒤에 오며 연속되어 나타나는 패스워드이다.

④ 'BOOK'라는 흔한 영단어의 'O'를 숫자 '0'으로 바꾼 경우에 해당된다.

24 ①

김대리 > 최부장 ≥ 박차장 > 이과장의 순이다.

박차장이 최부장보다 크지 않다고 했으므로, 박차장이 최부장보다 작거나 둘의 키가 같을 수 있다. 따라서 B는 옳지 않다.

25 ②

인사이동에 따라 A지점에서 근무지를 다른 곳으로 이동한 직원 수는 모두 32 + 44 + 28 = 104명이다. 또한 A지점으로 근무지를 이동해 온 직원 수는 모두 16 + 22 + 31 = 69명이 된다. 따라서 69 − 104 = −35명이 이동한 것이므로 인사이동 후 A지점의 근무 직원 수는 425 − 35 = 390명이 된다.

같은 방식으로 D지점의 직원 이동에 따른 증감 수는 83 − 70 = 13명이 된다. 따라서 인사이동 후 D지점의 근무 직원 수는 375 + 13 = 388명이 된다.

26 ④

A사를 먼저 방문하고 중간에 회사로 한 번 돌아와야 하며, 거래처에서 바로 퇴근하는 경우의 수와 그에 따른 이동 거리는 다음과 같다.

- 회사 − A − 회사 − C − B : 20 + 20 + 14 + 16 = 70km
- 회사 − A − 회사 − B − C : 20 + 20 + 26 + 16 = 82km
- 회사 − A − C − 회사 − B : 20 + 8 + 14 + 26 = 68km
- 회사 − A − B − 회사 − C : 20 + 12 + 26 + 14 = 72km

따라서 68km가 최단 거리 이동 경로가 된다.

27 ④

최장 거리 이동 경로는 회사 − A − 회사 − B − C이며, 최단 거리 이동 경로는 회사 − A − C − 회사 − B이므로 각각의 연료비를 계산하면 다음과 같다.

- 최장 거리 : 3,000 + 3,000 + 3,900 + 3,000 = 12,900원
- 최단 거리 : 3,000 + 600 + 2,100 + 3,900 = 9,600원

따라서 두 연료비의 차이는 12,900 − 9,600 = 3,300원이 된다.

28 ③

㉠ 자가물류비 = 노무비 + 재료비 + 전기료 + 이자 + 가스 · 수도료 + 세금 = 8,500만 원 + 2,500만 원 + 200만 원 + 150만 원 + 250만 원 + 50만 원 = 11,650원

㉡ 위탁물류비 = 지급운임 + 지불포장비 + 수수료 + 상 · 하차용역비 = 300만 원 + 50만 원 + 50만 원 + 350만 원 = 750만 원

29 ②

2025년 2월 5일에 이행기가 도래한 채무는 A, B, C, D인데 이율이 높은 B와 D가 먼저 소멸해야 한다. B와 D의 이율이 같으므로 이행기가 먼저 도래한 B가 전부 소멸된다.

30 ①

할인내역을 정리하면

○ A 신용카드
- 교통비 20,000원
- 외식비 2,500원
- 학원수강료 30,000원
- 연회비 15,000원
- 할인합계 37,500원

○ B 신용카드
- 교통비 10,000원
- 온라인 의류구입비 15,000원
- 도서구입비 9,000원
- 할인합계 30,000원

○ C 신용카드
- 교통비 10,000원
- 카페 지출액 5,000원
- 재래시장 식료품 구입비 5,000원
- 영화관람료 4,000원
- 할인합계 24,000원

31 ③

2023년 10월 생산품이므로 2310의 코드가 부여되며, 일본 '왈러스' 사는 5K, 여성용 02와 블라우스 해당 코드 006, 10,215번째 입고품의 시리얼 넘버 10215가 제품 코드로 사용되므로 2310 − 5K − 02006 − 10215가 된다.

32 ③

2024년 10월에 생산되었으며, 멕시코 Fama사의 생산품이다. 또한, 아웃도어용 신발을 의미하며 910번째로 입고된 제품임을 알 수 있다.

33 ②

숫자는 1, 4, 7, 10, 13, 16으로 채워지고 요일은 월, 수, 금, 일, 화, 목으로 채워지고 있다. 따라서 A6값은 16이고 B6값은 목요일이다.

34 ②

a, S의 값의 변화과정을 표로 나타내면

a	S
2012	0
2012	0+2012
201	0+2012+201
20	0+2012+201+20
2	0+2012+201+20+2
0	0+2012+201+20+2+0

따라서 인쇄되는 S의 값은

$0+2012+201+20+2+0=2235$이다.

35 ③

새로운 정책에 대하여 시민의 의견을 알아보고자 하는 것은 정책 시행 전 관련된 정보를 수집하는 단계로, 설문조사의 결과에 따라 다른 정보의 분석 내용과 함께 원하는 결론을 얻을 수 있다.

36 ④

조직 B와 같은 조직도를 가진 조직은 사업이나 제품별로 단위 조직화되는 경우가 많아 사업조직별 내부 경쟁을 통해 긍정적인 발전을 도모할 수 있다. 환경이 안정적이거나 일상적인 기술, 조직의 내부 효율성을 중요시하며 기업의 규모가 작을 때에는 업무의 내용이 유사하고 관련성이 있는 것들을 결합해서 조직 A와 같은 조직도를 갖게 된다. 반대로, 급변하는 환경변화에 효과적으로 대응하고 제품, 지역, 고객별 차이에 신속하게 적응하기 위해서는 분권화된 의사결정이 가능한 사업별 조직구조 형태를 이룰 필요가 있다. 사업별 조직구조는 개별 제품, 서비스, 제품그룹, 주요 프로젝트나 프로그램 등에 따라 조직화된다. 즉, 조직 B와 같이 제품에 따라 조직이 구성되고 각 사업별 구조 아래 생산, 판매, 회계 등의 역할이 이루어진다.

37 ④

제품의 생산 기술력이 공개되어 있고 특별한 노하우가 필요하지 않다는 점, 브랜드 이미지나 생산업체의 우수성 등이 중요한 마케팅 요소로 작용되지 않는다는 점 등으로 인해 기술적 차별화를 이루기 어려우며, 모든 대중들에게 계층 구분 없이 같은 제품이 보급되어 쓰이고 있는 소모품이라는 점 등으로 인해 일부 특정 시장을 겨냥한 집중화 전략이 적절하다고 볼 수 없다. 이 경우, 원자재 구매력 향상이나 유통 단계 효율화 등을 통한 원가우위 전략이 효과적이다.

38 ②

- 조직목표 : 조직이 달성하려는 장래의 상태로 조직이 존재하는 정당성과 합법성을 제공한다.
- 조직구조 : 조직 내의 구성원들 사이에 형성된 관계로 조직목표를 달성하기 위한 조직구성원의 상호작용을 보여준다.

- **조직문화** : 조직이 지속되게 되면서 조직구성원들 간에 공유되는 생활양식이나 가치로 조직구성원들의 사고와 행동에 영향을 미치며 일체감과 정체성을 부여하고 조직이 안정적으로 유지되게 한다.
- **조직의 규칙과 규정** : 조직의 목표나 전략에 따라 수립되어 조직구성원들의 활동범위를 제약하고 일관성을 부여하는 기능을 하는 것으로 인사규정, 총무규정, 회계규정 등이 있다.

39 ②

제시된 그림의 조직구조는 기능적 조직구조의 형태를 갖는다. 환경이 안정적이거나 일상적인 기술, 조직의 내부 효율성을 중요시하며 기업의 규모가 작을 때에는 업무의 내용이 유사하고 관련성이 있는 것들을 결합해서 제시된 그림과 같이 '기능적 조직구조' 형태를 이룬다. 또한, 급변하는 환경변화에 효과적으로 대응하고 제품, 지역, 고객별 차이에 신속하게 적응하기 위해 분권화된 의사결정이 가능한 '사업별 조직구조' 형태를 이룰 필요가 있다. 사업별 조직구조는 개별 제품, 서비스, 제품그룹, 주요 프로젝트나 프로그램 등에 따라 조직화되며 제품에 따라 조직이 구성되고 각 사업별 구조 아래 생산, 판매, 회계 등의 역할이 이루어진다. 한편, 업무적 중요도나 경영의 방향 등의 요소를 배제하고 단순히 산하 조직 수의 많고 적음으로 해당 조직의 장의 권한이 결정된다고 볼 수 없다.

40 ①

인사노무처는 인력을 관리하고, 급여, 노사관리 등의 지원 업무가 주 활동이므로 지원본부, 자원기술처는 생산기술이나 자원 개발 등에 관한 기술적 노하우 등 자원 활용기술 업무가 주 활동이라고 판단할 수 있으므로 기술본부에 속하는 것이 가장 합리적인 조직 배치라고 할 수 있다.

>>> 직무수행능력평가

41 ①

페이욜의 관리 과정의 순서는 "계획－조직－명령－조정－통제"의 순으로 이루어진다.

42 ②

아웃소싱(outsourcing)은 제품의 생산과 유통 및 포장, 용역 등의 과정이 하청기업의 발주나 외주를 통해 이루어지는 경영형태로서 기업의 핵심부분은 내부화하고, 비핵심부분은 외부 전문업체 또는 전문가에게 위탁하는 것을 의미한다.

43 ①

SMART 성과 목표 설정 항목은 다음과 같다.

㉠ S(specific) : 구체적이어야 한다.
㉡ M(measurable) : 측정할 수 있어야 한다.
㉢ A(attainable) : 달성 가능한 지표여야 한다.
㉣ R(result) : 전략과제를 통해 구체적으로 달성하는 결과물이어야 한다.
㉤ T(time－bound) : 일정한 시간 내에 달성 여부를 확인할 수 있어야 한다.

44 ①

매트릭스 조직구조는 기능별부문화 및 사업별부문화가 결합된 혼합형부문화가 이루어진 모형을 의미한다. 이를 통해 조직의 활동을 기능적 부문으로 전문화시킴과 동시에 전문화된 부문을 다시 사업별로 연결 통합시키는 사업형태를 가지는 것으로 프로젝트를 중심으로 조직화된 신속한 변화와 적응이 가능한 임시적인 조직구조이다.

45 ①

② 집중화 마케팅(concentrated marketing) : 기업 경영자원을 고려하여 한개 또는 몇 개의 시장부문만 집중적으로 마케팅 활동을 전개하는 전략으로 기업의 자원이 한정되어 있을 때 이용하는 전략이다.

③ 노이즈 마케팅(noise marketing) : 시장에서 상품에 대한 고의적인 구설수를 일으켜 소비자의 인지도를 높이는 전략으로서 요란스럽게 이슈화시킴으로써 소비자의 주목과 판매를 늘릴 수 있다.

④ 다이렉트 마케팅(direct marketing) : 기존의 일반 대중매체나 광고매체에서 벗어나 기업이 직접 소비자에게 다가가는 마케팅으로 우편물이나 카탈로그, 각종 미디어 등을 통하여 소비자에게 접근하고 정보를 제공한다. 인터넷과 스마트폰 등의 신기술 발달에 따라 점차 각광받고 있는 마케팅 기법이다.

46 ④

① 커뮤니케이션은 조직 내에서 토론이나 토의를 통한 의사결정과정에 중요한 기능을 수행한다.

② 원만하고 친밀한 인간관계의 형성은 커뮤니케이션의 순기능에 해당한다.

③ 커뮤니케이션을 통해 고객 불만이 감소하게 된다.

47 ③

패널조사는 기술조사의 종류에 해당한다.

48 ③

제품수명주기(PLC ; product life cycle)의 단계는 다음과 같다.

㉠ 도입기(introduction) : 광고와 홍보가 비용효과성이 높고, 유통영역을 확보하기 위한 인적판매활동, 시용을 유인하기 위한 판매촉진 등

㉡ 성장기(growth) : 시장규모확대, 제조원가하락, 이윤율 증가, 집중적 유통, 인지도 강화 등

㉢ 성숙기(maturity) : 판매촉진, 높은 수익성, 수요의 포화상태로 인한 가격인하 등

㉣ 쇠퇴기(decay) : 광고와 홍보의 축소, 판매량이 급격히 줄고, 이윤 하락하는 제품으로 전락

49 ③

침투가격은 신제품을 소비자에게 별다른 판매저항 없이 시장에 침투시키고자 판매 초기에 낮게 설정하는 가격으로 이러한 침투가격은 매출이 가격에 민감하게 반응할 경우에 그 효과가 크다.

50 ②

① 오픈 숍은 채용 자격으로 조합원 자격이 서로 무관한 것으로 조합원이나 비조합원 모두 채용이 가능한 숍 제도이다.

③ 클로즈드 숍은 반드시 조합원만이 채용 가능하면, 혹시 나중에 노동조합을 탈퇴하게 되면 해고되는 숍 제도이다.

④ 에이전시 숍은 조합원이 아니지만 단체교섭의 당사자인 노동조합에 조합비를 납부하는 숍 제도이다.

51 ②

투빈 시스템은 재고관리법의 하나로 2개의 상자에 동일한 상품을 같은 수량으로 넣고, 두 개의 상자 중 한 상자가 고갈되면 즉시 주문하고 조달기간 동안 다른 상자를 재고로 사용하는 시스템으로 이는 재고수준의 지속적인 실사의 필요성을 제거해 재고관리를 용이하게 한다는 이점이 있는 방식이다.

52 ③

특성요인도에서 특성이란 일의 결과로 나타나는 것, 즉 제품의 불량항목을 말하며, 요인이란 특성에 영향을 미치는 원인, 다시 말해 불량항목의 원인을 말한다.

53 ③

시장의 중심이 생산자에서 소비자로 변화하였다.

54 ②

복리후생은 종업원의 생활 수준 향상을 위해 시행되는 것으로 이는 종업원의 임금에 포함되어 있지 않다.

55 ③

하이퍼마켓은 식품 중심의 상품군 등을 구비한 대형 슈퍼마켓에서 비식품 품목을 추가하는 대형할인점의 형태로 발전해서 공산품보다 1차 식품을 위주로 한 식품류의 비중이 높다는 특징을 지니고 있는 소매업태를 말한다.

56 ④

합작투자로 인한 전략적 이점

㉠ 경쟁의 완화
㉡ 위험부담의 축소
㉢ 상호보완적 기술 및 특허의 활용
㉣ 규모의 경제
㉤ 합리화의 달성

57 ②

서비스품질(SERVQUAL)을 측정 시 고객의 기대와 성과에 대한 차이가 작으면 서비스 품질에 대한 평가가 높아진다.

58 ④

활동성 비율은 기업의 경영활동을 위하여 취득한 특정자산이 어느 정도 효율적으로 이용되었는가를 나타내는 비율을 의미하며, 통상적으로 매출액을 특정자산으로 나눈 회전율로 측정된다.

59 ③

수익은 포괄손익계산서의 구성 요소에 해당한다.

60 ③

① 재고자산
② 재고자산(생물자산)
③ 유형자산
④ 투자자산(투자부동산)

61 ①

이자비용은 영업외비용에 속한다.

62 ②

선입선출법은 먼저 입고된 자산이 먼저 출고된 것으로 가정하여 입고 일자가 빠른 원가를 출고 수량에 먼저 적용한다. 선입선출법은 실제 물량 흐름에 대한 원가흐름의 가정이 유사하다는 장점이 있으나, 수익·비용 대응의 원칙에 부적합하고, 물가 상승 시 이익이 과대 계상되는 단점이 있다.

63 ②

미지급비용은 당기의 수익에 대응되는 비용으로서 아직 지급되지 않은 비용을 의미한다.

64 ①

독점적 경쟁(monopolistic competition)은 다수의 거래자(공급자)가 차별화된 제품과 서비스를 거래하는 시장이다. 제품을 차별화하므로 가격에 영향을 미칠 수 있지만 대체재가 많으므로 큰 영향을 미치지는 못한다. 음식점, 미용실, 의상실 등 도심의 소규모 업종들은 대부분 독점적 경쟁이다.

65 ③

인플레이션이 발생하면, 화폐자산의 명목가치는 불변이나 실질가치는 하락하고 실물자산의 명목가치는 상승하고 실질가치는 (평균적으로) 불변이다.

66 ②

가격 탄력성은 가격이 1% 변화하였을 때 수요량은 몇 % 변화하는가를 절대치로 나타낸 크기로, 탄력성이 1보다 큰 상품의 수요는 '탄력적'이라 하고, 1보다 작은 상품의 수요는 '비탄력적'이라고 한다.

67 ③

DTI(Debt to Income) 대출규제는 주택담보대출 원리금이 소득의 일정 비율 이하가 되게 대출금액을 제한하는 것을 말한다.

68 ④

콜옵션은 옵션의 소유자가 살 수 있는 권리로서, 현재 미리 정해진 가격으로 미래의 일정 시점에 해당 자산을 살 수 있는 권리를 말한다.

69 ④

순환출자는 동일한 그룹에 해당하는 기업들이 돌아가면서 서로 자본을 출자하는 것을 의미한다.

70 ①

전방위외교는 이념에 무관하게 모든 국가와 외교관계를 수립하려는 외교 정책을 의미한다.

>>> 주관식

71 선택적 유통

선택적 유통은 집약적 유통과 전속적 유통의 중간에 해당되는 전략으로, 판매지역별로 자사제품을 취급하고자 하는 중간상들 중에서 자격을 갖춘 하나 이상의 소수의 중간상들에게 판매를 허용하는 전략이다. 이러한 전략은 소비자들이 구매 전에 상표 대안들을 파악하고 이들을 비교·평가하는 특성을 가진 선매품에 적절하다.

72 직무명세서

해직무명세서는 직무를 만족스럽게 수행하는 데 필요한 종업원의 행동, 기능, 능력, 지식 등을 일정한 형식에 맞게 기술한 문서를 의미하는데, 특히 직무분석의 결과를 정리할 때 인적 특성을 중심으로 기록되는 문서로, 인적 요건에 초점을 맞추고 있다.

73 섀도보팅

섀도보팅은 주주총회에 참석하지 못한 주주의 의결권을 대리 행사할 수 있도록 허용한 제도로써 이는 정족수 미달로 주주총회를 열지 못하는 것을 막기 위해 주주 의결권을 한국예탁결제원이 대신 행사하도록 허용하는 것을 의미한다.

74 파노블리 효과

파노블리 효과는 어떠한 제품을 구입하게 되면 자신 스스로가 어떤 특정 집단에 속하는 것처럼 느껴지는 현상을 말한다.

75 삼면등가의 법칙

삼면등가의 법칙은 생산국민소득, 분배국민소득, 지출국민 소득은 모두 동일한 금액으로 산출되어야 한다는 것을 의미한다.

제3회 IBK기업은행 필기시험 정답 및 해설

>>> 직업기초능력평가

1 ④

김 씨는 메모를 하는 습관을 길러 자신의 부족함을 메우고 자신만의 데이터베이스를 구축하여 모두에게 인정을 받게 되었다.

2 ③

① 주어진 글에 따르면 비극의 개념은 시대와 역사에 따라 변한다.
② 불행한 결말은 필수적 요소가 아니며 결말이 좋게 끝나는 작품도 존재한다.
④ 비극의 주인공으로는 일상적인 주변 인간들보다 고귀하고 비범한 인물을 등장시킨다.

3 ①

① 세무서장이 발급한 자금출처 확인서는 해외이주비 총액이 10만불을 초과할 때 필요한 서류다.

4 ①

경쟁은 둘 이상의 사람이 하나의 목표를 향해서 다른 사람보다 노력하는 것이며, 이 때 경쟁의 전제가 되는 것은 합의에 의한 경쟁 규칙을 반드시 지켜야 한다는 점이므로 빈칸에는 '경쟁은 정해진 규칙을 꼭 지키는 가운데서 이루어져야 한다'는 내용이 올 수 있을 것이다. 농구나 축구, 그리고 마라톤 등의 운동 경기는 자신의 소속 팀을 위해서 또는 자기 자신을 위해서 다른 팀이나 타인과 경쟁하는 것이며, 스포츠맨십은 규칙의 준수와 관련이 있으므로 글에서 말하는 경쟁의 한 예로 적합하다.

5 ②

㉠ 사물은 이쪽에서 보면 모두가 저것, 저쪽에서 보면 모두가 이것이다 → ㉡ 그러므로 저것은 이것에서 생겨나고, 이것 또한 저것에서 비롯되는데 이것과 저것은 혜시가 말하는 방생의 설이다 → ㉣ 그러나 혜시도 말하듯이 '삶과 죽음', '된다와 안 된다', '옳다와 옳지 않다'처럼 상대적이다 → ㉢ 그래서 성인은 상대적인 방법이 아닌 절대적인 자연의 조명에 비추어 커다란 긍정에 의존한다.

6 ③

③ 첫 문단에서 GDP를 계산할 때는 총 생산물의 가치에서 중간생산물을 가치를 뺀다고 언급하고 있다.

7 ④

④ 2024년도와 2022년도의 실질 GDP는 7,000원으로 동일하기 때문에 생산 수준이 올랐다고 판단할 수 없다.

8 ④

④ ㉠ 뒤로 언급되는 '이때 GDP는 무역 손실에 따른 실질 소득의 감소를 제대로 반영하지 못하기 때문에 GNI가 필요한 것이다'라는 문장을 통해 알 수 있다.

9 ③

지도상 1cm는 실제로 10km가 된다.

$10 \times \frac{7}{4} = 17.5\text{km}$

10 ②

② 6시간 30분 기준, A세트의 요금은 26,000원, B세트의 요금은 26,100원이다.

① 5시간 기준, A세트의 요금은 23,000원, B세트의 요금은 22,200원이다.

③ 3시간 30분 기준, A세트의 요금은 20,000원, B세트의 요금은 18,300원이다.

④ 4시간 기준, A세트의 요금은 21,000원, B세트의 요금은 21,000원이다.

11 ③

5,000,000×0.29% = 14,500원

12 ②

지수상승에 따른 수익률(세전)은 실제 지수상승률에도 불구하고 연 4.67%를 최대로 하기 때문에 지수가 약 29% 상승했다고 하더라도 상원이의 연 최대 수익률은 4.67%를 넘을 수 없다.

13 ①

① 2025년 농업의 부가가치유발계수는 전년 대비 소폭 상승하였다.

14 ④

병원비 지원 기준에 따라 각 직원이 지원 받을 수 있는 내역을 정리하면 다음과 같다.

A 직원	본인 수술비 300만 원(100% 지원), 배우자 입원비 50만 원(90% 지원)
B 직원	배우자 입원비 50만 원(90% 지원), 딸 수술비 200만 원(직계비속→80% 지원)
C 직원	본인 수술비 300만 원(100% 지원), 아들 수술비 400만 원(직계비속→80% 지원)
D 직원	본인 입원비 100만 원(100% 지원), 어머니 수술비 100만 원(직계존속→80% 지원), 남동생 입원비 50만 원(직계존속 신청 有→지원 ×)

이를 바탕으로 A~D 직원 4명이 총 병원비 지원 금액을 계산하면 1,350만 원이다.

A 직원	300 + (50 × 0.9) = 345만 원
B 직원	(50 × 0.9) + (200 × 0.8) = 205만 원
C 직원	300 + (400 × 0.8) = 620만 원
D 직원	100 + (100 × 0.8) = 180만 원

15 ④

• A방식

구분	미연	수정	대현	상민
총점	347	325	330	340
순위	1	4	3	2

• B방식

구분	미연	수정	대현	상민
등수의 합	8	12	11	9
순위	1	4	3	2

• C방식

구분	미연	수정	대현	상민
80점 이상 과목 수	3	3	2	3
순위	1	3	4	2

16 ④

㉠ 1거래일 시가는 12,000원이고 5거래일 종가는 11,800원이다. 따라서 1거래일 시가로 매입한 주식을 5거래일 종가로 매도하는 경우 수익률은 $\frac{11,800-12,000}{12,000}\times 100=$ 약 -1.6이다.

㉢ 3거래일 종가는 12,800원이고 4거래일 종가는 12,900원이다. 따라서 3거래일 종가로 매입한 주식을 4거래일 종가로 매도하는 경우 수익률은 $\frac{12,900-12,800}{12,800}\times 100=$ 약 0.8이다.

17 ④

이런 유형은 문제에서 제시한 상황, 즉 1명이 당직을 서는 상황을 각각 설정하여 1명만 진실이 되고 3명은 거짓말이 되는 경우를 확인하는 방식의 풀이가 유용하다. 각각의 경우, 다음과 같은 논리가 성립한다.

고 대리가 당직을 선다면, 진실을 말한 사람은 윤 대리와 염 사원이 된다.

윤 대리가 당직을 선다면, 진실을 말한 사람은 고 대리, 염 사원, 서 사원이 된다.

염 사원이 당직을 선다면, 진실을 말한 사람은 윤 대리가 된다.

18 ②

남자사원의 경우 ㉡, ㉥, ㉧에 의해 다음과 같은 두 가지 경우가 가능하다.

	월요일	화요일	수요일	목요일
경우 1	치호	영호	철호	길호
경우 2	치호	철호	길호	영호

[경우 1]

옥숙은 수요일에 보낼 수 없고, 철호와 영숙은 같이 보낼 수 없으므로 옥숙과 영숙은 수요일에 보낼 수 없다. 또한 영숙은 지숙과 미숙 이후에 보내야 하고, 옥숙은 지숙 이후에 보내야 하므로 조건에 따르면 다음과 같다.

	월요일	화요일	수요일	목요일
남	치호	영호	철호	길호
여	지숙	옥숙	미숙	영숙

[경우 2]

		월요일	화요일	수요일	목요일
	남	치호	철호	길호	영호
경우 2-1	여	미숙	지숙	영숙	옥숙
경우 2-2	여	지숙	미숙	영숙	옥숙
경우 2-3	여	지숙	옥숙	미숙	영숙

문제에서 영호와 옥숙을 같이 보낼 수 없다고 했으므로, [경우 1], [경우 2-1], [경우 2-2]는 해당하지 않는다. 따라서 [경우 2-3]에 의해 목요일에 보내야 하는 남녀사원은 영호와 영숙이다.

19 ②

〈보기〉를 표로 나타내면 다음과 같다.

구분	제안서	가격	실적	경력
甲 업체	탈락	통과	통과	통과
乙 업체		탈락		통과
丙 업체		통과	통과	

① 丙 업체의 제안서, 경력 기준 결과는 알 수 없다.
③ 乙과 丙 업체의 제안서 기준 결과는 알 수 없다.
④ 丙 업체의 경력 기준 결과는 알 수 없다.

20 ②

② 시제품 B는 C에 비해 독창성 점수가 2점 높지만 총점은 같다. 따라서 옳지 않은 발언이다.

21 ④

(가) 토목공사이므로 150억 원 이상 규모인 경우에 안전관리자를 선임해야 하므로 별도의 안전관리자를 선임하지 않은 것은 잘못된 조치로 볼 수 없다.

(나) 일반공사로서 120억 원 이상 800억 원 미만의 규모이므로 안전관리자를 1명 선임해야 하며, 자격증이 없는 산업안전 관련학과 전공자도 안전관리자의 자격에 부합되므로 적절한 선임 조치로 볼 수 있다.

(다) 1,500억 원 규모의 공사이므로 800억 원을 초과하였으며, 매 700억 원 증가 시마다 1명의 안전관리자가 추가되어야 하므로 모두 3명의 안전관리자를 두어야 한다. 또한, 전체 공사 기간의 앞뒤 15%의 기간에는 건설안전기사, 건설안전산업기사, 건설업 안전관리자 경험자 중 건설업 안전관리자 경력이 3년 이상인 사람 1명이 포함되어야 한다. 그런데 C공사에서 선임한 3명은 모두 이에 해당되지 않는다. 따라서 밥에 정해진 규정을 준수하지 못한 경우에 해당된다.

(라) 1,600억 원 규모이므로 3명의 안전관리자가 필요한 공사이다. 1년 차에 100억 원 규모의 공사가 진행된다면 총 공사 금액의 5%인 80억 원을 초과하므로 1명을 줄여서 선임할 수 있는 기준에 충족되지 못하므로 3명을 선임하여야 하는 경우가 된다.

22 ④

솜 인형의 실제 무게는 18파운드이며, 주어진 산식으로 부피무게를 계산해 보아야 한다. 부피무게는 28 × 10 × 10 ÷ 166 = 17파운드가 되어 실제 무게보다 가볍다. 그러나 28inch는 28 × 2.54 = 약 71cm가 되어 한 변의 길이가 50cm 이상이므로, A배송사에서는 (18 + 17) × 0.6 = 21파운드의 무게를 적용하게 된다. 따라서 솜 인형의 운송비는 19,000원이다.

23 ①

① 두환이는 K은행의 PB고객이므로 최대 6,000만 원 이내까지 대출이 가능하다.

24 ③

수도권 중 과밀억제권역에 해당하므로 우선변제를 받을 보증금 중 일정액의 범위는 2,000만 원이다. 그런데 ④처럼 하나의 주택에 임차인이 2명 이상이고 그 보증금 중 일정액을 모두 합한 금액(甲 2,000만 원 + 乙 2,000만 원 + 丙 1,000만 원 = 5,000만 원)이 주택가액인 8,000만 원의 2분의 1을 초과하므로 그 각 보증금 중 일정액을 모두 합한 금액에 대한 각 임차인의 보증금 중 일정액의 비율(2 : 2 : 1)로 그 주택가액의 2분의 1에 해당하는 금액(4,000만 원)을 분할한 금액을 각 임차인의 보증금 중 일정액으로 봐야 한다.

따라서 우선변제를 받을 보증금 중 일정액은 甲 1,600만 원, 乙 1,600만 원, 丙 800만 원으로 乙과 丙이 담보물권자보다 우선하여 변제받을 수 있는 금액의 합은 1,600 + 800 = 2,400만 원이다.

25 ②

甲~戊의 심사기준별 점수를 산정하면 다음과 같다. 단, 丁은 신청마감일(2025. 4. 30.) 현재 전입일부터 6개월 이상의 신청자격을 갖추지 못하였으므로 제외한다.

구분	거주 기간	가족 수	영농 규모	주택 노후도	사업 시급성	총점
甲	10	4	4	8	10	36점
乙	4	8	10	6	10	38점
丙	6	6	8	10	10	40점
戊	8	6	10	8	4	36점

따라서 상위 2가구는 丙과 乙이 되는데, 2가구의 주소지가 B읍 · 면으로 동일하므로 총점이 더 높은 丙을 지

원하고, 나머지 1가구는 甲, 戊의 총점이 동점이므로 가구주의 연령이 더 높은 甲을 지원하게 된다.

26 ④

상품별 은행에 내야 하는 총금액은 다음과 같다.

- A상품 : (1,000만 원 × 1% × 12개월) + 1,000만 = 1,120만 원
- B상품 : 1,200만 원
- C상품 : 90만 원 × 12개월 = 1,080만 원

㉠ A상품의 경우 자동차를 구입하여 소유권을 취득할 때, 은행이 자동차 판매자에게 즉시 구입금액을 지불하는 상품으로 자동차 소유권을 얻기까지 은행에 내야 하는 금액은 0원이다. → 옳음

㉡ 1년 내에 사고가 발생해 50만 원의 수리비가 소요된다면 각 상품별 총비용은 A상품 1,170만 원, B상품 1,200만 원, C상품 1,080만 원이다. 따라서 A상품보다 C상품을 선택하는 것은 유리하지만, B상품은 유리하지 않다. → 틀림

㉢ 자동차 소유권을 얻는 데 걸리는 시간은 A상품 구입 즉시, B상품 1년, C상품 1년이다. → 옳음

㉣ B상품과 C상품 모두 자동차 소유권을 얻기 전인 1년까지는 발생하는 모든 수리비를 부담해 준다. 따라서 사고 여부와 관계없이 총비용이 작은 C상품을 선택하는 것이 유리하다. → 옳음

27 ①

A~E의 지급 보험금을 산정하면 다음과 같다.

피보험물건	지급 보험금
A	주택, 보험금액 ≥ 보험가액의 80%이므로 손해액 전액 지급 → 6천만 원
B	일반물건, 보험금액 < 보험가액의 80%이므로 손해액 $\times \dfrac{\text{보험금액}}{\text{보험가액의 }80\%}$ 지급 → $6{,}000 \times \dfrac{6{,}000}{6{,}400} = 5{,}625$만 원
C	창고물건, 보험금액 < 보험가액의 80%이므로 손해액 $\times \dfrac{\text{보험금액}}{\text{보험가액의 }80\%}$ 지급 → $6{,}000 \times \dfrac{7{,}000}{8{,}000} = 5{,}250$만 원
D	공장물건, 보험금액 < 보험가액이므로 손해액 $\times \dfrac{\text{보험금액}}{\text{보험가액}}$ 지급 → $6{,}000 \times \dfrac{9{,}000}{10{,}000} = 5{,}400$만 원
E	동산, 보험금액 < 보험가액이므로 손해액 $\times \dfrac{\text{보험금액}}{\text{보험가액}}$ 지급 → $6{,}000 \times \dfrac{6{,}000}{7{,}000} =$ 약 5,143만 원

따라서 지급 보험금이 많은 것부터 순서대로 나열하면 A − B − D − C − E이다.

28 ④

④ 가입자가 C상품과 D상품에 동시에 가입하려면 K은행에 각각 1,000원씩 총 2,000원을 내야 한다. 2025년 12월 30일 금 가격이 50,000원일 경우, C상품과 D상품 모두 K은행이 가입자에게 지급할 금액이 0원이다. 따라서 가입자는 2,000원의 손해를 보게 된다. 즉, 2025년 12월 30일 금 가격이 48,000원을 초과하고 52,000원 미만일 경우 가입자는 손해를 보게 된다.

29 ③

물류비를 10% 절감하면 40억 원, 경상이익은 140억이 된다. 그러므로 매출액은 2,800억 원이 되므로 40%가 증가한다고 볼 수 있다.

30 ④

시간 관리를 통하여 일에 대한 부담을 줄이는 것은 스트레스를 줄이는 효과적인 접근이 될 수 있다. 또한 시간 관리를 잘 한다면 직장에서 일을 수행하는 시간을 줄이고, 일과 가정 혹은 자신의 다양한 여가를 동시에 즐길 수 있게 된다. 특히, 주어진 매트릭스의 사례에서 볼 수 있듯, 긴급하지 않지만 중요한 일과 긴급하지만 중요하지 않은 일을 자신의 상황과 업무 내용에 따라 적절한 기준을 적용하여 순위에 따라 수행한다면 일의 우선순위를 따져 효과적인 시간 관리를 하는 데 큰 도움을 얻을 수 있다.

④ 처음 계획보다 더 많은 일을 수행하게 되는 것은 긍정적인 현상이라고 볼 수 없으며 이는 일 중독자에게 나타나는 현상으로 볼 수 있다.

31 ②

MOD(숫자, 나눌 값) : 숫자를 나눌 값으로 나누어 나머지가 표시된다. 따라서 7를 6으로 나누면 나머지가 1이 된다.

MODE : 최빈값을 나타내는 함수이다. 제시된 시트에서 6이 최빈값이다.

32 ④

$n=1,\ A=3$

$n=1,\ A=2 \cdot 3$

$n=2,\ A=2^2 \cdot 3$

$n=3,\ A=2^3 \cdot 3$

…

$n=11,\ A=2^{11} \cdot 3$

∴ 출력되는 A의 값은 $2^{11} \cdot 3$이다.

33 ①

(가) RFID : IC칩과 무선을 통해 식품 · 동물 · 사물 등 다양한 개체의 정보를 관리할 수 있는 인식 기술을 지칭한다. '전자태그' 혹은 '스마트 태그', '전자라벨', '무선식별' 등으로 불린다. 이를 기업의 제품에 활용할 경우 생산에서 판매에 이르는 전 과정의 정보를 초소형 칩(IC칩)에 내장시켜 이를 무선주파수로 추적할 수 있다.

(나) 유비쿼터스 : 유비쿼터스는 '언제 어디에나 존재한다.'는 뜻의 라틴어로, 사용자가 컴퓨터나 네트워크를 의식하지 않고 장소에 상관없이 자유롭게 네트워크에 접속할 수 있는 환경을 말한다.

(다) VoIP : VoIP(Voice over Internet Protocol)는 IP 주소를 사용하는 네트워크를 통해 음성을 디지털 패킷(데이터 전송의 최소 단위)으로 변환하고 전송하는 기술이다. 다른 말로 인터넷전화라고 부르며, 'IP 텔레포니' 혹은 '인터넷 텔레포니'라고도 한다.

34 ④

대학은 Academy의 약어를 활용한 'ac.kr'을 도메인으로 사용한다. 주어진 도메인 외에도 다음과 같은 것들을 참고할 수 있다.

㉠ co.kr – 기업/상업기관(Commercial)
㉡ ne.kr – 네트워크(Network)
㉢ or.kr – 비영리기관(Organization)
㉣ go.kr – 정부기관(Government)
㉤ hs.kr - 고등학교(High school)
㉥ ms.kr – 중학교(Middle school)
㉦ es.kr – 초등학교(Elementary school)

35 ④

VLOOKUP은 범위의 첫 열에서 찾을 값에 해당하는 데이터를 찾은 후 찾을 값이 있는 행에서 열 번호 위치에 해당하는 데이터를 구하는 함수이다. 단가를 찾아 연결하기 위해서는 열에 대하여 '항목'을 찾아 단가를 구하게 되므로 VLOOKUP 함수를 사용해야 한다.

찾을 방법은 TRUE(1) 또는 생략할 경우, 찾을 값의 아래로 근삿값, FALSE(0)이면 정확한 값을 표시한다. VLOOKUP(B2,$A$8:$B$10,2,0)은 'A8:B10' 영역의 첫 열에서 '식비'에 해당하는 데이터를 찾아 2열에 있는 단가 값인 6500을 선택하게 된다.

따라서 '=C2*VLOOKUP(B2,$A$8:$B$10,2,0)'은 10 × 6500이 되어 결과값은 65000이 되며, 이를 드래그하면, 각각 129000, 42000, 52000의 사용금액을 결과값으로 나타내게 된다.

36 ④

부사장 직속은 4개의 본부와 1개의 부문으로 구성되어 있다.

37 ②

차별화 전략은 조직이 생산품이나 서비스를 차별화하여 고객에게 가치가 있고 독특하게 인식되도록 하는 전략이다. 차별화 전략을 활용하기 위해 연구개발이나 광고를 통해 기술, 품질, 서비스, 브랜드 이미지를 개선할 필요가 있다.

38 ④

송상현 사원의 1/4분기 복지 지원 사유는 장모상이었다. 이는 본인/가족의 경조사에 포함되므로 경조사 지원에 포함되어야 한다.

39 ①

레드오션은 경쟁을 목표로 하고, 존재하는 소비자와 현존하는 시장에 초점(시장경쟁전략)을 맞춘 반면, 블루오션은 비 고객에게 초점(시장창조전략)을 맞추고 새로운 수요를 창출하고자 한다.

40 ②

직무순환은 종업원들의 여러 업무에 대한 능력개발 및 단일직무로 인한 나태함을 줄이기 위한 것에 그 의미가 있으며, 여러 가지 다양한 업무를 경험함으로써 종업원에게도 어떠한 성장할 수 있는 기회를 제공한다. 따라서 인사와 교육의 측면에서 장기적 관점으로 검토해야 한다.

>>> 직무수행능력평가

41 ④

호손 연구를 통해 공식조직의 중요성이 아닌 인간관계의 중요성이 강조되었다.

42 ④

OJT(on the job training)는 감독자 또는 선배들의 지도하에 훈련을 받는 현장실무 중심의 현직훈련으로 이는 실질적이면서 적용이 용이해 오늘날 교육훈련 방법 중에서 가장 많이 활용되는 방식이다.

43 ②

마이클 포터는 기업이 느끼는 위협의 5가지 원천으로 산업 내 기존 경쟁자, 공급자와 구매자의 협상력, 잠재적 진입기업 및 대체품의 위협을 제시하고 있다.

44 ④

허시-블랜차드의 리더십 상황이론에서 리더의 행동유형

㉠ 지시적 리더
㉡ 설득적 리더
㉢ 참여적 리더
㉣ 위양적 리더

45 ②

② 반응적 피드백은 수신자와 관련된 방해요소에 해당한다.

46 ②

BCG 매트릭스에서 수직축은 각 사업부가 속해 있는 시장성장률을 나타내며 시장의 성장률이 높을수록 그 시장의 매력도 또한 높다. 또한 BCG 매트릭스에서 수평축은 상대적인 시장점유율을 나타내며 점유율이 높을수록 시장에서의 입지가 높다.

47 ④

직무특성이론은 핵크만 및 올드햄에 의해 만들어진 이론이다.

48 ③

프로젝트 조직은 혁신적이면서 비일상적인 과제의 해결을 위해 형성되는 동태적 조직이다.

49 ②

기업들은 표적 시장 선정을 위하여 각 세분시장의 매력도를 평가하는데 평가 시에 고려해야 할 사항이 고객(Customer), 기업(Company), 경쟁자(Competitor)이다. 기업들은 시장 규모와 시장 성장률, 현재의 경쟁사와 잠재적 경쟁사, 자사와의 적합성 분석 등을 통해 세분 시장별 매력도를 평가하고 자사와 가장 적합한 시장, 즉 표적시장을 선정하는 것이다.

50 ③

코틀러 교수는 제품수준을 핵심제품, 유형제품, 포괄제품의 3가지 차원으로 구분하였다.

㉠ **핵심제품** : 소비자가 그 제품으로부터 진실을 구하고자 하는 핵심 서비스를 말한다.

㉡ **유형제품** : 제품을 나타내는 상표, 품질, 포장, 무게, 내구성 정도를 말한다.

㉢ **포괄제품** : 유형 제품에 추가적인 서비스와 편익을 보강한 것이다.

51 ③

인과조사는 변수 간의 인과관계를 밝히는 목적으로 시행하는 조사를 말한다. 인과조사의 조건으로 원인변수가 결과 변수보다 시간적으로 먼저 일어나야 하고, 언제나 함께 발생하고 변화하며 다른 설명이 가능하지 않아야 한다.

52 ④

가격결정정책 수립 시 여러 가지 고려요인 중 제품의 원가, 변동비 등 공급자의 비용에 대한 고려는 가격하한선을, 고객이 제품의 가치를 어떻게 지각하느냐에 대한 고려는 가격상한선을 결정한다.

53 ④

유통경로를 축소해야 한다. 만약 유통경로를 확대하게 되면 다시 말해 자사 제품을 취급하는 유통업자의 수가 많아지게 되면 각 유통업자 한 곳당 매출액이 감소하게 되므로 이는 갈등의 원인이 된다.

54 ②

층화표본추출은 모집단을 해당 집단이 지니고 있는 특성을 감안하여 몇 개의 부분집단으로 나누어 그 부분의 집단으로부터 표본을 추출하는 방법으로 각 층에 대한 표출비율에 따라 비례적 층화추출, 비(非)비례적 층화추출로 분류할 수 있다.

55 ③

생산관리의 주요 활동목표로는 원가, 유연성, 품질, 납기 등으로 구분된다.

56 ②

고정형 배치는 제품을 고정시키고 작업자 및 장비가 필요에 따라 이용하는 배치 형태로써 주로 프로젝트형의 생산활동에 활용된다.

57 ③

우연변동은 많은 미미한 원인에 의해 발생하므로 변동의 많은 부분이 어느 한 원인에서 기인한다고 볼 수 없다.

58 ③

자산회전율 = 매출액/자산총계

∴ 80,000/40,000 = 2

59 ②

받을어음은 자산이므로 차변 항목이고, 외상매입금과 장/단기 차입금은 부채이므로 대변 항목이다.

60 ④

국제회계기준에서는 공정가치 회계를 확대하여 적용한다.

61 ④

본사 건물 임차보증금은 유형자산에 속하지 않는 기타 비유동자산이다.

62 ①

당좌자산은 유동자산으로 구분된다.

63 ③

변동원가는 생산량이 증가할 경우 총원가는 증가하지만, 단위당 원가는 일정하다.

64 ④

가격 에스컬레이션은 물가나 외환시세 등 주요한 가격 변동요인을 고려한 가격결정 기준으로 계약 판매 및 신용판매에 있어 특히 고려해야 한다.

65 ②

① 수요의 가격탄력성이 단위탄력적이면 가격이 오르건 하락하건 총수입은 일정불변하다.

③ 수요의 가격탄력성이 낮은 경우 즉 비탄력적인 경우, 가격이 오르면 총수입은 증가하고 가격이 하락하면 총수입은 감소하게 된다.

④ 수요의 가격탄력성이 탄력적인 경우, 가격이 오르면 총수입은 감소하고 가격이 하락하면 총수입은 증가하게 된다.

66 ③

① 임의보행(random walk)가설은 합리적 기대이론을 소비행태분석에 도입하여, 정보가 불확실한 상황에서 소비자가 합리적 기대를 갖고 시점 간 소비선택을 하는 경우, 현재 소비 이외의 다른 어떤 변수도 미래 소비를 예측하는데 도움이 되지 않는다는 이론이다.

② 앤도, 모딜리아니 등의 생애주기가설에 의하면 소비는 일생동안의 소득의 흐름에 의해서 결정된다.

④ 상대소득가설은 사람들의 소비가 자신의 절대적인 소득수준보다는 다른 사람들의 소득수준이나 자신의 서로 다른 시점 간 소득을 비교한 상대소득에 의해 결정된다는 가설이다. 사람들은 자신의 소득만이 아니라 다른 사람의 소득과 비교하여 소비를 결정한다는 소비의 전시효과(소비의 상호의존성)와 소비의 비가역성(톱니효과)에 의하면 현재의 소비는 현재의 소득수준뿐만 아니라 과거의 최고 소득수준에도 영향을 받는다는 것이다.

67 ③

CDS(Credit Default Swap) 프리미엄은 채권을 발행한 기업이나 국가의 부도 발생 시 원금을 돌려받을 수 있는 금융파생상품을 의미한다.

68 ④

긴급조정권은 노동자들이 파업이나 쟁의를 지나치게 하여 국민경제를 위태롭게 할 위험이 있다고 판단될 경우에, 정부가 제한을 가하게 되는 행정조치로써, 이러한 조치가 발효되면 노동조합의 파업 또는 쟁의 행위가 30일간 금지된다.

69 ③

국회의장은 국회를 대표하는 입법부의 수장으로 국회의 질서유지, 의사 정리, 사무 등을 관장하는 역할을 수행한다.

70 ②

평등권은 국가가 개개인의 자유로운 영역에 관해서 간섭하지 않도록 개인이 갖게 되는 헌법상의 기본권을 의미한다.

>>> 주관식

71 직장폐쇄

직장폐쇄는 종업원이 아닌 사용자 측의 쟁의행위로 사업장을 폐쇄하는 것을 의미한다.

72 핵심제품

핵심제품은 핵심편익(benefit)이나 서비스를 가리키는 것으로 소비자들이 제품 구매를 통해 얻고자 하는 가치 또는 효익을 말한다.

73 사이드카(Sidecar)

사이드카(Sidecar)는 선물시장이 급변할 경우 현물시장에 대한 영향을 최소화함으로써 현물시장을 안정적으로 운용하기 위해 도입한 관리제도를 말한다.

74 데스밸리

데스밸리는 창업 후 3년이 도래했을 때 자금난에 직면해 주저앉는 현상으로 창업한 회사들이 사업화 과정에서 자금조달, 시장진입 등에 어려움을 겪게 되는 시기는 통상적으로 3년~7년 사이인데 데스밸리는 이러한 시기를 말한다.

75 법률행위의 무효

법률행위의 무효는 법률행위가 성립한 때부터 법률상 당연히 해당 효력이 발생하지 않는 것으로 확정되는 것을 의미한다.

SEOWONGAK
(주)서원각

IBK기업은행

필기시험 모의고사

제4회~제5회

- 정답 및 해설 -

(주)서원각

제4회 IBK기업은행 필기시험 정답 및 해설

>>> 직업기초능력평가

1 ①

㉠은 스트리밍이 가진 장점인 효율성을 설명하고 있는 말이다. 소장할 것이 아니라면 구태여 번거롭게 사 둘 필요가 없다는 의미를 가지고 있다. ①은 몇 번 쓰지도 않는 것을 소유하는 것에 대한 비효율성을 지적한 말로 ㉠과 유사한 생각을 담고 있다.

2 ③

(나) 질병의 '치료'에서 '진단'을 중시하는 추세로 변화

(다) 가장 최신 진단영상기기 MRI

(가) MRI 관련 산업의 시장규모

3 ①

① '자연은~초래된다.'까지의 문장들은 글의 논지를, 그 이후의 문장들은 반사회적 사회성의 개념을 제시하고 있다.

4 ③

③ 환전 가능 외국주화로는 미국 달러, 일본 엔화, 유로화가 있다.

5 ③

③ 뒤의 문장에서 '하지만~수단 역할을 하는 데 있다'.라는 말이 오므로 그전의 문장은 동물의 수단과 관계된 말이 와야 옳다.

6 ①

② 두 번째 문단에서 통화 정책에서 선제적 대응의 필요성을 예를 들어 설명하고 있다.

③ 첫 번째 문단에서 공개 시장 운영이 경제 전반에 영향을 미치는 과정을 인과적으로 설명하고 있다.

④ '선제적', '정책 외부 시차' 등 관련된 주요 용어의 정의를 바탕으로 통화 정책의 대표적인 수단을 설명하고 있다.

7 ③

경제학자 병은 국민들의 생활 안정을 위해 물가 상승률을 매 분기 2%로 유지해야 한다고 주장하였다. 2분기와 3분기의 물가 상승률이 3%이므로 1%p를 낮추기 위해서는 이자율, 즉 기준 금리를 1.5%p 올려야 한다(이자율이 상승하면 경기가 위축되고 물가 상승률이 떨어지므로). 정책 외부 시차는 1개 분기이며 기준 금리 조정에 따른 물가 상승률 변동 효과는 1개 분기 동안 지속되므로 중앙은행은 기준 금리를 1월 1일에 5.5%로 인상하고 4월 1일에도 이를 5.5%로 유지해야 2분기와 3분기의 물가 상승률을 2%로 유지할 수 있다.

8 ①

② ㉡에서는 준칙주의의 엄격한 실천은 현실적으로 어렵다고 본다.

③ ㉠에서는 정책 운용에 관한 준칙을 지키지 않으면 중앙은행에 대한 신뢰가 훼손된다고 본다.

④ ㉡에서도 정책의 신뢰성을 중요하게 생각한다. 다만 이를 위해 중앙은행이 반드시 준칙에 얽매일 필요는 없다는 것이다.

9 ②

제품 하나를 만드는 데 A기계만 사용하면 15일이 걸리고, B기계만 사용하면 25일이 걸리므로, A기계는 하루에 제품 하나의 $\frac{1}{15}$을 만들고, B기계는 하루에 제품 하나의 $\frac{1}{25}$을 만든다. 따라서 A와 B기계를 동시에 사용하면 하루에 제품 하나의 $\left(\frac{1}{15}+\frac{1}{25}\right)=\frac{8}{75}=0.10666\cdots$을 만들 수 있다. 즉, 약 10.7%가 만들어진다.

10 ④

2022년까지는 증가 후 감소하였으나 이후 3.2% → 3.7% → 5.4%로 줄곧 증가하고 있음을 알 수 있다.

① 2021년, 2023년에는 전년대비 증감 추세가 다르게 나타나고 있다.

② 2023년, 2024년에는 50%p보다 적은 차이를 보인다.

③ 줄곧 증가한 것은 아니며, 급격하게 변화하지도 않았다.

11 ①

$\frac{2,838}{23,329}\times 100=12.16511\cdots \fallingdotseq 12.2(\%)$

12 ③

- 인터넷 뱅킹을 통한 해외 외화 송금이므로 금액에 상관없이 건당 최저수수료 3,000원과 전신료 5,000원 발생 → 합 8,000원
- 은행 창구를 통한 해외 외화 송금이므로 송금 수수료 10,000원과 전신료 8,000원 발생 → 합 18,000원
- 금액에 상관없이 건당 수수료가 발생하므로 → 10,000원

따라서 총 지불한 수수료는

$8,000+18,000+10,000=36,000$원이다.

13 ①

한 달 동안의 통화 시간 t $(t=0,1,2,\cdots)$에 따른

요금제 A 의 요금

$y=10,000+150t \quad (t=0,\ 1,\ 2,\ \cdots)$

요금제 B 의 요금

$$\begin{cases} y=20,200 & (t=0,\ 1,\ 2,\ \cdots,\ 60) \\ y=20,200+120(t-60) & (t=61,\ 62,\ 63,\ \cdots) \end{cases}$$

요금제 C 의 요금

$$\begin{cases} y=28,900 & (t=0,\ 1,\ 2,\ \cdots,\ 120) \\ y=28,900+90(t-120) & (t=121,\ 122,\ 123,\ \cdots) \end{cases}$$

㉠ B 의 요금이 A 의 요금보다 저렴한 시간 t 의 구간은

$20,200+120(t-60)<10,000+150t$ 이므로

$t>100$

㉡ B 의 요금이 C 의 요금보다 저렴한 시간 t 의 구간은

$20,200+120(t-60)<28,900+90(t-120)$ 이므로 $t<170$

따라서, $100<t<170$ 이다.

$\therefore\ b-a$ 값은 70

14 ①

㉠ 한국 $2,015-3,232=-1,217$,
중국 $5,954-9,172=-3,218$,
일본 $2,089-4,760=-2,671$ 모두 적자이다.

㉡ 소비재는 50% 이상 증가하지 않았다.

	원자재	소비재	자본재
2025	2,015	138	3,444
2022	578	117	1,028

㉢ 자본재 수출경쟁력을 구하면 한국이 일본보다 높다.

한국 $=\dfrac{3,444-1,549}{3,444+1,549}=0.38$

일본 $=\dfrac{12,054-8,209}{12,054+8,209}=0.19$

15 ①

㉠ 2023년부터 2024년에는 발전량과 공급의무율 모두 증가하였으므로 공급의무량 역시 증가하였을 것이다. 2022년과 2023년만 비교해보면 2022년의 공급의무량은 770이고 2023년의 공급의무량은 1,020이므로 2024년의 공급의무량이 더 많다.

㉡ 인증서구입량은 2022년 15GWh에서 2023년에 160GWh로 10배 넘었지만, 같은 기간 자체공급량은 75GWh에서 690GWh로 10배를 넘지 못하였다. 따라서, 자체공급량의 증가율이 인증서구입량의 증가율보다 작다.

㉢ 각 연도별로 공급의무량과 이행량 및 이 둘의 차이를 계산하면

- 공급의무량=공급의무율×발전량
  - 2022년 $=55,000\times0.014=770$
  - 2023년 $=51,000\times0.02=1,020$
  - 2024년 $=52,000\times0.03=1,560$
- 이행량=자체공급량+인증서구입량
  - 2022년 $=75+15=90$
  - 2023년 $=380+70=450$
  - 2024년 $=690+160=850$
- 공급의무량과 이행량의 차이
  - 2022년 $=770-90=680$
  - 2023년 $=1,020-450=570$
  - 2024년 $=1,560-850=710$

2022년의 경우 전년에 비하여 공급의무량과 이행량의 차이가 감소한다.

㉣ 이행량은 자체공급량과 인증서구입량의 합으로 구하므로 이행량에서 자체공급량이 차지하는 비중 대신에 인증서구입량 대비 자체공급량의 배율로 바꾸어 생각해보면

2022년 $=\dfrac{75}{15}=5$,

2023년 $=\dfrac{380}{70}=5.4$,

2024년 $=\dfrac{690}{160}=4.3$

2023년에는 값이 5를 초과하지만 2024년에는 5 미만이 된다. 그러므로 2023년에서 2024년으로 갈 때 이행량에서 자체공급량이 차지하는 비중은 2023년에는 증가, 2024년에는 감소하였다.

16 ①

① $12,500-(12,500\times0.25)=9,375$(원)

② $12,500-1,000=11,500$
$11,500-(11,500\times0.1)=10,350$(원)

③ $12,500-(12,500\times0.1)=11,250$(원)
$11,250-(11,250\times0.15)=9,562.5$(원)

④ $12,500-(12,500\times0.3)+1,000=9,750$(원)

따라서 피자 판매가게에서 포테이토 피자 1판을 가장 저렴하게 살 수 있는 구매방식은 스마트폰 앱을 이용하는 방식이다.

17 ③

③ 제1조에 을(乙)은 갑(甲)에게 계약금→중도금→잔금 순으로 지불하도록 규정되어 있다.

① 제1조에 중도금은 지불일이 정해져 있으나, 제5조에 '중도금 약정이 없는 경우'가 있을 수 있음이 명시되어 있다.

② 제4조에 명시되어 있다.

④ 제5조의 규정으로, 을(乙)이 갑(甲)에게 중도금을 지불하기 전까지는 을(乙), 갑(甲) 중 어느 일방이 본 계약을 해제할 수 있다. 단, 중도금 약정이 없는 경우에는 잔금 지불하기 전까지 계약을 해제할 수 있다.

18 ③

명제 2와 3을 삼단논법으로 연결하면, '윤 사원이 외출 중이 아니면 강 사원도 외출 중이 아니다.'가 성립되므로 A는 옳다. 또한, 명제 2가 참일 경우 대우명제도 참이어야 하므로 '박 과장이 외출 중이면 윤 사원도 외출 중이다.'도 참이어야 한다. 따라서 B도 옳다.

19 ④

새터민(탈북자)인 경우 이 상품에서 특별우대금리를 적용받기 위해서는 북한 이탈주민 확인서(증명서)를 농협은행 영업점 창구에 제출해야 한다.

20 ④

제시된 상품에 개인으로 가입했을 경우 최고 우대금리는 '특별 우대금리(0.1%p)', '통일염원 우대금리(0.1%p)', '카드거래 우대금리(0.2%p)'를 모두 적용받은 0.4%p이다.

21 ④

해당 적금은 현역복무사병, 전환복무사병(교정시설경비교도, 전투경찰대원, 의무경찰대원, 의무소방원), 공익근무요원 등 일반 사병에 한정되므로 장교인 규현은 가입할 수 없다.

22 ③

다섯 사람 중 A와 B가 동시에 가장 먼저 봉사활동을 하러 나가게 되었으며, C~E는 A와 B보다 늦게 봉사활동을 하러 나가게 되었음을 알 수 있다. 따라서 다섯 사람의 순서는 E의 순서를 변수로 다음과 같이 정리될 수 있다.

㉠ E가 두 번째로 봉사활동을 하러 나가게 되는 경우

첫 번째	두 번째	세 번째	네 번째
A, B	E	C 또는 D	C 또는 D

첫 번째	두 번째	세 번째
A, B	E, C	D

㉡ E가 세 번째로 봉사활동을 하러 나가게 되는 경우

첫 번째	두 번째	세 번째	네 번째
A, B	C 또는 D	E	C 또는 D

따라서 E가 C보다 먼저 봉사활동을 하러 나가는 경우가 있으므로 보기 ③과 같은 주장은 옳지 않다.

23 ④

첫 번째는 직계존속으로부터 증여받은 경우로, 10년 이내의 증여재산가액을 합한 금액에서 5,000만 원만 공제하게 된다.

두 번째 역시 직계존속으로부터 증여받은 경우로, 아버지로부터 증여받은 재산가액과 어머니로부터 증여받은 재산가액의 합계액에서 5,000만 원을 공제하게 된다.

세 번째는 직계존속과 기타친족으로부터 증여받은 경우로, 아버지로부터 증여받은 재산가액에서 5,000만 원을, 삼촌으로부터 증여받은 재산가액에서 1,000만 원을 공제하게 된다.

따라서 세 가지 경우의 증여재산 공제액의 합은 5,000 + 5,000 + 6,000 = 1억 6천만 원이 된다.

24 ②

주어진 자료를 근거로, 다음과 같은 계산 과정을 거쳐 증여세액이 산출될 수 있다.

- 증여재산 공제 : 5천만 원
- 과세표준 : 1억 7천만 원 − 5천만 원 = 1억 2천만 원
- 산출세액 : 1억 2천만 원 × 20% − 1천만 원 = 1,400만 원
- 납부액 : 1,400만 원 × 93% = 1,302만 원

25 ①

- 평일 체육경기 외의 목적인 체육시설 대관 비용 : 200,000원
- 야간사용료는 비용의 50%를 가산 : 200,000 + 100,000 = 300,000원

26 ④

- 1일 체육관 기본시설사용료 : 50,000원
- 냉방 시설 비용 : 35,000원
- 무빙라이트 5대 비용 : 5,000 × 5 = 25,000원
- 탁자 20개 비용 : 3,000 × 20 = 60,000원
- 의자 60개 비용 : 500 × 60 = 30,000원

∴ 총 비용 : 50,000 + 35,000 + 25,000 + 60,000 + 30,000 = 200,000원

27 ①

하루 대여 비용을 계산해보면 다음과 같다. 따라서 가장 경제적인 차량 임대 방법은 승합차량 1대를 대여하는 것이다.

① 132,000원

② 60,000 × 3 = 180,000(원)

③ 84,000 × 2 = 168,000(원)

④ 60,000 + 122,000 = 182,000(원)

28 ②

주어진 조건에 의해 다음과 같이 계산할 수 있다.

{(1,000,000 + 100,000 + 200,000) × 12 + (1,000,000 × 4) + 500,000} ÷ 365 × 30 = 1,652,055원

따라서 소득월액은 1,652,055원이 된다.

29 ②

긴급 상황이나 재난 상황에서 물적자원의 관리 소홀이나 부족 등은 더욱 큰 손실을 야기할 수 있으며, 꼭 필요한 상황에서 확보를 위한 많은 시간을 낭비하여 필요한 활동을 하지 못하는 상황이 벌어질 수 있다. 따라서 개인 및 조직에 필요한 물적자원을 확보하고 적절히 관리하는 것은 매우 중요하다고 할 수 있다.

② 물적자원을 영리 추구의 목적으로 보관하는 것은 효율적인 사용을 위한 관리의 중요성 차원과는 거리가 먼 것이다.

30 ④

① 1,000원(체감비용)+27,000원=28,000원
② 20,000원(토너)+8,000원(A4용지)=28,000원
③ 5,000원(체감비용)+24,000원=29,000원
④ 10,000원(A4용지)+1,000원(체감비용)+16,000원(토너)=27,000원

31 ④

DSUM(범위, 열번호, 조건)은 조건에 맞는 수치를 합하는 함수이며 DCOUNT(범위, 열 번호, 조건)은 조건에 맞는 셀의 개수를 세는 함수이다. 따라서 DSUM이 아닌 DCOUNT 함수를 사용해야 하며, 추리영역이 있는 열은 4열이므로 '=DCOUNT(A1:D6,4,F2:F3)'를 입력해야 한다.

32 ②

SUMIF는 조건에 맞는 데이터를 더해주는 함수로서 범위는 B2:B10으로 설정해 주고 조건은 3천만원 초과가 아니라 이상이라고 했으므로 ">=30000000"으로 설정한다.

33 ②

DSUM(데이터베이스, 필드, 조건 범위) 함수는 조건에 부합하는 데이터를 합하는 수식이다. 데이터베이스는 전체 범위를 설정하며, 필드는 보험실적 합계를 구하는 것이므로 "보험실적"으로 입력하거나 열 번호 4를 써야 한다. 조건 범위는 영업2부에 한정하므로 F1:F2를 써준다.

34 ④

'지식'이란 '어떤 특정의 목적을 달성하기 위해 과학적 또는 이론적으로 추상화되거나 정립되어 있는 일반화된 '정보'를 뜻하는 것으로, 어떤 대상에 대하여 원리적 · 통일적으로 조직되어 객관적 타당성을 요구할 수 있는 판단의 체계를 제시한다.

④ 가치가 포함되어 있지 않은 단순한 데이터베이스라고 볼 수 있다.

35 ③

적시성과 독점성은 정보의 핵심적인 특성이다. 따라서 정보는 우리가 원하는 시간에 제공되어야 하며, 원하는 시간에 제공되지 못하는 정보는 정보로서의 가치가 없어지게 될 것이다. 또한 정보는 아무리 중요한 내용이라도 공개가 되고 나면 그 가치가 급격하게 떨어지는 것이 보통이다. 따라서 정보는 공개 정보보다는 반공개 정보가, 반공개 정보보다는 비공개 정보가 더 큰 가치를 가질 수 있다. 그러나 비공개 정보는 정보의 활용이라는 면에서 경제성이 떨어지고, 공개 정보는 경쟁성이 떨어지게 된다. 따라서 정보는 공개 정보와 비공개 정보를 적절히 구성함으로써 경제성과 경쟁성을 동시에 추구해야 한다.

36 ④

공식조직은 조직의 구조, 기능, 규정 등이 조직화되어 있는 조직을 의미하며, 비공식조직은 개인들의 협동과 상호작용에 따라 형성된 자발적인 집단 조직이다. 또한 영리성을 기준으로 영리조직과 비영리조직으로 구분되며, 규모에 의해 대규모 조직과 소규모 조직으로 구분할 수 있다.

④ 종교단체는 영리를 추구하지 않으므로 비영리조직을 볼 수 있으나, 구조, 기능, 규정을 갖춘 공식조직으로 분류된다.

37 ②

경영은 한마디로 조직의 목적을 달성하기 위한 전략, 관리, 운영활동이다. 즉, 경영은 경영의 대상인 조직과 조직의 목적, 경영의 내용인 전략, 관리, 운영으로 이루어진다. 과거에는 경영(administration)을 단순히 관리(management)라고 생각하였다. 관리는 투입되는 자원을 최소화하거나 주어진 자원을 이용하여 추구하는 목표를 최대한 달성하기 위한 활동이다.

38 ④

집단의사결정은 한 사람이 가진 지식보다 집단이 가지고 있는 지식과 정보가 더 많아 효과적인 결정을 할 수 있다. 또한 다양한 집단구성원이 갖고 있는 능력은 각기 다르므로 각자 다른 시각으로 문제를 바라봄에 따라 다양한 견해를 가지고 접근할 수 있다. 집단의사결정을 할 경우 결정된 사항에 대하여 의사결정에 참여한 사람들이 해결책을 수월하게 수용하고, 의사소통의 기회도 향상되는 장점이 있다. 반면에 의견이 불일치하는 경우 의사결정을 내리는 데 시간이 많이 소요되며, 특정 구성원들에 의해 의사결정이 독점될 가능성이 있다.

39 ②

회원관리능력의 부족이라는 약점을 전담 상담직원 채용을 통해 보완하고 이를 통해 부모들의 높은 아이에 대한 관심과 투자를 유도하는 것은 적절한 WO 전략이라 할 수 있다.

40 ④

그림과 같은 조직 구조는 하나의 의사결정권자의 지시와 부서별 업무 분화가 명확해, 전문성은 높아지고 유연성 및 유기성은 떨어지는 조직 구조라고 볼 수 있다. 또한 의사결정권자가 한 명으로 집중되면서 내부 효율성이 확보된다.

① 조직의 유기적인 협조체제가 구축된 구조는 아니다.
② 의사결정 권한이 집중된 조직 구조이다.
③ 유사한 업무를 통한 내부 경쟁을 유발할 수 있는 구조는 사업별 조직구조이다.

>>> 직무수행능력평가

41 ③

차별적 성과급제를 도입한 것은 과학적 관리론의 창시자인 프레더릭 테일러로써 근로자가 행하는 요소별 작업시간과 동작을 정확히 산출했으며, 과학적 방법에 의해 산출된 1일 작업량을 달성하지 못한 사람에게는 손해를 주고 이를 성공적으로 달성했을 때는 그에 상응하는 고임금을 지급하였다.

42 ③

합명회사의 경우 인적회사 중의 하나로써 자금조달에 한계가 있다.

43 ④

통제적 혁신형(High Innovator)은 내적으로는 강한 문화와 통제를 위한 제도를 중시하고 외적으로는 도전적인 전략을 추구한다.

44 ①

직장 내 훈련은 개개인의 능력 정도에 따라 적절한 지도를 할 수 있으며 직장 실정에 맞추어 교육하고, 훈련에 의하여 진보의 정도를 알 수 있어서 종업원 동기부여가 된다. 많은 종업원에게 통일된 훈련을 시킬 수 있는 것은 Off JT이다.

45 ④

직무설계는 직무평가가 아닌 직무분석에 의해 실시된다.

46 ②

소비자의 신제품 수용단계

㉠ 인식(awareness) : 소비자가 신제품의 혁신성을 아는 단계

㉡ 관심(interest) : 소비자가 신제품의 혁신성에 대한 관심을 갖고 정보를 찾으려는 단계

㉢ 평가(evaluation) : 소비자가 신제품의 사용을 고려하는 단계

㉣ 시용(trial) : 실제 사용을 통해 신제품의 가치를 확인하는 단계

㉤ 수용(adoption) : 소비자가 신제품을 정규적으로 사용하게 되는 단계

47 ②

사전조사는 질문서의 초안을 작성한 후에 예정 응답자 중 일부를 선정하여 예정된 본 조사와 동일한 절차와 방법으로 질문서를 시험하여 질문의 내용 · 어구구성 · 반응형식 · 질문순서 등의 오류를 찾아 질문서의 타당도를 높이기 위한 절차를 의미한다.

48 ④

① 제품구매 후 바로 결재를 하거나 특정 기간 내보다 대금을 일찍 지불하는 경우 지불금액의 일부를 할인해 주는 것을 말한다.

② 많은 양의 제품을 일시에 구매하는 경우 가격을 할인해 주는 것으로 재고비용을 절감할 수 있다.

③ 패션이나 계절제품을 시즌이 아닌 비수기에 구매하는 경우 가격을 할인해주는 것으로 자금흐름, 재고 소진 등을 원활하게 하고자 하는 것이다.

49 ①

① 상품 분야별로 전문매장을 특화해 저렴한 가격으로 특정 분야의 상품을 판매하는 소매점을 의미한다.

② 식료품을 중심으로 일용잡화류를 판매하는 셀프서비스 방식의 대규모 소매점을 말한다.

③ 여러 가지 상품을 부문별로 진열하고 조직 · 판매하는 대규모 소매상을 말한다.

④ 셀프서비스에 의한 대량판매방식을 이용하여 시중가격보다 20~30% 낮은 가격으로 판매하는 유통업체를 말한다.

50 ②

데이터베이스 마케팅은 기업이 고객에 대한 여러 가지 다양한 정보를 컴퓨터를 이용하여 Data Base화하고, 구축된 고객 데이터를 바탕으로 고객 개개인과의 지속적이고 장기적인 관계 구축을 위한 마케팅 전략을 수립하고 집행하는 여러 가지 활동이다.

51 ④

타당도 측정 시에 내적 타당도와 외적 타당도를 모두 고려해야 한다.

52 ③

경영전략의 수립단계

기업사명의 정의 → 기업목표의 설정 → 사업 포트폴리오의 분석 → 성장전략의 수립

53 ③

제품의 4가지 품질 차원으로 설계품질, 적합품질, 가용성, 현장 서비스 등이 있다.

54 ④

크로스도킹은 창고 또는 물류센터에서 수령한 상품을 창고에서 재고로 보관하는 것이 아닌 즉시 배송할 준비를 하는 물류시스템이다. 즉, 창고는 상품을 보관하는 장소라기보다는 고객으로의 효율적인 배송을 하게 하기 위한 단기적인 장소가 된다.

55 ④

중간상들에 대한 통제력이 강한 순서는 전속적 유통 → 선택적 유통 → 집중적 유통(개방적 유통)의 순이다.

56 ③

고객생애가치는 고객이 평생 어떤 기업에 얼마나 기여하는지를 금전적인 수치로 나타낸 것을 말한다.

57 ④

유연자동화는 프로그램 가능 자동화에서 진화하였으며 가장 유연성이 높다.

58 ②

② 레버리지 비율(= 총자산 / 순자본)이 낮을수록 기업이 자금운영과정에서 부채(차입금)보다 자기자본에 더 크게 의존한다는 것을 의미한다.

59 ④

손익분기점 판매량은 다음과 같다.

$$\text{손익분기점 판매량} = \frac{\text{총고정비}}{\text{단위당 공헌이익}}$$

60 ③

재무상태표에 표시되는 자본은 주식의 시가와 금액이 일치하지 않는다.

61 ①

매출채권(외상매출금, 받을어음)에 대해서는 대손충당금의 설정이 가능하다. 참고로 지급어음, 미지급금, 선수금은 모두 부채 항목에 해당한다.

62 ④

주식배당과 무상증자는 순자산의 증가가 발생하지 않는다.

63 ④

금융자산의 현금흐름에 대한 계약상 권리는 양도하였지만 양도자가 매도 후에 미리 정한 가격으로 당해 금융자산을 재매입하기로 한 경우는 양도자가 소유에 따른 위험과 보상의 대부분을 보유하는 경우로서 차입거래에 해당하므로 금융자산을 제거해서는 안 된다.

64 ④

① 소득의 증가에 따라 수요량이 증가하는 정상재(normal goods)의 수요의 소득탄력성은 0보다 크다.

② 상품 A의 가격이 상승하여 상품 B의 판매량이 증가하는 경우, 수요의 교차탄력성은 0보다 크므로 상품 A와 상품 B는 대체관계이다.

③ 열등재 중 절대적 열등재라고 할 수 있는 기펜재(Giffen's goods)는 가격이 하락함에도 수요량이 감소하는 재화로 수요곡선은 예외적으로 양(+)의 기울기를 갖는다.

65 ②

수요의 가격탄력성 = −수요량변화율/가격변화율

$$= \frac{dQ}{Q} \times \frac{dP}{P} = \frac{dQ}{dP} \times \frac{P}{Q}$$

여기서 $\frac{dQ}{dP}$는 수요함수 Q를 가격 P로 미분한다는 의미이므로 −1이다.

P=2를 수요함수에 대입하면 Q=8이 된다.

따라서 $\frac{P}{Q} = \frac{2}{8}$

∴ 수요의 가격탄력성$= -(-1) \times \frac{2}{8} = \frac{1}{4} = 0.25$

66 ②

리보금리는 국제금융시장의 중심지인 영국 런던에서 우량은행끼리 단기자금을 거래할 때 적용하는 금리를 말하는 것으로, 세계 각국의 국제금융거래에 기준금리로 사용되어 세계금융시장의 상태를 판단할 수 있다.

67 ②

리쇼어링은 저렴한 인건비 또는 제품 판매 시장을 찾아 해외로 진출한 기업들이 다시 본국으로 되돌아오는 현상을 말한다.

68 ③

헌법개정 절차의 순서

제안 → 공고 → 국회의결 → 국민투표 → 공포

69 ①

보궐선거는 국회의원이 임기 중에 사망 등의 사유로 인해 궐원 또는 궐위가 생긴 때에 하게 되는 선거를 의미한다.

70 ②

깡통 주택은 경기침체의 장기화로 인해 집값 하락이 되고 있는 상황하에서 집을 팔더라도 대출금 또는 세입자 전세금을 다 갚지 못하는 주택을 의미한다.

>>> 주관식

71 동시공학

동시공학은 설계 담당자, 생산 전문가, 마케팅 전문가, 품질 전문가들이 공동작업을 통해 제품과 서비스를 설계하고 해당 생산공정을 설계하는 것을 말한다.

72 제품별 배치

제품별 배치는 대량의 제품이나 고객을 시설 내부에서 신속하고 원활하게 흐르도록 하고자 할 때 주로 사용한다.

73 다우존스 지수

다우존스 지수는 미국의 다우존스가 만든 지수로, 이는 가장 오래된 주가지수이다. 대표적인 주가 30개를 대상으로 산술평균한 지수이며, 미국 증권시장 동향과 시세를 알려준다.

74 사회간접자본

사회간접자본은 생산활동에 직접적으로 참여하지는 않으나, 생산활동에 간접적으로 기여하는 자본을 의미한다.

75 전문경영자

전문경영자는 기업경영에 대한 전문지식 및 능력 등을 지닌 경영자로써 재직 기간 동안의 단기적인 이익 발생에 집착할 수 있으며 주주의 이해관계보다는 자신의 이해관계를 중요시하는 경향이 뚜렷하다.

제5회 IBK기업은행 필기시험 정답 및 해설

>>> 직업기초능력평가

1 ④

(나)의 내용만으로도 충분히 추리할 수 있는 문제이다. (나)에서는 과학에 있어서 영감의 중요성을 뉴턴, 갈릴레이, 아르키메데스 등의 예를 통해 충분히 설명하고 있다. 따라서 이러한 입장에서 볼 때 과학에 있어서의 노력의 절대적 중요성을 강조한 '1퍼센트의 영감과 99퍼센트의 노력'이라는 말은 영감의 중요성을 과소평가한 것이 된다.

2 ④

④ 결원을 보충할 경우 예비합격자를 최종합격자로 선발할 수 있다.
① 모든 응시자는 기관 간, 전형 간, 직렬 간 중복지원이 불가하며 1인 1분야만 지원할 수 있다.
② 채용관련 인사 청탁 등 채용비리 또는 기타 부정합격 확인 시 채용이 취소될 수 있다.
③ 지원자가 채용예정인원 수와 같거나 미달하더라도 적격자가 없는 경우 선발하지 않을 수 있다.

3 ②

증시(證市) : '증권시장(증권의 발행 · 매매 · 유통 따위가 이루어지는 시장)'을 줄여 이르는 말
증시(證示) : 증명하여 내보임

4 ③

'3. 업체상호사용' 항목에 따르면, 양사는 업무제휴의 목적에 부합하는 경우에 한하여 상대의 상호를 마케팅에 사용 가능하나 사전에 협의된 내용을 변경할 수는 없다.

5 ①

① B국의 시장 금리가 하락하면, A국에서 유출되었던 자금이 다시 복귀하면서 오버슈팅의 정도는 작아질 것이다.

6 ④

국내 통화량이 증가하여 유지될 경우, 물가가 경직적이어서 실질 통화량(㉠)은 증가하고 이에 따라 시장 금리(㉡)는 하락한다. 시장 금리 하락은 투자의 기대 수익률 하락으로 이어져, 단기성 외국인 투자 자금이 해외로 빠져나가거나 신규 해외 투자 자금 유입을 위축시키는 결과를 초래한다. 이 과정에서 자국 통화의 가치는 하락하고 환율(㉢)은 상승한다. → 따라서 t 이후에 하락하는 a는 ㉡ 시장 금리 그래프이다.
시간이 경과함에 따라 물가가 상승하여 실질 통화량이 원래 수준으로 돌아오고 해외로 유출되었던 자금이 시장 금리의 반등으로 국내로 복귀하면서, 단기에 과도하게 상승했던 환율은 장기에는 구매력 평가설에 기초한 환율로 수렴된다. → 따라서 시간이 경과함에 따라 원래 수준으로 돌아오는 c는 ㉠ 실질 통화량 그래프이고, 구매력 평가설에 기초한 환율로 수렴하는 b는 ㉢ 환율의 그래프이다.

7 ③

③ 입력 데이터 x를 서로 다른 해시 함수 H와 G에 적용한 해시 값 H(x)와 G(x)는 해시 함수에 따라 달라진다.

8 ①

① ㉠ 일방향성은 주어진 해시 값에 대응하는 입력 데이터의 복원이 불가능하다는 것이다. 따라서 일방향성을 지닌 특정 해시 함수를 전자 문서 x, y에 각각 적용하여 도출한 해시 값으로부터 x, y를 복원할 수 없다.

②③ 해시 값을 표시하는 문자열의 길이는 각 해시 함수의 특성이다.

④ 입력 데이터 x, y에 특정 해시 함수를 적용하여 도출한 해시 값이 같은 것은 충돌이다.

9 ①

주어진 산식에 의하여 국토 면적, 산림 면적, 산림율을 확인해 보면 다음 표와 같다.

(단위 : 만 명, 명/km²)

국가	인구 수	인구 밀도	산림 인구 밀도	국토 면적	산림 면적	산림율
갑	1,200	24	65	1,200 ÷ 24 = 50	1,200 ÷ 65 = 18.5	18.5 ÷ 50 × 100 = 37%
을	1,400	36	55	1,400 ÷ 36 = 38.9	1,400 ÷ 55 = 25.5	25.5 ÷ 38.9 × 100 = 65.6%
병	2,400	22	30	2,400 ÷ 22 = 109.1	2,400 ÷ 30 = 80	80 ÷ 109.1 × 100 = 73.3%
정	3,500	40	85	3,500 ÷ 40 = 87.5	3,500 ÷ 85 = 41.2	41.2 ÷ 87.5 × 100 = 47.1%

따라서 산림율이 가장 큰 국가는 '병 – 을 – 정 – 갑'의 순이다.

10 ③

㉠ 2차 방문 시 1차에서 방문한 동일한 커피 프랜차이즈를 방문하는 사람들이 다른 프랜차이즈를 방문하는 사람들보다 최소한 2배 이상 높은 것으로 나타났다.

㉢ 1차 방문에서 C를 방문한 사람들은 전체 방문자(541명) 중 37.7%(204명)로 가장 높았고, 2차 방문에서 C를 방문한 사람들은 전체 방문자 중 42.7%(231명)로 가장 높았다.

㉡ 1차 방문에서 A를 방문한 뒤 2차 방문에서 C를 방문한 사람들은 44명이며, 반대로 1차 방문에서 C를 방문한 뒤 2차 방문에서 A를 방문한 사람들은 17명으로 전자의 경우가 더 많은 것으로 나타났다.

11 ③

벤치의 수를 x, 동료들의 수를 y로 놓으면

$5x+4=y$

$6x=y$

위 두 식을 연립하면

$x=4,\ y=24$

12 ④

④ 2024년 GDP 대비 M2의 비율은 2017년에 비해 16.6%p 상승하였다.

13 ④

2025년 국내 5대 은행 전체에 대한 A은행 당기순이익 점유비는 4.3%이고 2024년 A은행의 당기순이익 점유비는 4.7%이므로 2025년 A은행의 당기순이익 점유비는 전년 대비 약 0.4%p 감소했음을 알 수 있다.

14 ①

㉠ 2024년의 총사용량은 전년대비 46,478m^3 증가하여 약 19%의 증가율을 보이며, 2025년의 총사용량은 전년대비 35,280m^3 증가하여 약 12.2%의 증가율을 보여 모두 전년대비 15% 이상 증가한 것은 아니다.

㉡ 1명당 생활용수 사용량을 보면 2023년 0.36m^3/명$\left(\frac{136,762}{379,300}\right)$, 2024년은 0.38$m^3$/명$\left(\frac{162,790}{430,400}\right)$, 2025년은 0.34$m^3$/명$\left(\frac{182,490}{531,250}\right)$이 되어 매년 증가하는 것은 아니다.

㉢ 45,000 → 49,050 → 52,230으로 농업용수 사용량은 매년 증가함을 알 수 있다.

㉣ 가정용수와 영업용수 사용량의 합은 업무용수와 욕탕용수의 사용량의 합보다 매년 크다는 것을 알 수 있다.

2023년 $65,100+11,000$
$=76,100>39,662+21,000=60,662$

2024년 $72,400+19,930$
$=92,330>45,220+25,240=70,460$

2025년 $84,400+23,100$
$=107,500>47,250+27,740=74,990$

15 ④

㉠ 해남군의 논 면적은 23,042ha로, 해남군 밭 면적인 12,327ha의 2배 이하이다.

㉡ 서귀포시의 논 면적은 31,271−31,246=25ha로, 제주시 논 면적인 31,585−31,577=8ha보다 크다.

㉢ 서산시의 밭 면적은 27,285−21,730=5,555ha로 김제시 밭 면적인 28,501−23,415=5,086ha보다 크다.

㉣ 상주시의 밭 면적은 11,047ha로 익산시 논 면적의 90%(=17,160.3ha) 이하이다.

16 ④

㉡ 2024년은 전체 임직원 중 20대 이하 임직원이 차지하는 비중이 50% 이하이다.

17 ②

㉠ 기존의 승점제를 적용시, C팀은 3승 2패로 6점을 얻고, C팀을 제외한 모든 팀은 4번의 무승부로 최소 4점 이상을 얻게 된다.

㉡ 새로운 승점제를 적용시, C팀은 3승 2패로 9점을 얻고, C팀을 제외한 모든 팀은 4번의 무승부로 최소 4점 이상을 얻게 된다.

㉢ C팀은 3승 2패를 기록했으므로, C팀과의 경기에서 승리한 팀은 2팀이다.

㉣ 새로운 승점제를 적용시, C팀은 3승 2패로 9점을 얻고, C팀을 제외한 팀은 1승 4무를 기록한다고 해도 7점이므로, 1위는 C팀이 된다.

18 ④

장소별로 계산해 보면 다음과 같다.

- 분수광장 후면 1곳(게시판) : 120,000원
- 주차 구역과 경비초소 주변 각 1곳(게시판) : 120,000원 × 2 = 240,000원
- 행사동 건물 입구 1곳(단독 입식) : 45,000원
- 분수광장 금연 표지판 옆 1개(벤치 2개 + 쓰레기통 1개) : 155,000원
- 주차 구역과 경비초소 주변 각 1곳(단독) : 25,000 × 2 = 50,000원

따라서 총 610,000원의 경비가 소요된다.

19 ④

참석인원이 800명이므로 800장을 준비해야 한다. 이 중 400장은 2도 단면, 400장은 5도 양면 인쇄로 진행해야 하므로 총 인쇄비용은 (5,000 × 4) + (25,000 × 4) = 120,000원이다.

20 ③

③ 건당 미화 2천불을 초과하는 경우에는 관세청장 및 금융감독원장 통보대상이 된다.

21 ①

외국인우대통장에 월 50만 원 이상의 급여이체 실적이 있는 경우 우대조건을 충족하게 된다.

22 ②

해당 상품은 신규 임관 군 간부만이 가입할 수 있는 상품으로 일반 사병으로 입대한 전 이병은 가입할 수 없다.

23 ④

제시된 적금의 우대금리 조건으로는

- 이 적금 가입기간 중 만기 전월까지 "6개월 이상" 농협은행에 급여이체를 한 경우
- 가입월부터 만기 전월까지 기간 중 농협은행 채움카드(개인 신용 · 체크)로 월 평균 20만 원 이상 이용한 경우
- 만기일 전월말 기준으로 농협은행의 주택청약종합저축(청약저축 포함)에 가입한 경우가 해당되므로 문식만이 우대금리를 받을 수 있다.

24 ②

㉠ 난이도는 중급 : 줄넘기, 조깅

㉡ 칼로리 소모는 150kcal 이상 : 모든 운동 가능

㉢ 소요시간은 40분 이하 : 테니스, 줄넘기

㉣ 레슨은 저녁 7시 이후 : 줄넘기

따라서 명수의 선택 기준에 맞는 운동은 줄넘기이다.

25 ③

$300 \div 55 = 5.45 \fallingdotseq 5.5$(억 원)이고 3km이므로 $5.5 \times 3 =$ 약 16.5(억 원)

26 ④

㉠ 총 투입시간 = 투입인원 × 개인별 투입시간

㉡ 개인별 투입시간 = 개인별 업무시간 + 회의 소요시간

㉢ 회의 소요시간 = 횟수(회) × 소요시간(시간/회)

∴ 총 투입시간 = 투입인원 × (개인별 업무시간 + 횟수 × 소요시간)

각각 대입해서 총 투입시간을 구하면,

$A = 2 \times (41 + 3 \times 1) = 88$

$B = 3 \times (30 + 2 \times 2) = 102$

$C = 4 \times (22 + 1 \times 4) = 104$

$D = 3 \times (27 + 2 \times 1) = 87$

$\text{업무효율} = \dfrac{\text{표준 업무시간}}{\text{총 투입시간}}$이므로, 총 투입시간이 적을수록 업무효율이 높다. D의 총 투입시간이 87로 가장 적으므로 업무효율이 가장 높은 부서는 D이다.

27 ③

메뉴별 이익을 계산해보면 다음과 같으므로, 현재 총 이익은 60,600원이다. 한 잔만 더 판매하고 영업을 종료했을 때 총이익이 64,000원이 되려면 한 잔의 이익이 3,400원이어야 하므로 바닐라라떼를 판매해야 한다.

구분	메뉴별 이익	1잔당 이익
아메리카노	(3,000－200)×5＝14,000원	2,800원
카페라떼	{3,500－(200＋300)}×3＝9,000원	3,000원
바닐라라떼	{4,000－(200＋300＋100)}×3＝10,200원	3,400원
카페모카	{4,000－(200＋300＋150)}×2＝6,700원	3,350원
캐러멜라떼	{4,300－(200＋300＋100＋250)}×6＝20,700원	3,450원

28 ③

③ 전입직원 수가 가장 많은 지역부터 순서대로 나열하면 D(760)＞A(598)＞B(595)＞C(577)이다.

① 2024년 직원 인사이동 현황표에 따르면 총 2,530명이 이동하였다.

② 전출직원 수가 가장 많은 지역본부부터 순서대로 나열하면 A(725)＞B(685)＞D(660)＞C(460)이다.

④ 2025년 직원이 가장 많은 지역부터 순서대로 나열하면 D(3,180)＞A(3,105)＞C(3,048)＞B(3,030)이다.

29 ②

②는 간접비용, 나머지는 직접비용의 지출 항목으로 분류해야 한다.

※ 직접비용과 간접비용으로 분류되는 지출 항목은 다음과 같은 것들이 있다.

㉠ 직접비용 : 재료비, 원료와 장비, 시설비, 출장 및 잡비, 인건비 등

㉡ 간접비용 : 보험료, 건물관리비, 광고비, 통신비, 사무비품비, 각종 공과금 등

30 ④

자원을 활용하기 위해서는 가장 먼저 나에게 필요한 자원은 무엇이고 얼마나 필요한지를 명확히 설정하는 일이다. 무턱대고 많은 자원을 수집하는 것은 효율적인 자원 활용을 위해 바람직하지 않다. 나에게 필요한 자원을 파악했으면 다음으로 그러한 자원을 수집하고 확보해야 할 것이다. 확보된 자원을 유용하게 사용할 수 있는 활용 계획을 세우고 수립된 계획에 따라 자원을 활용하는 것이 적절한 자원관리 과정이 된다. 따라서 이를 정리하면, 다음 순서와 같다.

1) 어떤 자원이 얼마나 필요한지를 확인하기
2) 이용 가능한 자원을 수집(확보)하기
3) 자원 활용 계획 세우기
4) 계획에 따라 수행하기의 4단계가 있다.

31 ②

마지막 조건에 의하면 첫 번째 자리 숫자가 1이 되며 세 번째 조건에 의해 가장 큰 수는 6이 되는데, 마지막 조건에서 오름차순으로 설정하였다고 하였으므로 네 번째 자리 숫자가 6이 된다. 두 번째 조건에서 곱한 수가 20보다 크다고 하였으므로 0은 사용되지 않았다. 따라서 (1××6) 네 자리 수의 합이 11이 되기 위해서는 1과 6을 제외한 두 번째와 세 번째 자리 수의 합이 4가 되어야 하는데, 같은 수가 연달아 한 번 반복된다고 하였으므로 (1136) 또는 (1226) 중 모두 곱한 수가 20보다 큰 (1226)이 된다.

32 ①

DMAX는 데이터 최대값을 구할 때 사용되는 함수이고, 주어진 조건에 해당하는 값을 선택하여 평균을 구할 때는 DAVERAGE가 사용된다. 따라서 DAVERAGE(범위,열번호,조건)을 입력해야 하는데 범위는 [A1]부터 [C9]까지이고 점수를 평균내야 하기 때문에 열 번호는 3이다. 조건은 2학년이기 때문에 'E4:E5'로 설정한다.

33 ③

COUNTBLANK 함수는 비어있는 셀의 개수를 세어준다. COUNT 함수는 숫자가 입력된 셀의 개수를 세어주는 반면 COUNTA 함수는 숫자는 물론 문자가 입력된 셀의 개수를 세어준다. 즉, 비어있지 않은 셀의 개수를 세어주기 때문에 이 문제에서는 COUNTA 함수를 사용해야 한다.

34 ③

COUNTIFS 함수는 복수의 조건을 만족하는 셀의 개수를 구하는 함수이다. COUNTIFS(조건범위1, 조건1, 조건범위2, 조건2)로 입력한다. 따라서 설문에서는 편집팀 소속이면서 대리의 직급을 가지는 사람의 수를 구하는 것이므로 3이 답이다.

35 ①

엑셀 통합 문서 내에서 다음 워크시트로 이동하려면 〈Ctrl〉+〈Page Down〉을 눌러야 하며, 이전 워크시트로 이동하려면 〈Ctrl〉+〈Page Up〉을 눌러야 한다.

36 ③

우수한 인재를 채용하고자 하는 등의 기본 방침을 설정하는 일은 조직 경영자로서의 역할이라 할 수 있으나, 그에 따른 구체적인 채용 기준을 마련하는 일은 해당 산하 조직의 역할이라고 보아야 한다.

37 ①

7S모형은 조직의 현상을 이해하기 위해 조직의 핵심적 구성요소를 파악한 것으로, 이를 중심으로 조직을 진단하는 것은 조직의 문제해결을 위한 유용한 접근 방법이다.

조직진단 7S 모형은 조직의 핵심적 역량요소를 공유가치(shared value), 전략(strategy), 조직구조(structure), 제도(system), 구성원(staff), 관리기술(skill), 리더십 스타일(style) 등 영문자 'S'로 시작하는 단어 7개로 구성하고 있다.

38 ③

제시문은 기업 인수와 합병 즉, M&A의 의미와 기업에게 주는 의미를 간략하게 설명하는 글이다. 기업 입장에서 M&A는 기업의 외적 성장을 위한 발전전략으로 이해된다. 따라서 M&A는 외부적인 경영자원을 활용하여 기업의 성장을 도모하는 가장 적절한 방안으로 볼 수 있는 것이다. '인수'는 상대 기업을 인수받아 인수하는 기업의 일부로 예속하게 되는 것이며, '합병'은 두 기업을 하나로 합친다는 의미를 갖는다. 두 가지 모두 기업 경영권의 변화가 있는 것으로, 제휴나 합작 등과는 다른 개념이다.

39 ②

(가) : 조직은 공식화 정도에 따라 공식조직과 비공식조직으로 구분할 수 잇다. 영리성을 기준으로는 영리조직과 비영리조직으로 구분된다.

(나) : 공식조직 내에서 인간관계를 지향하면서 비공식조직이 새롭게 생성되기도 한다. 이는 자연스러운 인간관계에 의해 일체감을 느끼고 가치나 행동유형 등이 공유되어 공식조직의 기능을 보완해주기도 한다.

(마) : 기업과 같이 이윤을 목적으로 하는 조직을 영리조직이라 한다.

40 ③

네트워크와 유통망이 다양한 것은 자사의 강점이며 이를 통하여 심화되고 있는 일본 업체와의 경쟁을 우회하여 돌파할 수 있는 전략은 주어진 환경에서 적절한 ST전략이라고 볼 수 있다.

① 세제 혜택(O)을 통하여 환차손 리스크 회피 모색(T)

② 타 해외 조직의 운영 경험(S)을 살려 업무 융통성 벤치마킹(W)

④ 해외 진출 경험으로 축적된 우수 인력(S) 투입으로 잦은 담당자 교체로 인한 업무 누수 방지(W)

>>> 직무수행능력평가

41 ③

① 주식회사는 주주라는 불특정 전문경영자에 의한 운영이 가능한 형태의 회사이다.

② 합명회사는 2인 이상의 무한책임사원으로 구성되어 있는 형태의 회사이다.

④ 유한회사는 무한책임사원과 유한책임사원으로 구성된 형태의 회사이다.

42 ③

리더십의 특성이나 행위들이 서로 다른 상황의 리더들에 있어서 다르게 적용된다는 점에 주목하여 주어진 상황에 따라 리더십의 효과가 다르게 나타난다.

43 ②

샤인(Schein)은 인간의 4가지 유형을 경제인, 사회인, 자기실현인, 복잡인으로 분류하였다.

44 ③

소수의 전문부서에서 고객 관련 업무에 대해 책임을 지고 활동에 전념하기 위해 필요로 하는 것이 아닌 조직통합적인 활동이 되어야 한다. 이는 고객관리에 필요한 기업 내의 모든 부분, 표준화된 업무 프로세스, 조직역량 및 훈련, 기술적 하부구조, 영업전략 및 정보 등의 부분에서도 고객관계관리라는 하나의 목표를 위해 업무를 추진하고 상호 협력하는 경영방식이다.

45 ①

편의품은 소비자들이 필요로 하지만 해당 제품의 구입을 위해 많은 시간을 보내거나 노력을 경주할 의사가 없는 제품으로 주로 소비자들이 습관이나 타성에 의하여 빈번하게 구매하거나 충동적으로 구입하는 제품이다(치약, 칫솔 등).

46 ③

그레이프 바인은 부정확한 정보의 유통가능성이 있다.

47 ②

욕구가 발생되는 소비자는 관련되는 정보를 탐색한 후 대안을 평가한다. 대안평가기준은 주로 개인적, 경험적 원천으로부터 제공받는다.

48 ①

컨조인트 분석은 제품 및 서비스가 가지고 있는 속성에 대해 고객이 선호하는 형태를 측정함으로써 해당 고객이 어떤 제품을 선택할 것인지 예측하는 기법을 의미한다.

49 ①

도매상인은 완전서비스 도매상에 해당하며 직송 도매상, 진열 도매상, 트럭 도매상은 한정 서비스 도매상에 각각 해당한다.

50 ③

손실유도 전략은 특정 상품의 가격을 저렴하게 책정함으로써 소비자들을 점포로 유인하여 다른 제품의 매출을 증가시키는 가격전략을 말한다.

51 ①

제품 포지셔닝은 제품이 소비자들에 의해 지각되고 있는 모습을 말한다. 다시 말해, 소비자의 마음속에 자사제품이나 기업을 표적시장 · 경쟁 · 기업능력과 관련하여 가장 유리한 포지션에 있도록 노력하는 과정 또는 소비자들의 인식 속에 자사의 제품이 경쟁제품과 대비하여 차지하고 있는 상대적 위치를 말한다.

52 ③

계획(plan)은 공급원의 결정, 생산 및 배송 등을 위해 필요한 일련의 행동을 정함으로써 수요 및 공급의 균형을 맞추는 프로세스이며 이러한 프로세스는 재무계획에 맞춰서 수립된다.

53 ③

재고회전율은 재고의 평균회전속도를 의미하며, 목표로는 최소한의 재고량 및 최대의 회전율을 유지하는데 있다. 이 때 재고량과 회전율은 반비례하며, 회전율이 너무 높으면 재고의 부족을 초래할 위험이 있고, 회전율이 너무 낮으면 불필요하게 과다한 재고량을 보유하여 보관비용을 초래할 수 있다.

54 ④

활동기준원가는 소비되어진 자원 등을 활동별로 집계해서 활동별로 집계된 원가를 제품에 분배하는 원가시스템을 의미한다.

55 ④

무점포 소매상에는 텔레마케팅, 텔레비전 마케팅, 홈쇼핑, 통신우편판매, 온라인 마케팅, 자동판매기, 방문판매 등이 있다.

④ 편의점은 유형의 점포를 필요로 한다.

56 ④

소매업의 전반적인 성과를 측정하는 가장 중요한 지표 중의 하나가 투자수익률(GMROI : gross margin return on investment)이다. 이는 이익과 재고회전을 모두 고려한 것으로 GMROI = 총이익 / 평균재고자산 = 1,000,000원 / 200,000원 = 500%가 된다.

57 ③

비교적 고가의 품목에 유용하게 사용되는 재고관리 기법은 정량 발주 시스템이 유용하다.

58 ②

총괄생산계획은 계획 기간 내에 변화하는 수요를 가장 경제적으로 충족시킬 수 있도록 기업이 보유한 생산 능력의 범위 내에서 생산수준, 고용수준, 재고수준, 하청수준 등을 결정하는 계획이다.

59 ④

유형자산이 가동되지 않거나 유휴상태가 되더라도 감가상각이 완전히 이루어지기 전까지는 감가상각을 중단하지 않는다.

60 ①

재산세는 유형자산의 보유기간 중 발생하는 지출로써 취득원가를 구성하지 않고 지출 즉시 비용으로 처리한다.

61 ④

재무제표는 미래시점의 예상재무상태가 아니라 보고기간 말 현재의 재무상태 및 경영성과 등을 표시하는 것이므로, 미래영업을 위하여 발생하게 될 비용 또는 손실에 대해서는 충당부채를 인식하지 않는다.

62 ②

매출원가 = 매출액 × 매출원가율(1−매출총이익률)
= 3,000,000 × 0.6 = 1,800,000

기말상품재고액 = 350,000 + 2,000,000 − 1,800,000
= 550,000

63 ③

자본적 지출액은 취득원가에 가산되며 감가상각을 통해서 비용으로 처리된다.

64 ④

가격이 수요와 공급에 미치는 영향, 수요와 공급이 가격에 미치는 영향 등 시장원리와 그로 인한 자원배분의 효율성을 연구하는 경제학의 분야는 미시경제학(microeconomics)이다.

반면 거시경제학(macroeconomics)은 나라경제(국민경제)의 운동원리를 연구하는 경제학의 분야이다.

65 ①

전통적인 경제법칙에 따르면 생산요소 투입량을 증가시키는 경우 수확체감의 법칙이 작용하여 생산함수는 ②의 형태가 된다. 하지만, 디지털 경제에서는 이와 반대로 수확체증의 법칙이 나타나는 것이 일반적이다. 다시 말해, 생산요소의 투입량을 증가시키면 한계생산(총생산량의 증가분)은 점점 체증하므로 ①과 같은 형태의 생산함수가 그려지게 된다.

66 ①

스프레드는 대출금리를 정할 때 대출자의 신용도에 따라 기준금리에 더하는 가산금리를 말하는 것으로 신용도가 높을수록 낮고, 신용도가 낮을수록 높다.

67 ①

승자의 저주는 경쟁에서는 이겼지만 승리를 하기 위해 많은 비용을 들임으로써 오히려 위험에 빠지게 되거나 또는 더 큰 후유증을 겪게 되는 상황을 의미하는 것으로 예를 들어 어떤 회사가 높은 가격으로 타회사를 인수 및 합병했다가 차입금 상환부담으로 부실위험에 빠지는 것 등이다.

68 ①

브릭스(BRICs)는 골드만삭스가 브라질(Brazil), 러시아(Russia), 인도(India), 중국(China)의 영문 첫글자를 따서 만든 국가들의 모임이다.

69 ①

블록 세일은 가격 및 물량을 사전에 정해 놓고 특정 주체에게 일정한 지분을 묶어 일괄 매각하는 방식으로 이는 주식시장에서 많은 양의 지분을 매각할 경우에 가격변동 및 물량 부담 등에 의한 불확실성이 생길 수 있다는 문제점이 있다.

70 ④

에코 플레이션은 환경적 요인에 의해 발생하게 되는 인플레이션으로 주로 기후변화로 인한 일종의 가뭄, 산불, 열대성 태풍 등의 발생으로 기업의 제조원가가 상승함으로써 결과적으로 소비재 가격을 인상하게 되는 것을 의미한다.

>>> 주관식

71 평가비용

평가비용은 전체 생산과정을 통해 불량품을 가려내기 위한 활동과 관련되는 비용을 의미한다.

72 실제 생산량

실제 생산량은 작업자가 일정 시간 동안 실제로 달성한 생산량을 의미한다.

73 회색 코뿔소

회색 코뿔소는 계속적인 경고로써 위험요인을 충분히 인지할 수 있음에도 이를 쉽게 간과하는 것을 말하는 것으로 멀리서 코뿔소가 다가오는 것을 확인할 수 있지만, 정작 두려움으로 인해 아무것도 못하거나 또는 대응방안을 알지 못해 이를 무시하는 것을 말한다.

74 갈라파고스 증후군

갈라파고스 증후군은 자신들만의 표준만을 무조건적으로 고집함으로써 세계 시장의 흐름에 발맞추지 못하고 고립되는 현상을 의미한다.

75 디지털세

디지털세는 유럽연합이 유럽 지역에서 매출을 올리는 전세계 1000대 IT 기업들을 대상으로 매출을 기준으로 징수하는 세금으로, 순이익을 기준으로 하지 않는다.

SEOWONGAK
(주)서원각